江西财经大学信毅学术文库

# 大国崛起中的政府作用研究

张进铭 著

中国财经出版传媒集团
中国财政经济出版社

图书在版编目（CIP）数据

大国崛起中的政府作用研究／张进铭著．－－北京：
中国财政经济出版社，2023.4
（江西财经大学信毅学术文库）
ISBN 978－7－5223－1858－5

Ⅰ.①大… Ⅱ.①张… Ⅲ.①国家行政机关－行政管理－研究－中国 Ⅳ.①D630.1

中国国家版本馆CIP数据核字（2023）第022941号

责任编辑：宋学军　胡　飞　　　责任校对：张　凡
封面设计：王　颖　　　　　　　　责任印制：党　辉

大国崛起中的政府作用研究
DAGUO JUEQIZHONG DE ZHENGFU ZUOYONG YANJIU

中国财政经济出版社 出版

URL：http://ckfz.cfeph.cn
E－mail：cfeph@cfeph.cn
（版权所有　翻印必究）
社址：北京市海淀区阜成路甲28号　邮政编码：100142
营销中心电话：010－88191537
天猫网店：中国财政经济出版社旗舰店
网址：https://zgczjjcbs.tmall.com
北京财经印刷厂印刷　各地新华书店经销
成品尺寸：170mm×230mm　16开　12.75印张　197 000字
2023年4月第1版　2023年4月北京第1次印刷
定价：57.00元
ISBN 978－7－5223－1858－5
（图书出现印装问题，本社负责调换）
本社质量投诉电话：010－88190744
打击盗版举报热线：010－88191661　　QQ：2242791300

# 前　言

人民出版社出版的《大国崛起》[①]，以历史的眼光和全球的视角解读15世纪以来9个世界性大国崛起的历史。这9个国家是：葡萄牙、西班牙、荷兰、英国、法国、德国、日本、俄罗斯和美国。根据世界上各个大国的崛起过程和现今的综合国力及现代化程度，我们选择了四个大国作为本书的研究对象：英国、美国、日本和中国。

具体地说，本书所研究的英、美、日、中四个大国实现崛起的起止时间是这样确定的：

英国为1688~1850年。1688年发生的"光荣革命"，极大地削弱了王室的特权，增强了议会的权力。这既是英国历史上的一场意义极为深远的政治改革，同时也为英国的长期经济发展提供了很好的制度环境。而且，1688年也基本上吻合了罗斯托提出的"为发动创造前提条件阶段""发动阶段的前提条件最初是以明白显著的方式于17世纪后期和18世纪初期在西欧发展起来的，当时的情况是世界市场的横向扩大和国家间争夺世界市场形成了推动力……在西欧国家中，英国由于在地理、自然资源、贸易机会、社会和政治结构方面都处于有利地位，它是第一个为发动阶段充分地发展前提条件的国家。""……它的政治、社会和宗教革命在1688年已经结束，因此英国是唯一能够把棉纺技术、采煤和炼铁技术、蒸汽机，以及巨额的对外贸易结合在一起，使自己走上发动阶段的国家"。[②] 因此，把1688年作为研究英国经济发展的起点是比较恰当的。同时，按照罗斯托的观点，英国进入"成熟阶段"的时间大致为1850年，这与大多数学者对英国工业化完成时间的看法基本一致。因而，本书将英国实现国家崛起的

---

[①] 唐晋主编：《大国崛起》，人民出版社2006年版。
[②] 罗斯托［美］：《经济成长的阶段》，第12页，第41-42页。

时间下限定为 1850 年。

美国实现国家崛起的时期被定为 1787 年至 1900 年。1787 年，美国通过了《美国宪法》，并建立了联邦政府。自此，美国便踏上了由农业大国向现代化工业强国转变的征程。所以，将 1787 年视为美国实现国家崛起的起点是较为合理的。把研究的时间下限定为 1900 年是基于这样的考虑：一是符合罗斯托的划分；二是 1900 年美国已成为世界上的第一经济大国（这应该是美国成功实现国家崛起的一个最为重要和明显的标志）；三是进入 20 世纪以后美国政府的经济政策有了很大的转变，即加强了对经济活动的干预。

对日本来说，将其实现国家崛起的起点定为"明治维新"是较为自然的事情，因为人们普遍把"明治维新"视作日本现代化的开始。同时，考虑到日本在第二次世界大战以后几乎变成一片废墟，因而本书并没有把日本实现国家崛起的时间下限定在罗斯托提出的 1940 年，而是定在了 20 世纪 70 年代中期：日本在第二次世界大战后的一片废墟上，重新实现了国家的崛起。

中国实现国家崛起的时期被定为 1949 年至今。毫无疑问，中国实现国家崛起的起点就是新中国的成立。在新中国成立之初，抗美援朝战争无疑是中国的立国之战：它不仅让新中国在全世界面前站起来了，为新中国赢得了很高的威望和国际地位，而且为其后几十年的和平和国内经济发展的良好环境打下了很好的基础。今天，我们不仅成功地抗击了突如其来、肆虐全球的新冠肺炎疫情，而且在全国成功地消除了绝对贫困：创造了人类发展史上的一个伟大奇迹。这难道不是一个大国崛起的最好标志吗？

总之，在充分考虑了上述四个国家的崛起过程及其政府各自的具体历史情况之后，本书确定了研究它们崛起的时间范围。确实，与人们通常对经济发展时间的理解相比，本书所确定的时间范围似乎是"宽"了不少。但我们认为，这样做不仅符合历史的逻辑，同时也有助于更全面地分析问题。

# 摘　　要

本书主要通过纵向的历史分析和横向的比较研究，探讨中、英、美、日四个大国崛起过程中的政府作用。

第一章是对大国崛起过程中的政府作用，进行初步理论分析。在第一节，我们简单地阐述了政府作用的相关理论，明确提出了贯穿整个研究的一个重要论点：稳定、强有力的政府是大国崛起的制度前提。在第二节，我们讨论了制度与大国崛起、制度变迁与大国崛起、政府在建立制度结构中的作用以及大国崛起过程中政府所应该发挥的作用。

第二章阐述的是，在英国崛起的过程中，英国政府所发挥的作用。英国崛起发端于"光荣革命"。正是通过"光荣革命"以及后来英国政府所发生的一系列变迁，才使得议会的权力不断增大，从而使英国政府变得越来越"强大"。同时，政府本身的这种变迁也有利于协调社会中各阶层的利益关系，这对于维护社会的长期稳定和国家的崛起起到了非常重要的作用。为了促进国家的崛起，英国政府曾经发动了一系列的战争，并且在这些战争中获得了巨大的好处：促进了技术进步、生产深化和交通通讯的发展，并弥补了需求的不足，而且间接地促进了资本主义产权、财政税收和金融体系的形成和发展。英国政府还推行了一些重要的经济改革，从而使英国从贸易保护政策逐渐向实行自由贸易政策转变。圈地运动是英国崛起过程中一次极为重要的制度变迁：通过圈地运动，英国完成了资本主义的资本积累过程，同时也获得了工业化所需要的大量劳动力。而英国政府废除了谷物法，则表明英国真正地走向了自由贸易。

第三章讲的是，美国政府在美国崛起并成为世界第一经济强国过程中的作用。首先，1787年《美国宪法》的通过和联邦政府的成立，为美国的长期经济发展提供了重要的制度前提和保证，并成为美国崛起的起点。同时，美国首次在大国成功实现了民主共和制，也是西方国家历史上一次重要的制度创新。其次,汉密尔顿和杰斐逊关于建国道路的争论,对于美国后来的经济发展和崛起进程产生了极为深刻的影响,最终美国选择了汉密尔顿的正确主张:"工商立国"而非"农业立国"。美国政府还积极地推进了"西进运动",并对铁路建设大力支持,从而为美国国内统一市场的形成和扩大作出了重要的贡献,有力地促进了美国的崛起。与国内实行的"自由放任"政策形成鲜明对照的是,美国政府从建国开始到19世纪末,一直采用的是保护关税的对外贸易政策。这种长期的保护关税政策,对于美国工业体系的形成和迅速发展乃至国家的崛起起到了非常重要的作用。最后,在美国的崛起过程中,美国政府还对人力资本积累和科学技术进步给予了大力支持。

毫无疑问,日本崛起的起点是明治维新。明治政府努力向西方先进国家学习,却通过明治宪法建立了专制的"明治体制",并最终导致了法西斯主义的上台。但在努力实现"殖产兴业"和"富国"目标的同时,明治政府却一味地追求"强兵":虽然在短时间内就实现了国家的崛起,但这一成果却在由其自身发动的非正义的侵略战争中化为了灰烬。第二次世界大战结束以后,美国为了彻底消除日本的军国主义和军事潜力,指令日本政府进行了大规模的政治和经济民主主义改革。在日本实现重新崛起并创造所谓的"东亚奇迹"的过程中,日本政府的一项重要作用就是:不是直接干预经济,而是努力促进市场机制更好的运行。

1949年10月1日,毛泽东主席站在天安门城楼上,庄严地向全世界宣布:"中华人民共和国成立了! 中国人民从此站起来了!"从此,一个崭新的社会主义国家开始屹立于世界的东方。而自鸦片战争以来,积贫积弱、饱受西方列强欺侮和掠夺以至于沦落为半封建半殖民地的中国,从具有极为重要的历史意义的分水岭的这一刻开始,开启了作为有着五千年悠久历史的文明古国的大国崛起进程。新中国刚刚成立,朝鲜战争爆发。面对以美国为首的所谓联合国军对朝鲜的肆意侵略,中国政府毅然作出了"抗美援朝、保家卫国"的正确决策:中国人民志愿军"雄赳赳、气昂昂"跨过鸭绿江,经过将近三年的艰苦卓绝的浴血奋战,取得了抗美援朝战争的伟大胜利。这一胜利,不仅极大地提高了中国的国际地位,而且为此后中国几十年的经济发展,提供了极为重要的和平环境。同时,中国政府还为中国选择了一条正确的发展道路——工业化道路。在中国政府的正确领导下，中国不仅建立起了较为完备的工业化体系，实现了国民经济和社会的快速发展，而且取得了"两弹一星"这样令世界瞩目的伟大成就，极大地促进了中国崛起的进程。20世纪70年代末80年代初，中国政府开启了改革开放的进程（后来又加入了世界贸易组织），以一种全新的姿态进入全世界的经济大舞台，实现了经济的高速、持续增长，并在2010年一举超过日本而成为世界的第二大经济体，基本实现了一个大国的崛起。2020年初，一场突如其来的新冠肺炎疫情席卷全国。秉承着"人民至上，生命至上"的理念，中国人民在以习近平同志为核心的党中央的坚强领导下，不怕牺牲，排除万难，取得了这场人民战争的伟大胜利！不仅如此，我国还在奋勇抗击疫情的同时，实现了脱贫攻坚战的全面胜利，创造了人类历史上的一个伟大奇迹。正如习近平总书记指出：中华民族迎来了从站起来、到富起来到强起来的伟大飞跃。中国一定会实现全面的崛起；伟大的中国人民一定能实现中华民族伟大复兴的梦想！

与英、美、日三国不同，中国选择了一条完全不同的崛起之路。中国的全称是中华人民共和国；中国共产党的根本宗旨是全心全意为人民服务。习近平总书记说："江山就是人民，人民就是江山。"同样面对来势汹汹的新冠肺炎疫情，中国人民在以习近平同志为核心的党中央的坚强领导下，取得了抗击疫情的伟大胜利。这充分体现了中国崛起之路的正确——我们完全可以做到四个自信：道路自信、理论自信、制度自信、文化自信。中国的崛起之路是一条为人民服务的崛起之路，也是一条符合人类命运共同体的和平的崛起之路。中国崛起：让我们团结起来，共同前进，迎接中华民族的伟大复兴！

# 目　　录

**第一章　大国崛起过程中的政府作用：理论分析** ………………… 1
　　第一节　政府作用的相关理论 …………………………………… 1
　　第二节　制度、政府与大国崛起 ………………………………… 6

**第二章　英国政府：打造"世界工厂"** …………………………… 15
　　第一节　光荣革命及近代英国政府的演变 …………………… 15
　　第二节　强大的英国政府 ……………………………………… 23
　　第三节　政府、战争与经济发展 ……………………………… 28
　　第四节　英国政府的一些重要经济改革 ……………………… 36
　　第五节　圈地运动和谷物法的废除 …………………………… 42
　　第六节　本章小结 ……………………………………………… 50

**第三章　美国政府与世界第一经济强国** ………………………… 52
　　第一节　《美国宪法》和联邦政府的建立 …………………… 53
　　第二节　汉密尔顿与杰斐逊关于美国经济发展道路的争论 … 63
　　第三节　美国政府在促进形成国内统一大市场中的作用 …… 73
　　第四节　美国政府与关税保护 ………………………………… 80
　　第五节　美国政府对移民和教育科技事业的鼓励和支持 …… 85
　　第六节　本章小结 ……………………………………………… 91

**第四章　创造发展"奇迹"的日本政府** ………………………… 95
　　第一节　明治政府：现代发展的启动者 ……………………… 96

第二节　明治政府的主要经济政策 ………………………… 105
第三节　战后恢复时期的制度改革 ………………………… 115
第四节　经济安定总部和战后日本经济的恢复 …………… 122
第五节　有利于经济发展的日本国家公务员制度 ………… 127
第六节　促进市场有效运行的战后日本政府 ……………… 130
第七节　本章小结 …………………………………………… 135

## 第五章　中国的崛起：为人民服务的中国政府 …………… 138

第一节　新中国：中央人民政府的成立 …………………… 138
第二节　选择发展道路：以工业化实现国家的崛起 ……… 147
第三节　中国崛起过程中的主要"涉农"制度 …………… 157
第四节　中国政府：对外贸易促进国家崛起 ……………… 162
第五节　中国崛起：政府在教育发展方面的作用 ………… 170
第六节　中国崛起：政府在科技发展方面的作用 ………… 176
第七节　本章小结 …………………………………………… 183

## 第六章　对中国的启示和结论 ………………………………… 185

第一节　对中国的启示和借鉴 ……………………………… 185
第二节　中国崛起：迎接中华民族的伟大复兴 …………… 188

## 参考文献 ………………………………………………………… 190

# 第一章　大国崛起过程中的政府作用：理论分析

## 第一节　政府作用的相关理论

### 一、关于政府作用的基本认识

现代经济学的开创者亚当·斯密及后来的很多古典经济学家都主张自由放任。亚当·斯密认为，市场是一个自发的秩序，分工和专业化能促进生产效率，从而增加社会的财富；市场的自由交易又是一个提高交易者福利的过程，即是一个分配财富的过程。在这两个方面都没有需要政府（除专门说明外，本书中的"政府"一词通常是指中央政府）作为的地方。但是，交易的公平秩序、人们的生命财产的保障，是应该由政府来做的。亚当·斯密等古典自由主义经济学家们认为，政府的作用就在于充当市场的保护者，即被称为"守夜人"的角色。但在现实中，几乎不可能找到一个国家或地区是按照这样的模式运行的，政府的作用可以说无处不在。只是在不同的历史时期中，政府对经济的干预程度不同而已。

在经济学说史上，关于政府应不应该干预市场、如果干预应如何干预的问题，一直是经济学家非常关注、争论的一个重要论题。为政府干预市场建立一套比较完整的理论基础的，是20世纪30年代凯恩斯发表的《就业、利息和货币通论》。之所以说凯恩斯为政府干预建立了一套比较完整的理论学说，不是说在凯恩斯之前没有经济学家主张政府应该干预市场，而是说凯恩斯为政府制定宏观经济政策提出了理论框架。很多人认为，20

世纪 30 年代，罗斯福总统实行了类似于凯恩斯理论的刺激经济的"新政"，使得美国乃至西方能够走出经济危机并且恢复繁荣。凯恩斯主义在第二次世界大战以后直到 20 世纪 70 年代一直占据着经济学的主导地位，成为主流经济学。进入 20 世纪 70 年代后，由于无法解决西方市场经济中出现的"滞涨"问题，自由主义经济学逐渐取代了凯恩斯经济学的主导地位。虽然凯恩斯的体系受到了自由主义经济学家们的批判，但凯恩斯的追随者们又吸收了一些批评者的观点，将凯恩斯的理论作出修正并继承下来。而且，在现实世界中，每当经济遇到波动，决策者们又会制定各种各样的政策"调节"经济。不夸张地说，凯恩斯的政策主张在他离世几十年后仍然对众多执政者有着非常重要的影响。一个不容否认的事实是，政府从未像自由主义经济学家设想的那样仅仅充当"守夜人"的角色，而总是在经济中发挥着非常重要的作用。

不同于市场的其他主体（企业和消费者），政府具有强制的权力：政府行为或者说他们制定的政策会对整个经济体产生重要影响。斯蒂格利茨指出："作为经济组织的政府和其他经济组织相比有很多不同之处，在这些不同之处中，政府有两大显著特性：第一，政府是一个对全体社会成员具有普遍性的组织；第二，政府拥有其他经济组织所不具备的强制力"。① 这个判断表明政府制定的经济政策会影响市场主体的行为。如果政府的经济政策顺应了经济发展规律，那么该经济体的经济发展会是健康的；如果政府的经济政策逆经济规律而定，则该经济体的经济发展可能是扭曲的。而很多国家的政府，不仅制定经济政策，它们本身也是经济的参与者，甚至充当市场的主角。当然，这与市场经济是相悖的。

大量事实表明，如果没有有效的政府，经济的、社会的和可持续的发展是不可能的。有效的政府——而不是小政府——是经济和社会发展的关键。政府在经济与社会发展中的中心地位，不是作为增长的直接提供者，而是作为合作者、催化剂和促进者体现出来的。这是因为，从有效的经济运行角度看，经验表明政府失败要比市场失败严重得多。不论是从静态方面还是从动态方面，也不论是从短期的资源配置效率还是从长期的经济增

---

① 斯蒂格利茨［美］：《政府为什么干预经济》，中国物资出版社 1998 年版，第 45 页。

长来看，市场机制都要比政府干预运行得更好。① 因此，政府的作用是补充市场，而不是代替市场。

从那些取得很大经济成就的国家的经验中可以得出这样的结论：关于政府作用的最主要的问题，既不是公共部门的规模应有多大，也不是政府应在多大程度上干预经济，而是政府应该进行什么样的干预。那么，政府在哪些方面能做得最好？政府在使用什么类型的政策工具方面具有相对优势呢？答案是，政府并不一定要做到规模最小，而应该从重视有关计划和控制的政策转向那些通过市场发挥作用的政策。也就是说，在那些可以发挥市场功能的领域，或者是通过一些办法能够促使市场运行的地方，政府应该尽量减少干预。同时，在那些不能依靠市场的领域，政府应该发挥更大的作用。

具体来说，政府应该在以下几个方面发挥作用。

第一，建立支持市场的制度。政府必须尽快建立起一种制度框架以促进市场最有效地运行。首先，这种制度在保障人们的人身安全和自由的基础上，还应该对财产权利加以明确的界定并给予充分的保护。这是市场得以运行的基本前提，同时也为人们积极地从事经济活动提供了内在的动力。其次，这种制度应该包括一套确保、促进自由竞争的规制体系，或者说是一种公平的"游戏规则"。市场机制的本质就在于通过竞争来实现资源的最优配置，从而促进经济发展。没有竞争，市场也就没有了活力。最后，政府所制定的制度应该具有足够的灵活性，这样才能根据市场的不断发展和完善而作出适当的调整。

第二，为经济发展创造一个良好的环境。和平、安定的环境是实现经济发展的一个基本前提。因而，保卫国家的安全和维护社会的稳定是政府义不容辞的责任。同时，政府还应该通过有效的财政政策、货币政策来实现宏观经济的稳定，努力避免通货膨胀和大量失业的出现。

第三，大力兴建基础设施。公路、铁路、港口、水库、防洪堤等基础设施不仅是经济发展所必需的，同时还直接关系到人民的生命财产和国家财富的安全。因此，在市场无法解决基础设施问题的情况下，政府应该承担起这一任务。

---

① 查尔斯·沃尔夫 [美]：《市场或政府》，中国发展出版社1994年版，第149页。

第四，增加对人力资本的投资。大量研究表明，人力资本的状况对于一国的经济发展有着决定性的影响。美、日、德等发达国家的成功经验都有力地证明了这一点。同时，人民对教育和健康认识的提高本身是经济发展的一项主要内容。因而，政府在人力资本投资方面应发挥主要作用。

第五，发展外向型经济。在全球经济一体化的趋势日益明显的今天，一个国家企图以闭关锁国的方式来发展经济是不现实的。事实上，经济上的对外开放在鼓励国内生产者采用新技术以降低成本并开发新的、更好的产品方面能起到非常重要的促进作用。同时，国际间的竞争将有助于国内经济效率的提高。而且，随着国内竞争力的提高，对外贸易将真正发挥经济增长"发动机"的作用。因此，各国政府应根据本国的具体情况，逐步降低关税、减少非贸易壁垒，以扩大对外开放的程度。

第六，保护生态环境。当前，很多国家都面临着严重的环境问题。这对于经济的可持续发展是十分不利的。但是对于企业而言，环境是一种"公共产品"，市场本身是无法解决环境污染问题的，因此，政府应当承担起这一职责。

## 二、稳定、强有力的政府：大国崛起的制度前提[①]

大国崛起并不是一种简单的经济现象，而是一个社会的经济、政治、文化以及历史传统等多种因素共同作用的结果。因此，一个国家要想成功地实现真正的、全面的崛起，就必须具备多方面的前提和条件。其中，长期保持稳定且强有力的政府是一个国家实现工业化非常重要的前提条件。在本书所研究的英、美、日、中四国中，英、美两国政府始终保持着高度的稳定；而日本的明治政府和新中国成立后的中国政府则称得上是强有力的政府的典型，这主要表现为它们具有极强的调动社会资源以实现国家工业化的能力。当然，正如我们后面将要论述的，英、美两国政府的相对民主的特点并不表明它们缺少力量，相反，这两个国家的政府都可以说是强有力的，因为尽管它们不具有绝对的专制权力，但它们所制定的法律、制度和经济政策都得到了很好的贯彻执行。

---

① 张进铭："略论经济发展中的政府作用和我国的政府改革"，《当代财经》，2001年第8期。

长期稳定的、强有力的政府作为大国崛起的前提条件，主要体现在以下三个方面。

首先，政治和社会的稳定是一个国家实现长期经济发展和崛起的根本前提。只有在一种稳定的政治、社会环境中，各个经济主体才会确信获得的报酬与他们在经济活动中的贡献存在着一种相对稳定的联系，并且会努力地去工作和创新，从而推动国家的发展和崛起。相反，一个政治混乱、社会动荡不安的国家要想实现崛起几乎是不可能的。而要实现国家政治、社会的长期稳定，只有自身稳定且强有力的政府才能做到这一点。因此，长期稳定、强有力的政府可以创造一种和平、稳定的社会环境，从而使国家的崛起成为可能。正如我们在下面几章所要论述的，英、美、日、中四国实现大国崛起的起点无不始于其各自稳定而强有力的政府的出现。

其次，一个国家的基本制度和经济发展道路在很大程度上是由其政府决定的。政府的不断更迭会导致各种制度的频繁变化，因而不利于国家的经济发展。同时，一个软弱无力的政府即使具有实现国家崛起的良好愿望，却很可能缺乏足够的能力和有效的手段来实现自己的目标。而且，需要指出的是，即使政府本身是长期稳定和强有力的，它还必须为国家选择正确的发展道路，否则国家的真正崛起是不可能实现的。

最后，为了实现国家崛起的目标，政府必须有能力调动一定的社会资源。对于政府来说，保卫国家安全、维护社会稳定、建设基础设施、实现社会公正都是需要消耗资源的，而这些也是国家长期经济发展并最终实现崛起所必需的。因此，要想推动国家的崛起进程，一个强有力的政府是完全必要的。

总之，一个长期稳定、强有力的政府对于大国能否成功崛起来说是至关重要的。实际上，政府的稳定性和它的能力是密切相关的，而且两者都取决于政府本身的制度安排的特点。因此，政府应该通过制度改革来增强其自身的能力和稳定性。关于这一点，《1997年世界发展报告》提出了以下三种方法：（1）规则和制约。执行法律条例的机制，比如独立的司法机构等，是可持续发展十分重要的基础。权力分立以及监督机构的存在既可以限制政府的专制行为，同时又可以减少腐败、提高政府的可信度，从而使政府能更好地发挥作用以促进经济发展。（2）竞争性压力。竞争性压力的加大有利于提高政府官员的素质并抑制腐败。竞争性压力可以来自政府机构内部，即通过以个人才干为基础的聘任制度来实现；还可来自国内私人部门，如通过将服务承包出去或允许服务的私人提供者直接与公共机构竞争来实现。此外，通过贸易或全球债券市场对财政决策的影响，竞争压力还可以来自国际市场。(3) 使人民表达自己的意愿并与社会结成伙伴关系。在现代社会中取得公开性和开放性的手段多种多样，比如商会、消费者团体等。与社会集体达成制度性工作安排将有助于提高政府的效率，因为它使人民在政府政策的制定过程中拥有更多的发言权。[①]

## 第二节 制度、政府与大国崛起[②]

### 一、制度与大国崛起

在一个国家崛起过程中，政府、企业、个人各有其角色，其中，企业和个人是市场的主体。企业要想追求自身的利润，就必须不断地满足市场需求（个人需求之和），甚至还要有市场的前瞻性，即要引导市场。在这一过程中，企业必须不断提高产品品质和自身的生产能力，因此，企业本身有着不断推动工业化的动力。同时，工业化是一个极其复杂的动态过程，不仅包括工业、农业和其他产业的机器设备不断升级的过程，而且涉及一些主要的经济制度的改革和变化。因而要想全面、深入地探讨工业化问题，对制度的分析无疑是非常重要的。

在《西方世界的兴起》一书中，诺思开门见山地指出，该书的中心论点是"有效率的经济组织是经济增长的关键，一个有效率的经济组织在西欧的发展正是西方兴起的原因所在"。而"有效率的组织需要在制度上作出安排和确立所有权以便造成一种刺激，将个人的经济努力变成私人收益率接近社会收益率的活动"。[③] 也就是说，促使西方世界兴起的决定性因素

---

① 世界银行：《1997 年世界发展报告》，中国财政经济出版社 1997 年版。
② 张进铭、陶然："略论制度与经济发展的关系及政府在建立制度结构中的作用"，《江西财经大学学报》，2001 年第 2 期。
③ 道格拉斯·诺思、罗伯特·托马斯［美］：《西方世界的兴起》，华夏出版社 1989 年版，第 1 页。

是制度而非技术。在分析英国的情况时，诺思更是得出了一个明确的结论："到1700年英国的制度框架为经济增长提供了一个适宜的环境。"①

对于要想实现崛起的大国来说，制度是至关重要的，因为"制度提供了一种经济的刺激结构，随着该结构的演进，它规划了经济朝着增长、停滞或衰退变化的方向"。② 即使如人们通常所认为的那样，工业化是通过完善的市场机制实现的，但同时必须认识非常重要的一点：市场是在某种特定的制度框架下运行的。正如科斯（Ronald Coase）指出："没有适当的制度，任何有意义的市场经济都是不可能的。"③ 奥尔森（Mancur Olson）更是明确地强调："兴盛的市场经济最重要的是那些能够保障个人权利的制度，这些制度包括财产权，因为没有财产权，也就没有人会积极地储蓄和投资。"④ 有效的制度能够保证市场经济有序地运行，从而促进国家的崛起进程。具体来说，制度在实现国家崛起过程中的作用包括以下几个方面：第一，制度通过确立明确的规则，增加了资源的可得性，提高了信息的透明度，因而减少了经济活动的不确定性和风险，降低了信息成本和交易成本，从而促进市场更好地运行；第二，制度可以通过明确界定的产权，促使个人的经济努力转化成私人收益率接近于社会收益率的活动，从而为国家的经济发展和最终崛起提供更强的动力；第三，制度通过对财产权利和知识产权的保护，可以促进技术创新和大批企业家的涌现，从而为国家的经济发展和崛起打下很好的微观基础；第四，制度是"矫正价格""矫正政策"的核心，只有通过建立起适应市场经济发展需要的制度结构，才能够真正"矫正"由市场或政府所造成的价格扭曲或政策扭曲；第五，作为非正式制度安排的意识形态是一种节约信息费用的工具，因而可以减少其他制度安排的费用，而且成功的意识形态可以克服"搭便车"的问题，有利于维护社会的稳定。总之，有效的制度能够使一个国家的崛起进程大大加快。相反，无效的制度则会严重地阻碍甚至彻底破坏国家崛起的实现。

---

① 道格拉斯·诺思、罗伯特·托马斯［美］：《西方世界的兴起》，华夏出版社1989年版，第170页。
② Douglass North, "Institutions", Journal of Economic Perspectives, 1991, No. 1.
③ Ronald Coase, "The Institutional Structure of Production", American Economic Review, September, 1992.
④ M·奥尔森："取决于制度安排的经济发展"，《世界经济译丛》，1993年第6期。

因此，追求国家崛起的政府应该根据本国的具体情况，建立并不断完善符合自身需要的、有利于市场机制良好运行的制度结构。

就本书而言，从理论上探讨制度与大国崛起的关系也是很有必要的。这是因为：首先，政府本身就是国家的一种最重要的制度安排，而且政府在建立、完善制度结构方面发挥着最主要的作用。一个国家的制度框架在很大程度上是由政府决定的。其次，本书是从历史的角度研究政府在大国崛起过程中的作用，而历史的进程实际上也就是一种制度演进的过程，因而忽视制度的研究必然是不科学、不完整的。对此，诺思进行了很好的概括："在整个历史中，人类设计出制度以创造秩序并降低交易的不确定性。与经济学的标准约束一起，制度规定了选择集，决定了交易成本与生产成本，由此决定从事经济活动的生产率与可行性。制度是逐渐演进的，联系着过去、现在与未来。结果，历史大体是一个制度不断演进的故事，而经济绩效只能理解为这个连续故事中的一个部分。""经济史与经济发展的核心问题就是说明那些创造出能诱致递增生产力的经济环境的政治与经济制度的变迁过程。"①

## 二、制度变迁与大国崛起

诺思认为，制度变迁与技术进步具有相似性，即推动制度变迁和技术进步的行为主体都是为了追求收益最大化。因而，制度变迁的成本与收益之比对于促进或推迟制度变迁起着关键作用。只有在预期收益大于预期成本的情况下，行为主体才会去推动直至最终实现制度变迁，反之亦反。至于制度变迁的过程，一般可具体分为五个步骤：第一，形成推动制度变迁的第一行动集团，即对制度变迁起主要作用的集团；第二，形成推动制度变迁的方案；第三，根据制度变迁的原则对方案进行评估和选择；第四，形成推动制度变迁的第二行动集团，即起次要作用的集团；第五，两个集团共同努力去实现制度变迁。②

林毅夫将制度变迁分为两种类型：诱致性制度变迁和强制性制度变

---

① Douglass North,"Institutions", Journal of Economic Perspectives, 1991, No. 1.
② 道格拉斯·诺思［美］：《经济史中的结构与变迁》，上海三联书店、上海人民出版社1995年版，译者的话。

迁。诱致性制度变迁指的是现行制度安排的变更或替代，或者是新制度安排的创造，它由个人或一群人在响应获利机会时自发倡导、组织和实行。与此相反，强制性制度变迁由政府命令和法律引入和实行，诱致性制度变迁必须由某种在原有制度安排下无法得到的获利机会引起。而强制性制度变迁则可以纯粹因在不同选民集团之间对现有收入进行再分配而发生。当然，这两种制度变迁也不是可以绝对区分开来的，因为在自发的制度安排，尤其是正式的制度安排的变迁中，往往也需要用政府的行动来促进变迁过程。① 在本书所研究的英、美、日、中四个大国的崛起过程中所发生的一些重要的政治、经济变革都可以看作诱致性制度变迁或强制性制度变迁。例如，英国的"光荣革命"、美国宪法的通过和联邦政府的成立、日本的"明治维新"和中华人民共和国的成立以及20世纪70年代末的改革开放都可视为强制性制度变迁。英国的"圈地运动"则是一个典型的诱致性制度变迁的例子，而英国"谷物法"的废除则可看成是由诱致性制度变迁所引发，最终通过强制性制度变迁加以实现的制度变迁。这些重大的制度变迁对于上述四国的崛起进程都产生了极为深远的影响。另外，上述四国的政府在它们各自实现国家崛起过程中所进行的其他经济（政治）改革也可看作影响崛起进程的强制性制度变迁。

随着对制度变迁研究的不断深入，制度经济学家逐渐认识到，制度变迁不能被简单地归结为基于成本收益比较的一种不连续变化，而是体现出某种连续渐进的特征，而且是与经济发展过程密切相连的。这样，制度变迁就像经济发展一样，具有了"路径依赖"（path dependence）的特征。对于经济发展来说，一个国家一旦选择了某种发展方向，则这种发展方向在后来的发展过程中会得到自我强化，也就是说，人们过去作出的选择决定现在可能的选择。制度变迁也是如此。正如经济学家刘易斯所言："一旦制度开始变迁，它们就会以一种自动强制实施的方式进行下去。老的信念和制度在变化，新的信念和制度彼此之间，以及新的信念和制度与相同方向上的未来变迁之间都逐渐变得协调一致。"② 制度变迁的方向取决于制度

---

① 林毅夫：《关于制度变迁的经济学理论：诱致性变迁与强制性变迁》，载《财产权利与制度变迁》，上海三联书店1991年版，第384页。
② Arthur Lewis, The Thoery of Economic Growth, London, 1955, P146.

能否给人们带来递增的规模收益。当规模收益递增普遍发生时，制度变迁不仅能得到巩固和支持，而且会在此基础上一环紧扣一环地沿着良性循环的轨迹发展下去，即形成了"路径依赖"。相反，当规模收益递增不能普遍发生时，制度变迁就会朝着无效或不利于产出最大化的方向发展，而且会形成一种恶性循环，甚至会"闭锁"（lock-in）在某种无效率状态。①

因此，对于那些谋求经济发展和国家崛起的政府来说，它们不仅要为国家选择正确的经济发展道路，而且还应该建构适当的、合理的制度结构，这样才能保证经济发展和国家的最终崛起得以实现。在这方面，英国和美国的成功经验是值得认真借鉴的。因为这两个国家不仅正确地选择了工业化的发展道路，而且建立了合理的、有利于市场发展的制度结构，特别是政府这一极其重要的制度安排——一种稳定、有效且能力较强的政府。另外，日本为我们提供了一个值得认真思考的反例：明治维新以后，实行专制政体的日本政府选择了"富国强兵"的工业化道路，并且实现了国家的工业化，但是，由"强兵"而逐渐演化为法西斯主义的对外侵略最终使日本的工业化成果付之一炬。对此，我们将在后面的章节中加以详细地论述。

## 三、促进大国崛起：政府在建立制度结构中的作用

经济学研究表明，一种包括产权制度在内的合理且有效的制度结构是实现工业化的重要前提和根本保证。一个国家能否建立起这种制度结构的关键在于其政府，因为绝大部分正式的制度安排都是由政府制定的。因此，政府在工业化过程中的首要任务就是明确地界定产权并建立完善的法律制度和经济规则，以保证企业的发展和市场的运行。

诺思非常重视国家在界定产权方面的作用（我们认为诺思所说的"国家"也可以用"政府"一词来替换）。在其构造的新古典理论中，诺思指出国家有三个基本特征：一是国家为取得收入而以一组被称为"保护"和"公正"的服务作为交换；二是国家为实现收入最大化而将选民分为各个集团并为每个集团设计产权；三是面临着其他国家或潜在统治者的竞争。

---

① 谭崇台主编：《发展经济学的新发展》，武汉大学出版社1999年版，第286页。

因此，国家有两方面的目的：一是使统治者的租金最大化，二是降低交易费用以使社会产出最大，从而增加国家税收。但这两个目的是相互冲突的。尽管第二个目的包含了一套能使社会产出最大化而且富有效率的产权，但统治者往往为追求第一个目的即实现其租金最大化而舍弃后一目的，从而使无效的产权制度依然存在。但无论结果如何，产权的界定都是由国家负责的。对此，诺思写道："因为是国家界定产权结构，因而国家理论是根本性的。最终是国家要对造成经济增长、停滞和衰退的产权结构的效率负责。因而国家理论必须对造成无效率产权的政治——经济单位的内在倾向作出解释，而且要说明历史中国家的不稳定性。"① 对于政府在建立完善的产权制度方面的责任，林毅夫更是明确指出："由于政府提供的是经济剩余赖以建立的秩序构架，而如果没有政府提供的这种秩序稳定性，理性行为也不可能发生，所以政府政策对经济增长的重要性是怎么强调也不为过分的……在任何情况下，个人总是在寻找使自己获得好处的机会。然而，为了经济的发展，有必要冒超一般化的风险去建立一种鼓励个人生动活泼地寻求并创造新的可获利的生产收入流的系统，和一种允许用时间、努力和金钱进行投资并让个人收获他应得好处的系统。具有这种特征的制度安排——更确切地讲，在产品、生产要素和思想方面清楚界定并良好执行的产权系统——本来就是公共货品。它不可能由诱致性制度创新过程建立。没有政府一心一意的支持，社会上不会存在这样的制度安排。"②

除了产权以外，市场活动所处的制度环境也是至关重要的。科斯强调："如果离开了特定的交易发生于其中的制度环境来讨论交易过程，对经济学家而言，这种做法是没有什么意义的，因为制度环境影响着生产激励与交易成本。"③ 在制度环境中，科斯最重视法律体系的作用。他认为，政府所能起到的一种无可替代的作用就是提供立法和法律体系，从而为人

---

① 道格拉斯·诺思［美］：《经济史中的结构与变迁》，上海三联书店、上海人民出版社1995年版，第17页。
② 林毅夫：《关于制度变迁的经济学理论：诱致性变迁与强制性变迁》，载《财产权利与制度变迁》，上海三联书店1991年版，第402－403页。
③ Ronald Coase, "The Institutional Structure of Production", American Economic Review, May, 1991.

们的活动创造一种可预见的环境，并提供了解决各种争端的程序。而在法律体系中，宪法是最为重要的。宪法对一个国家长期的经济制度和发展变迁都会产生重大的影响。诺思指出："正是宪法与相互关联的道德伦理的行为规范的结合，构成了制度稳定的基础并使其变迁减慢。"① 埃尔斯特则生动地指出："宪制之所以对于经济发展十分重要，是因为它增进了稳定性、责任感和可信度的价值。用比喻的话来讲，宪制部分地充当飞轮的作用。"② 因此，作为国家的最重要的一种制度安排，宪法对于国家政体确立和以后的工业化进程都会产生极其深刻而久远的影响。在本书第三章，我们将详细论述美国宪法及其对美国工业化的促进作用。

需要强调的一点是，人们往往注意的是政府如何去建立制度结构和推动制度变迁，却忽视了政府本身作为一种制度安排是如何建立起来的。正如诺思认为："政府政体可以显著地塑造经济绩效，因为它们制定和执行经济规则。因此，经济发展政策的一个基本方面是政体的创造，进而创造和执行有效的产权。不管怎样说，我们对于如何创造这种政体知之甚少"。③ 确实，一个国家的经济制度和政治制度会对其工业化进程产生非常重要的影响，而经济制度和政治制度的形成和变迁在很大程度上取决于政府本身的制度安排。因而，我们在第二章至第五章中专门探讨英、美、日、中四国是如何建立起稳定、强有力的中央政府，并将其作为工业化的制度前提和起点。

## 四、大国崛起过程中政府应发挥的作用

从一些国家发展的历史经验来看，一国政府的作用对国家能否成功实现工业化和最终崛起是至关重要的。从某种意义上讲，政府甚至决定着一个国家工业化的成败。科利详细分析了一些地区的政府权力和工业化，强调了政府在工业化过程中的重要作用。他指出："证据表明，以增加投资

---

① 道格拉斯·诺思［美］：《经济史中的结构与变迁》，上海三联书店、上海人民出版社1995年版，第229页。
② 谭崇台主编：《发展经济学的新发展》，武汉大学出版社1999年版，第290页。
③ Douglass North, "Economic Performance Through Time", American Economic Review, May, 1994.

利润率为目的的国家干预与快速工业化有很强的联系。"① 另外，科利主张不应将市场和政府对立起来。他认为："高速工业化国家中的政府干预经常以政府强化市场的行为为特点，这些行为可以被理解成政府对私人投资利润率的扶持，而不是加强竞争力或开放度，更不是政府自我限制倾向的表现。因此，国家与市场相对立的心态对于理解两者怎样通过互动创造出一系列经济结果这样的问题毫无帮助。"②

具体而言，政府在国家追求工业化并最终实现崛起的过程中应该发挥以下几个方面的作用：

第一，为国家选择工业化的发展道路。一个国家经济发展的状况，在很大程度上取决于其政府所选择的经济发展道路。如果一个国家的政府不去主动选择工业化的道路，那么可以断言该国是不可能实现工业化的。晚清时期的中国就是一个典型的例子，尽管表面看起来仍然是一个泱泱大国，但在西方列强面前却是不堪一击。而英、美两国之所以能够先后成为世界第一经济强国，在很大程度上就是因为英、美两国政府选择了工业化的发展道路。因此，一个经济落后的国家如果要想追求经济发展并最终实现崛起，其政府就应该坚定地选择工业化的发展道路。

第二，促进市场的形成并且保证市场的良好运行。按照张培刚教授的观点，农业国或经济落后国家要想实现工业化，或实现经济起飞，所必须具备的最重要的发动因素是"生产技术"与"企业家创新精神和管理才能"。企业家的职能，包括企业家创新精神和管理才能，就体现于能够实现新的生产要素组合，使它们进入优化的境地。而要达到这样的目标，就要求整个经济社会具有自由竞争和市场机制能够充分起作用的环境，让人的生产要素和物的生产要素都有移动和流通的自由，从而使企业家能在国家宏观管理下，以市场需求和价格变动为导向，不断引进新的生产技术和新的生产组织，实现新的生产要素组合，使各类生产要素都能充分发挥各自的作用，人尽其才，物尽其用，地尽其利，达到资源配置的优化境界。而大量历史经验也表明，那些早期成功实现工业化和最终崛起的国家都实

---

① 科利：《国家引导的发展——全球边缘地区的政治权力与工业化》，吉林出版集团有限公司2007年版，第8页。

② 科利：《国家引导的发展——全球边缘地区的政治权力与工业化》，吉林出版集团有限公司2007年版，第7页。

行的是市场经济体制。因此，对于那些市场经济还不完善的国家来说，在追求工业化和国家崛起的过程中，政府的作用不是去"主导"工业化的进程，而应该是努力促进市场的形成和完善，并且保证市场的良好运行。只有这样，"企业家创新精神和管理才能"与"生产技术"才能充分发挥作用，从而加快工业化的进程。

第三，为工业化积累更多的资源和资本。一个国家要想实现工业化，就必须拥有丰富的资源或大量的资本积累。就资源而言，充足的人力资源是工业化必不可少的前提，而丰饶的自然资源则可以为工业化创造极为有利的条件。在这方面，美国政府为美国的工业化作出了巨大的贡献：通过鼓励移民的政策为工业化提供了大量的劳动力，通过领土扩展使美国变为一个拥有广袤领土的资源大国。如果自然资源非常匮乏的话，则资本积累就成为工业化的必然选择。资本积累可以来自国内，也可以来自国外。例如，日本就是通过多次对外的侵略战争，为其国家工业化积累了大量的资本。

第四，大力加快基础设施建设。在追求工业化和实现国家崛起的过程中，基础设施所起的作用是非常重要的。张培刚教授就把基础设施称为工业化的"先行官"。在美国工业化的过程中，得到美国政府大力支持而快速发展的铁路事业就起到了重要的促进作用。因为基础设施在一定程度上也是一种"公共产品"，因此政府就应该在基础设施建设方面发挥更大的作用。中国在实现国家崛起的过程中，在这方面可以说为全世界提供了一个非常好的榜样——被称为"基建狂魔"。

第五，大力发展教育和科技事业。现代经济学的研究表面，对一个国家的经济发展和崛起来说，它的人力资本的状况是非常关键的，其重要性甚至超过了物质资本。早期实现工业化和崛起的国家无一例外地都拥有丰富的人力资本。而积累人力资本最有效、最直接的手段就是教育。因此，发展教育事业有利于促进国家的工业化进程。同时，科学技术的进步可以直接带动作为工业化动因的"生产技术"的提高。由于教育和科技本身具有准公共品的性质，依靠市场难以提供应有的、有效率的数量，所以政府应当承担起发展教育和科技事业的责任。

# 第二章 英国政府：打造"世界工厂"

英国是全世界第一个成功实现大国崛起的国家，它适时地抓住了历史机遇，从一个落后的农业小国一跃成为一个工商业大国。这样一个偏僻的岛国，自19世纪中叶开始，很长一段时间都居于世界第一经济大国的位置。在19世纪的大部分时间，英国的工业产值和对外贸易额大约都占了全世界的1/4，因而人们将它称为"世界工厂"。

人们通常认为，英国之所以能够成为"世界工厂"，主要是由于资本主义的迅速发展和科学技术方面的重大突破（如蒸汽机、纺纱机、轧棉机的发明），而与英国政府没有多大的关系——英国政府历来被看作"自由放任"的典型。但事实上，19世纪中叶以前，英国政府并不是实行"自由放任"的政策，它在英国崛起过程中发挥了非常重要的作用。

## 第一节 光荣革命及近代英国政府的演变

### 一、光荣革命及其历史意义

1685年，刚刚即位的詹姆斯二世积极活动，企图借助法国的势力来恢复天主教和封建专制统治。此举引发了英国国会的极度不满。为防止天主教徒成为英国国王，1688年6月30日，国会中的辉格党人取得了托利党人的赞同，决定迎请詹姆斯二世之婿——荷兰执政奥伦治亲王出兵讨伐国王。奥伦治亲王信仰新教，是法国政治上的死敌。不久，詹姆斯二世被迫出逃，赴法国避难。1689年，奥伦治亲王在明确表示恪守《权利法案》之后，与其妻玛丽分别被宣布为英王和女王，史称"威廉三世"和"玛丽二世"。英国史学家将这一历史事件称为"光荣革命"。

对于光荣革命，过去的很多学者把它看作一场保守的、不彻底的革命。在早期的英国，光荣革命并不被很多英国人所了解。关于1688—1689年的这次事件，英国很少有人认为它对于后来英国的崛起有着多大的意义，甚至在一些人看来，光荣革命被视为一次肮脏的宫廷政变，或者说是一小撮贵族寡头的胜利。很少有人将它视为一场真正意义上的"革命"。

20世纪80年代以后，一些学者对于光荣革命有了更深刻的认识。他们认为，光荣革命比发生在17世纪40年代的英国革命更有意义。安格斯·麦金尼斯强调，光荣革命对英国后来的政治发展有着更深刻的影响。[①]尽管J·R·琼斯把革命解说成是温和的、甚至是保守的，但仍得出这样的结论，光荣革命比17世纪40年代的革命更重要："虽然1688年的革命缺乏前一个时期的丰富多彩的细节，但其结果对英国本身的发展和英国成为欧洲强国都更具有确定性和决定性的意义。"[②] 另外，国内也有学者认为，由1688年的光荣革命所确立的君主立宪制，是在当时英国的客观历史条件下，英国的真正统治者——资产阶级和新贵族——作出的符合英国国情的最佳选择。它不仅有利于资本主义政治经济的发展，而且兼顾了英国各阶层的利益和心理承受能力，从而维护了社会稳定，促进了英国的持续发展。英国率先实现崛起并成为"世界工厂"都证明了这一点。[③] 对此，马克思曾经指出："只有经过残酷的斗争和通过共和国的政府形式才能从君主专制过渡到君主立宪。"[④] 的确，光荣革命所建立起来的君主立宪制，无疑是英国历史上一次具有划时代意义的制度创新。以光荣革命为起点，英国在此后的一百多年中成功地实现了一系列的制度变迁，成为世界上第一个崛起的大国。

概括而言，光荣革命的长远历史意义主要体现在以下几个方面：

第一，经过光荣革命，议会在英国政治体制中的地位得到了极大的提

---

① 哈里·狄金逊［英］："1688年'光荣革命'的革命性问题"，《世界历史》，1988年第6期。
② 哈里·狄金逊［英］："1688年'光荣革命'的革命性问题"，《世界历史》，1988年第6期。
③ 王宇博："君主立宪制：英国的历史选择"，《史林》，1994年第4期。
④ 《马克思恩格斯全集》第七卷，人民出版社1972年版。

高。在英国，自中世纪以后，都是由国王来召集议会。而1688年的光荣革命则是由议会"邀请"国王登基，使得两者的关系发生了根本的转变。光荣革命沉重地打击了以前人们心中普遍存在的"君权神授"的陈旧观念，并且让国王逐渐认识到应该与议会分享国家的最高权力。例如，1689年通过的《权利法案》就有这样的规定：国王必须定期召开国会；国王无权废止法律；没有征得议会的同意，国王不得征税和招募军队；议会拥有自由辩论权；公民有向国王请愿的自由和参与选举的权利，等等。在不断限制王室权力的同时，议会的权力和地位却在不断提高，已经成为英国最高立法机构不可分割的一部分。议会甚至控制了支持王室和维持政府政策所必需的财政来源。总之，在议会和国王之间的这种平衡和均势，缓慢却始终朝着有利于议会的一方不断倾斜。一种开放的、多元的政治文明逐渐建立起来了。

第二，《宽容法》的通过使宗教的一致性被放弃了，甚至不再要求全体臣民参加任何一个新教教会。教会法庭权力下降，国教会对教育的垄断也被摧毁了。非国教教堂迅速增加，异教的著作开始大量出版，争论自由也受到了鼓励。[①] 非常重要的一点是，《宽容法》规定国教徒以外的新教徒只要每年在国教会教堂里领取圣餐一次，就可以担任公职。渐渐地，以商人为代表的新教徒不再是受排挤和迫害的对象，反而成为政府主动去接近的人选。因为这些人手中拥有大量的钱财，而政府由于庞大的战争费用和王室的开支，需要这些富裕的新教徒的资助。因此，政府开始对这些人全面开放，富裕的商人可以进入政府部门，受到平等的待遇。宽容的宗教气氛为商业活动提供了一个和平安定的环境，从而促进了商业的进一步繁荣。另一方面，商人政治和社会地位的提高促进了英国经济的不断发展。[②]

第三，光荣革命以后，英国政府重新对新闻实行严格检查的企图也破灭了。1695年，实行多年的出版前检查制度被废止。在随后的短短几年中，伴随着大批的报纸、期刊和各式各样的政治小册子的出版，英国的新闻业迅猛发展。到了18世纪初，新闻甚至被誉为宪法的保障和臣民自由的

---

① 哈里·狄金逊［英］："1688年'光荣革命'的革命性问题"，《世界历史》，1988年第6期。

② 赵立行：《英国商人》，江西人民出版社1995年版。

盾牌：臣民不仅应免受专制政权之苦，而且应该拥有自由表达自己的意见和追求自身利益的权力。

总之，在英国的历史上，光荣革命可以说是一次极为重要的制度创新。它构建了一种符合英国历史和社会现实的客观要求且较为合理的政府结构，从而为英国的崛起提供了一种良好的、宽容的制度环境。不仅如此，因光荣革命而出现的宽松的宗教气氛为国家的长期发展提供了很好的社会环境。此外，新闻自由的扩大也有利于保护产权、鼓励自由竞争、防止垄断，从而促进了国民经济的发展。正因为如此，把光荣革命作为研究英国政府在国家崛起过程中的作用的起点是比较适当的。

## 二、近代英国政府的演变过程

近代英国政府的演变，主要体现为内阁同国王和议会之间的关系的转变方面。大体而言，这种演变可划分为这样几个阶段：自光荣革命到汉诺威王朝建立前后，主要是由国王任命阁臣，而阁臣则对国王负责；从汉诺威王朝建立到第一次议会改革之前，内阁同时对国王和议会负责；到19世纪中叶（1832—1868年），英国责任内阁制才逐渐完备起来——议会至上和虚君式的议会君主制真正确立下来。

1688年以后，英国王权总的来说还是非常强大的。"威廉三世的君权观念并不亚于斯图亚特王朝的君主们，他很想像查理二世那样进行统治"。① "他不允许议会在他去国外时开会，并很少带英国大臣到欧洲大陆去，他本人是自己的第一大臣（首相），他控制政策，指定他所信任的人担任要职"。② 由于辉格党对拥立威廉和玛丽作出的贡献最大，所以威廉三世在1694年任命辉格党人组织了第一个一党内阁。这是英国政治制度史上的一个重要事件，被马考莱誉为英国"现代内阁的第一个典型。"③ 领导这个一党内阁的是一个小派别（Junto），其领袖是沃顿，故沃顿又被称为现代政治"领袖"的第一人。④ 这就是现代英国内阁最早的雏形。

---

① Robert Walcott. English Politics in the Early Eighteenth Century. Oxford, 1956, P94.
② D. H. Willon. A History of England, Holt, Rinehart & Winston, Inc., 1967, P456.
③ Robert Walcott. English Politics in the Early Eighteenth Century, Oxford, 1956, P85.
④ Terry. A History of England, Scott, Foreaman & C., 1901, P826.

安娜女王以及汉诺威王朝的几个乔治,都是依靠土地贵族和资产阶级的支持登上王位的,所以他们对代表土地贵族和资产阶级利益的议会表示了恭顺和放任。例如,乔治一世完全不通英语,对国家事务又不感兴趣,因此很少甚至完全不参加讨论政务的枢密会议,结果,枢密会议逐步从国王的控制下独立出来,直接处理日常国事。同时,议会的重要性和权威性也在不断提高,从1714年起,国王实际上就没有行使过否决议会所通过的法案的权力。① 与此同时,议会通过对王权的限制来加强自己的权力。1716年议会通过了《七年法案》,即将下院每3年选举一次改为每7年选举一次。正如马克思所说:"执政党所以能够保全自己和君主立宪制,是由于他们依靠国家政变把议会的职权延长到七年,……"②《七年法案》保证了议会能较长时期地合法存在,保证了国王无法随意召开和解散议会。"《七年法案》被证明是18世纪政府稳定中最重要的因素之一,因为它给议会一个正式的、有规律的、并且相当长的生命。这样就大大减少了它对国王的依赖。"③

为限制王权,议会牢牢地把国家财政收支和王室预算的控制权掌握在自己的手中,尤其是:"这种权力不是被整个议会,而是只被下院所控制。这就使下院处于比国王和上院更有力的地位。而且,下院对财政的控制,有助于财政大臣(后来的首相)地位的上升。"④ 另外,在乔治一世(1714—1727年)和乔治二世(1727—1760年)时期一直是"辉格党一党专政"。虽然这一段时期政局保持相对稳定,但是这也是一段英国历史上最为保守、最少建树的时期。除了通过压制不同政见者和反对酒后暴力行为这两项立法以外,议会几乎没有增补过任何新的法案。不过,从某种意义上讲,这一时期却促进了后来政党政治的兴起:一是这样一种"一党专政"下保持政局稳定的经验,为后来英国的一党组阁提供了借鉴;二是国王(如乔治一世和乔治二世)长期依赖稳定的政治集团和心腹重臣来包揽政务,在客观上促进了政治权力重心向第一财政大臣的倾斜,从而使得内阁制在沃波尔首相任内(1721—1742年)得到了进一步的发展和完善。

---

① Basil Williams. The Whig Supremacy 1714 – 1760, Oxford, 1942, P30.
② 马克思:《评基佐"英国革命为什么会成功?"》,《马克思恩格斯全集》第七卷。
③ Betty Kemp: King and Commons 1660 – 1832, Macmillan, London, 1957, P37.
④ Betty Kemp: King and Commons 1660 – 1832, P70.

在 18 世纪 60~70 年代，英国政府对威尔克斯事件和北美殖民地的处理不当促使英国社会改革思潮相继出现。1783 年后英国进入了政治现代化迅速发展的时代，也就是英国历史学家普遍称道的"改革的时代"（1783—1868 年），小皮特（William Pitt, the Younger）曾于 1782 年、1783 年、1785 年三次提出进行议会改革，但都未获成功。1789 年法国革命爆发以后，小皮特迅速转变为坚定的保守主义者。在小皮特去世以后，法国革命对英国统治阶级上层的心理影响，使置身于升平时代的利物浦首相（1812—1827 年）仍对议会改革无动于衷。但是，到了 19 世纪 30 年代初，英国的两党制已经形成。英国现代意义上的两大政党——托利党（后改名为保守党）和辉格党（后改名为自由党）已基本定型。原来代表土地贵族和英国国教利益的、狭隘的托利党，逐渐转变为代表土地贵族和工商业资产阶级利益，并开始实行宗教宽容政策的保守党。而原来代表土地贵族和金融大资产阶级利益的辉格党，则转变为一个代表资产阶级各阶层利益，并竭力将工人阶级拉入其中的自由党。这样，对统治阶级的上层而言，已经为议会改革创造了非常有利的条件。另外，英国底层的民众改革运动也是风起云涌。1817 年，曼彻斯特发生了"织毯者向伦敦进军"的运动；1819 年，春德比郡爆发农民起义，同年夏天又发生了英国历史上著名的"彼得卢惨案"。此后，民众运动进一步高涨。1830 年前后爆发的肯特郡的农业工人起义，"伯明翰政治同盟""全国政治同盟""工人阶级全国联合会"等组织举行的抗议集会。1830 年，托利党人执政的守旧的威灵顿内阁倒台，辉格党改革派领袖格雷出任首相。1831 年秋，当政府改革方案遭到上院的否决之后，格雷便利用群众运动，威胁内阁将总辞职，最终迫使上院作出让步。1832 年 6 月，格雷提出的改革法案，最终以 106 票赞同对 22 票反对的绝对优势通过了。这就是著名的"第一次议会改革"。这次改革的主要内容是：很多被土地贵族所控制的"衰败选区"被取消了，而这些腾出来的议席则转给了一些新兴工业城市（以工业资产阶级为主体）；同时，在选举资格方面，还降低了对财产数量的限制。总体而言，1832 年的议会改革取得了重要的成果，不仅增加了几十万的选民，而且使资产阶级进一步获得了参政权。可以说，通过 1832 年的议会改革，英国人以其特有的方式，解决了其他国家（如法国）以暴力革命才能解决的问题——国家政治现代化进程中的民主选举权问题。

1832年第一次议会改革以后,英国王室的权力迅速削弱,而内阁对下院的依赖则不断增强。1841年,在缺少王室的支持下,罗伯特·皮尔仅仅凭借竞选获胜而顺利组阁,充分体现了责任内阁制(即内阁由多数党组成并对议会负责的宪政制度)的原则。对此,1841年7月,即大选揭晓前,新闻记者约翰·威尔逊·克罗克就这样写道:选举妙不可言,奇特之处在于公众都被罗伯特·皮尔的名字所吸引。这是我所知道的我国历史上第一次由人民为国王挑选首相的做法,小皮特1789年之举是距此最近的类似事件,但那时人民仅仅认可了国王的选择;而目前各位保守党候选人,使用简单明了的语言,申明自己是罗伯特·皮尔的追随者,并凭此当选。① 与以前那些在内阁中甘于充当国王的"总管"或"总监"的首相不同,皮尔则是充分地发挥了自己的行政权力,居高临下,全面控制内阁及其下属各部。1842年,皮尔甚至亲自制定了政府的财政预算,而过去这一职责都是由财政部主管大臣负责的。皮尔还自行垄断了向女王报告政府工作的权力,其他内阁成员都不准"越级行事",而各部主管大臣都首先必须向首相禀报。皮尔的一些行为后来成了宪法惯例,经常被宪法学家引证。而他本人也被誉为英国"第一位新型的政治领袖"② "所有首相中的典型"③ "现代意义上的第一位首相"④,等等。从皮尔开始,后来英国的各届内阁基本上都是在没有王室干预的情况下组成的。从此,"议会至上"成为英国政治制度的一个最为突出的特征。甚至有人开玩笑说,除了不能把男人变成女人和把女人变成男人以外,英国下院几乎无所不能。相反,国王则仅有三种微不足道的权力——"被咨询权""鼓励权""警告权",终于成了"统而不治"者。

以上我们花了较长的篇幅,大致介绍了光荣革命以及19世纪中期以前英国政府的演变过程。这些内容看起来基本上是政治历史,但实际上与英国的崛起有密切的联系。

第一,光荣革命是英国近代史上一次伟大的制度创新,为英国的迅速

---

① 乔纳森:《十九世纪宪法——文献和评论(1815—1914)》(英文版),剑桥大学出版社1969年版,第63-64页。
② 乔治·汤姆森:《英国首相传略》(英文版),伦敦1980年版,第110页。
③ 罗斯伯雷:《杂录》(英文版),伦敦1921年版,第一卷,第97页。
④ 哈维和巴思尔合著:《英国宪法与政治》(英文版),麦克米伦公司1983年版,第221页。

崛起提供了一种很好的制度基础。光荣革命的意义在于，它彻底打破了长期的封建专制的制度"陷阱"，为英国社会政治经济的发展提供了广阔的空间。同时，光荣革命所确立的君主立宪制非常适合英国的历史传统和民族心理，正如恩格斯所说："君主这一要素在实际上变得愈不重要，它在英国人的眼光中的意义就愈重大。大家知道，没有一个地方比英国更崇拜统而不治的人们。"① 而且，光荣革命的传统对后来一系列的制度变迁起到了很好的示范作用，因而使英国的许多改革都是在没有暴力和流血的情况下顺利完成的。这些对于保持社会的长期稳定都是非常有利的。所以说，光荣革命为资本主义的成长和长期经济发展提供了一个良好的开端。

第二，英国政府的不断演变也促进了经济发展。近代英国的政府权力，经历了一个由宫廷到内阁、由内阁到议会、由议会到政党的"下放"过程。随着这一过程的进行，国王和贵族的势力不断下降，而新兴资产阶级的力量则日益增强。政党政治的不断发展和两大政党的形成尤其具有重大意义。福克斯在1784年1月12日的下院讲演中宣称："政党总是被认为是利用多数人的疯狂来为少数人谋利，殊不知这正是它的长处所在。因为政党给整个制度带来稳定，所以我从来就是一个政党政治家。"② 两个政党之所以能保持稳定，是因为双方都在同一规则下竞争，不允许越轨行为。而且，一个政党为了战胜对手总要尽力动员一切力量去达到自己的目的，这就推动它到现存体系之外去寻求盟友。同时，英国的社会等级制度并不森严，这就使政治参与的扩大和政治体系的扩展成为可能。因此，当近代工业资产阶级在政治上脱颖而出时，就能轻而易举地利用政党政治这个舞台进行活动，逐步实现自己的政治统治。资产阶级不断壮大有力地推动了英国的经济发展。

第三，英国经济的高速发展时期是与经济和政治上的改革分不开的。在乔治一世和乔治二世时期出现了长达半个世纪的"辉格党寡头政治"（1714—1760年），其间，政局比较稳定，但这是一种停滞的、没有内在活力的稳定，这一时期的经济发展也比较缓慢。进入"改革时代"（1783—1868年）以后，英国经济高速增长，并率先实现了工业化。由此可以看

---

① 《马克思恩格斯全集》第一卷，人民出版社1995年版，第682页。
② Fox Speeches, London, 1815, Vol 2., P315.

出，英国的经济发展是与其不断的改革密切相关的。英国上层人士对于改革始终有着比较清醒的认识。例如，小皮特在给他的朋友爱尔兰行政长官拉特兰公爵的信中说："仍然相信议会改革……或迟或早总归要在这两个国家（爱尔兰和不列颠）中推行。如果措施得法的话，那么越早越好。"① 改革派领袖福克斯始终如一地宣称："宪法的精粹就在于，它根据自己的原则允许在时间和环境需要时进行永恒不断的改革。"② 甚至一些温和的保守派也对改革表示接受，如费勒德曾说："我从不赞成革命，因为它是一种罪恶。因此我赞成适时的改革，因为它使革命成为不必要的东西。而那些反对改革的人也许内心里是革命的敌人，但由于他们的愚蠢却实际上成了它的朋友。"③ 两大政党也积极进行改革。例如，皮尔在1835年向塔姆沃斯选民的演说中声称："这个现在称之为保守党的政党，已准备进行稳健地改革。"④ 1837年，皮尔又反复强调："保守党决不会因本党任何狭隘利益而与中产阶级保持距离。"⑤ 辉格党人也从西班牙的政治词汇中借用了"自由党"一词，将辉格党改名为自由党，以便赢得更广泛的社会阶层和新兴集团的支持。除了政治方面的改革以外，英国还在经济方面进行了很多改革。正是通过这些长期的、渐进式的政治改革和经济改革，英国政府才能够适应社会和历史发展的客观需要，并且日益强大起来。

## 第二节　强大的英国政府⑥

通常人们认为，衡量一个政府的力量是否强大主要是看它能否对国内

---

　　① 引自刘为："贵族与政党——18世纪晚期的英国政党政治"，《浙江大学学报》，1997年第1期。

　　② 刘为："贵族与政党——18世纪晚期的英国政党政治"，《浙江大学学报》，1997年第1期。

　　③ 刘为："贵族与政党——18世纪晚期的英国政党政治"，《浙江大学学报》，1997年第1期。

　　④ Sir Uewellyn Woodward: The Age of Reform 1815 – 1870, Oxford University Press, 1987, P98.

　　⑤ Adelman Paul: Peel and the Conservative Party 1830 – 1850, Longman, London, 1990, P11.

　　⑥ Linda Weiss and John M. Hobson: States and Economic Development – A Comparative Historical Analysis, Polity Press, Cambridge, 1995, P42 – 49.

的人民实行强制性的统治。按照这种观点，俄国沙皇政府可能是18世纪欧洲"最强大"的政府。但事实并非如此。实际上，一个政府的"相对政治能力"（Relative Political Capacity）是决定其是否强大的一个重要因素。所谓相对政治能力，是指一个政府从社会抽调财政资源的能力，从而为政府支付战争费用提供必要的手段。由于18世纪及以后的军事冲突实际上考验的是"战争的持久力"，也就是说拥有最大征税并保持信用的能力的政府往往能够赢得战争的胜利，因而国内的基础性的抽调力量与对外的军事能力是相互联系的。

单纯从经济的角度不能解释当时英国政府的财政抽调能力，因为英国18世纪的税收增长率要明显高于经济增长率。这并不意味着经济因素是完全多余的，而是表明经济因素是英国政府相对政治能力的一个组成部分。英国政府的财政抽调能力主要有三个构成部分：一是政府的贯彻能力；二是政府达成一致意见的能力（基础性的、谈判的能力）；三是经济的商业化和明确的资本主义制度的存在。当然，这三个方面在一定程度上是相互交叉的。

人们通常假定，英国政府只拥有一批规模较小且能力较差的官僚。可是，在最重要的领域（主要是指收入抽取），英国政府可能是18世纪整个欧洲最为领先的。首先，税收的征集牢牢地控制在中央政府官僚的手中。而欧洲大陆的所有专制国家则在很大程度上是依靠私人以及地方的世袭官员。尽管英国的地方贵族也征集土地税，但这只占了政府收入的很小一部分。而且无论如何，至少相对于欧洲大陆的情况来说，英国地主与议会的结合使他们有了责任感从而减少了地方的腐败。比较特别的是，英国的间接税是由中央政府的官僚征集的，这与法国和俄国形成了鲜明的对比。这样，英国政府就避免了专制制度的政府中大量的财政收入从国库流入到私人包税商的口袋中。例如，在法国，大约有50%的收入从来没有进入国库，而是被贪婪的私商包税人装进了自己的腰包。确实，欧洲大陆国家的征税代理成本是非常高的。不仅如此，高度集中的征税体系使英国政府能够以统一的标准来征集税收。这与欧洲大陆的征税标准混乱的情形形成了鲜明的对比。在法国，很多地区享有财政特权，从而导致了明显的不公平。而这在英国是根本不存在的。而且，英国财政记录的公开性与法国缺少这种记录所形成的鲜明对照，增强了法国人对1789年革命前的政治和社会制度不公平的感受和不满。

英国政府之所以有着很强的征税能力，是因为它拥有人数众多的财政官僚，尽管政府总的官僚数量较小。英国政府拥有欧洲最为集中的中央财政官僚机构。例如，在18世纪后期，英国大约每1 300人中就有1名中央财政官僚，而法国、荷兰和普鲁士则大约分别为每4 100人、6 200人和38 000人中才有1名中央财政官僚。也就是说，如果按照人口平均数来说，英国政府拥有的中央财政官僚人数大约为法国的3倍、荷兰的5倍、普鲁士的29倍。① 同时，相对于欧洲大陆的情况而言，英国已经建立起了一种高度集中且富有效率的财政体系，甚至有人认为英国的税收部门是18世纪组织得最好的政府机构，这样就使得英国政府能够真正垄断税收的收入。

总之，与法国相比，英国政府由于国土面积较小且少数民族不多而降低了财政的交易成本，由于更有效的征集体系而降低了代理成本，由于议会的存在而降低了信息成本。

议会的存在及合作构成了英国政府相对政治能力的第二个组成部分，即达成一致意见的基础性的能力。从18世纪的一个主要的社会学悖论中可以发现这一迹象。引起法国革命的重要原因之一是18世纪后期的旧秩序强加给纳税人的税收负担过于沉重了。然而，奇怪的是，英国的税收负担比法国高得多，可革命却发生在法国。不仅如此，事实上在革命前的数十年间法国的税收负担正在变得越来越轻，而英国的税收负担则在不断增加。怎样来解释这些悖论呢？也许可以这样来理解：由法国政府征税而引起的革命，不是由于人民无法承担税收本身的经济负担，而是这些税收激起了人民对政治和政府的敌意。另外，英国议会的存在也是导致这种不同局面的一个原因。与法国君主实行的独断专行的统治形成强烈对照的是，英国国王往往在政府中向有势力的选举人（土地贵族）作出一些让步。由于征税获得了社会中重要人物们的同意，故英国的财政收入能够实现最大化。事实上，这种"让步"能力是一种力量而非无能的表现。因为，英国的君主们尽管看起来在他们的拥有丰富资源的选举人面前似乎不是很有力量，

---

① Linda Weiss and John M. Hobson：States and Economic Development——A Comparative Historical Analysis，P45，Table 2.1.

但他们能够比法国的君主们更有效地统治。后者的绝对能力更大一些,但这种能力主要体现在发布公告方面而不是采取行动方面。因此,英国政府的力量或征税能力是建立在取得社会主要阶层的同意的基础上的。它之所以能做到这一点,主要是因为光荣革命以后议会的权力不断扩大,而且随着时间的推移,"议会至上"的原则得到进一步的落实。这样,尽管专制统治不复存在,而且王权也在不断削弱,但整个社会中各阶层之间的合作大大增强了,因而英国政府的统治能力反而提高了。

同时,特定的经济制度也有助于增强英国政府的力量。战争收入的最重要的来源之一就是公债。这是因为政府的日常收入从来不足以支付军事支出,并且公债可以减轻厌倦的纳税人的税收负担,所以政府往往在战争期间发售公债。为此,英国政府进行了"金融革命",从而促使了1694年英格兰银行的成立,并使银行与财政部及伦敦商界在18世纪形成了非常密切的关系。这对于向政府提供足够的资金以应付英国18世纪庞大的军事冲突费用是至关重要的。

另外,大量的国际和国内贸易所带来的整个经济的商业化使得英国政府可以征得大量的间接税。与法国相比,英国征收间接税的经济范围更宽一些,因为其流经市场的产品和消费的份额更大一些。在重视贸易的情况下(18世纪的英国正是如此),就可以比较容易地积累起一个较大的间接税税基。一个牢固的税基对于支付平常的军事支出是必不可少的,更重要的是,它可以用来向那些借钱给政府以便为政府的非常军事支出提供资金的债权人支付利息。

值得注意的是,一种有效的借款政策的关键不仅仅在于借钱的能力,更要有获得便宜的信用贷款的能力。英国的有效的财政实践和欧洲大陆相对无效的财政实践之间的一个关键区别在于,英国政府具有迅速偿还其公债的能力,这使得它既能保持信誉又能获得便宜的贷款。西班牙和法国的情形则截然相反,它们的政府都被很高的利息所困扰。在英国,由于利息都是绝对地、严格地按期支付的,再加上议会愿意提供担保,因而它建立起了极为牢固的信用体系,从而使公债能够顺利发行。这一成就震惊了整个欧洲。

总之,实行君主立宪制的英国政府尽管表面看来不像一些专制政府那样拥有"绝对"的权力,但它拥有较强的"相对政治能力",即具有更强的统治能力、行动能力和协调能力，并由此成为当时欧洲最强有力的政府，这对英国的经济发展是很有帮助的。首先，英国政府在征集税收和发行公债方面取得的巨大成功使得英国赢得了多次战争的胜利（关于战争与经济发展的关系，我们将在本章第三节详细讨论）。作为胜利者，不仅可以获得大量的战争赔款，更重要的是，英国由此获得了大量的殖民地，并一举成为"日不落帝国"。这给英国带来了极大的经济利益，为英国的经济发展作出了重要的贡献。后来，各殖民地纷纷宣布独立而英国经济则日益走向衰败的事实，也从另一个侧面证明了这一点。其次，英国政府对于资本主义的发展一直是比较支持的。英国政府为了支付庞大的军事支出，需要得到有经济实力的资产阶级的帮助，因而非常注意保护资产阶级的利益，有时甚至为了维护资产阶级商人的利益而不惜发动战争。并且由于政府实施政令的能力很强，再加上新兴贵族和资产阶级的大力合作，从而使许多有利于资本主义发展的政策和措施得以贯彻。正因为如此，英国也常被人们称为"资本主义的摇篮"。资本主义的兴起和成长则大大地推动了英国的经济发展。最后，政府较强的协调能力为经济发展创造了一个稳定的、良好的社会环境。如前所述，政府在许多问题上能够使社会各阶层基本上达成一致意见，同时，政府为适应随时间变化而不断出现的新的形势，适时地进行渐进式的政治改革和经济改革，以缓和社会矛盾，维持政局稳定，这些努力也取得了巨大的成功。自1688年光荣革命至19世纪中期，尽管英国对外进行了一系列的战争，但国内的形势一直比较稳定，从未出现过大的动荡。这对于英国的长期经济发展无疑是极其有利的。

以上这些充分说明，英国拥有一个强大的政府是其得以实现长期经济发展和国家崛起的一个重要因素。反过来，经济的发展也有助于提高政府的能力。一方面，经济的发展扩大了税基，从而增加了政府的财政收入，有利于政府政策的贯彻和实施。另一方面，随着经济发展而不断完善的一些经济制度（如银行），为政府更好地控制经济和社会提供了新的手段。这样就形成了一种良性循环：强大的政府促进了经济发展，经济的发展又促进政府能力的提高，如此不断反复。英国在17世纪末至19世纪中叶的长期经济发展和国家崛起正是在这种良性循环中得以实现的。

## 第三节 政府、战争与经济发展

### 一、连绵不断的战争

从 1688 年到 1815 年,英国政府先后发动、参与了六次大规模的战争:1688—1697 年的英法战争、1701—1714 年的西班牙王位继承战争、1740—1748 年的奥地利王位继承战争、1756—1763 年的七年战争、1775—1783 年的美国独立战争以及 1793—1815 年的拿破仑战争。也就是说,在 1688—1815 年,英国有一半以上的时间是处在战争状态之中。在这几场战争中,英国除了在美国独立战争中惨遭失败以外,基本上以胜利告终。正是通过这些战争,英国确立了海上霸权,并建立起了庞大的"大英帝国"。在其鼎盛时期,英国的版图遍布五大洲,总面积达 3 850 万平方公里,相当于本国领土的 130 多倍,殖民地人口近 4 亿,相当于本国人口的 9 倍。①

如此频繁的、大规模的战争自然需要耗费大量的金钱。因此在战争期间,军事支出和政府的总支出都会急剧增加。据罗斯托的估计,英国战时的最高支出是战前正常支出的 3 倍左右,大约占国民生产总值的 15%—25%。在 18 世纪末至 19 世纪初,英国政府的支出总额几乎占国民收入的 1/3。② 同时,由于经常出现战争,英国的国防支出十分惊人。1715—1815 年英国的国防支出占中央政府支出的 56%,1715—1850 年为 44%。另外,据估计,1715—1850 年英国的国防支出大约是沙皇俄国 1885—1913 年(工业化时期)的国防支出的 2.5—3 倍。而沙皇俄国的工业化时期的国防支出在欧洲是最高的。③ 而且,如前所述,仅靠政府的财政收入远远不能满足庞大的战争费用,英国政府采用的办法是大量发行公债。在 1688 年,

---

① 赵立行:《英国商人》,江西人民出版社 1995 年版,第 195 页。
② W. W. 罗斯托 [美]:《这一切是怎么开始的——现代经济的起源》,商务印书馆 1997 年版,第 39、159 页。
③ Linda Weiss and John M. Hobson: States and Economic Development——A Comparative Historical Analysis, P115.

英国的公债仅占国民收入的2%，为120万英镑，到1815年，公债上升到了56 800万英镑，大约相当于国民收入的180%。而世界上最大的债务国美国1990年的国债也只是占了其国民收入的59.25%。

从当时的历史情况来看，战争对于经济和社会的影响是非常大的。正如罗斯托指出："……那种政策上的重大改变——那些为工业化准备了舞台的改变——却直接出自君主们的军事需要。从规模上讲，军事活动是一种最大的单项投资形式。在所有的表现形式中，包括公共债务负担，军事活动支配国家预算。……宪政上的重大问题，无论是英国议会为控制财政大权而进行的斗争……，都与军事冲突的需要有关。""要写一部违背事实的那段时期的历史，是不可能的。"① 因此，要研究英国政府在17世纪末至19世纪中叶的长期经济发展过程中的作用，就不能不考虑战争这一重要因素。

## 二、工业的军事化

### （一）战争对技术的促进

战争技术在经济中具有很强的"后向联系"作用，因为它增加了对铁的消耗，进而又对采煤业产生了新的需求。而且，正如经济史学家们指出的，英国17世纪后期和18世纪的经济发展是以制铁业的发展为前提的。导致这一革命性发展的关键在于一些特殊的发明，例如，1709年达比发明的焦炭炼铁技术，科特1784年发明的搅炼技术以及瓦特于1775年发明的蒸汽机。而所有这些发明都是由对铁的巨大军事需求和对高级原材料的需要所带来的直接结果。

军火对经济发展有一种特殊的影响，即它通过推动技术进步来促进经济发展。从机械发展的角度而言，枪炮就好比是一部单缸的内燃机，它为后来在18世纪出现的、作为工业革命动力的机器的产生打下了很好的基础。威尔金森（Wilkinson）所发明的生产炮膛的机器使瓦特的发明成为可能，英国17世纪后期开发的反射炉也是对战争需要的一种直接反映。因

---

① W. W. 罗斯托［美］：《这一切是怎么开始的——现代经济的起源》，商务印书馆1997年版，第85页。

此，伴随着对更大量的、更高级的钢铁产品的不断的需求，成本更低的、更有效的生产方法就成为必需，从而引起了一些使工业技术发生重大改进的发明的出现。

此外，战争也促进了英国工业化过程中一个非常重要的行业——棉纺织业的发展。如果不是七年战争对军服产生了巨大的需求，棉纺业中的纺纱机也许就不会那么早地出现。

### （二）生产的深化

除了促进技术开发以外，对武器和军服的需求还导致了生产的集中或者说深化。起飞于17世纪以后的军服的生产，是规模化的、绝对标准化的商品的首次亮相。常规军的出现不仅刺激了布料（用于制作军服）的生产，而且使生产按照标准化的颜色和大小来进行。同样地，旧式步枪（还有刺刀、导弹、大炮）都是按照标准化的生产程序制造出来的。大炮和步枪数量的不断增加使大规模的合作制造逐步取代了以前过时的手工生产方法。机械化生产首先出现在军事领域，然后才逐渐扩散到更广泛的经济领域。从某种意义上讲，在英国经济发展的过程中，是战争而不是工业和贸易更好地展示了机器的前景和主要特征。

### （三）交通通讯的发展

除了前面提到的战争技术在经济中的"后向联系"作用以外，"交通的军事化"还能够产生一些重要的"前向联系"。最为重要的是，铁路的产生（出于战略目的）通常具有一些"前向联系"。而且，英国的工业化在一定程度上也是以铁路为基础的，因为铁路与工业特别是煤炭和钢铁工业有着显著的"后向联系"。另外，在18世纪，信号电报机的出现是为了将命令从军事指挥部传送到前线。它对经济具有明显的"后向联系"，而且在缩小社会空间方面发挥了重要的作用。这对于资本主义的发展和政府力量的增强是至关重要的。

### （四）弥补需求的不足

有的经济学家认为，如果经济中存在着失业，那么战争和战备工作将会刺激经济发展。只有在所有的生产要素都已实现充分就业的情况下，军事生产才会阻碍经济发展。在1850年以前的大部分时间里，欧洲的生产要素都未得到充分的利用。因此，政府对军事产品的大量需求就可以弥补国内相对需求的不足，从而对经济发展产生积极的影响。在英国，战争无疑是铁的最大"消费者"，而且在每一个产铁的地区，战争物资的生产都造就了大型的军工企业。

尽管军事需求不能替代民用生产，但它确实可以弥补整个国家总需求的不足。总的来说，在整个18世纪，英国政府的军事支出通过对商品和劳务的订单又重新注入经济，对就业和经济发展起到了类似乘数的作用。例如，拿破仑战争的爆发使粮食的需求量急剧增加，从而大大刺激了农业生产。又如，岛国的地理位置促使英国政府集中力量去创建一支强大的海军，海军则通过政府合同支持了英国造船业的发展，造船业的兴旺通过"后向联系"，即刺激采煤、建筑、化学生产以及工程，从而具有乘数效应。另外，在一个失业率较高的经济社会中，部队的扩编还可以吸收过量的失业者。

以上我们分析了战争对英国经济发展的一些积极影响。但战争也意味着人力、物力的巨大损失。对整个人类而言，战争无疑是一种灾难，是人类文明进程中的一种倒退。因而，世界各国的人民都是竭力反对战争的。但是，总有一些国家的政府为了谋求霸权而不惜发动战争。当时的英国政府就是一个典型的例子。对于一个国家在战争中的得失，罗斯托认为：这个国家的所得，正是另一个国家的所失。因此，计算战争的耗费，不应着眼于国家收入和财富的损失，而应着眼于最后结局，国家同敌国相比是否有所得。按照这个观点，举例来说，英国、普鲁士和俄罗斯在18世纪初直到1793年的欧洲战争中明显有所得。① 总的来说，英国通过长期的战争获得了巨大的利益。一方面，英国占领了大片的殖民地并从中掠取了巨额的财富，例如，1757—1815年英国东印度公司在印度的收入总额就高达10亿英镑。② 另一方面，英国凭借强大的军事力量，为其对外贸易的扩展打开了通道，例如，英国侵略者于1840年发动的海盗式的鸦片战争，就是利用坚船利炮，强行打开中国市场的。

---

① W. W. 罗斯托［美］：《这一切是怎么开始的——现代经济的起源》，商务印书馆1997年版，第37页。
② 赵立行：《英国商人》，江西人民出版社1995年版，第19页。

## 三、政府注重武力的一些间接影响

### （一）财政—军事与资本主义的产权

由于 17 世纪和 18 世纪的财政危机所引起的严重后果，欧洲各国政府都开始急切地寻找财政的均衡。正如诺斯和托马斯指出，重建均衡的一种有效方法是向商人、工业和农业资本家授予财产权利，以换得财政收入的回报，从而使政府能够维持其军事力量基础。这可能是政府与资本家阶级之间互利互惠的最明显的例子。由于政府可以很容易地监控贸易活动，故商业资本家成了特别的征税对象（当然也因此授予他们产权）。这种做法最早出现在英国，产权的出现提供了强有力的激励机制，促使人们不断地进行投资和创新。这就为企业的发展创造了一个非常有利的环境。因此，政府通过确保产权有意识地创造一种引导资本家投资的环境，从而积累财政—军事收入。这样，政府和资产阶级就形成了一种互惠关系，二者都借此增强了他们各自的力量。[①]

### （二）政府对金融部门的影响

英国政府颁布的法律不仅巩固了资本主义的产权并有助于建立起一个部分自主的经济领域，而且使货币作为分配的主要形式成为可能。作为一种商品形式的货币是资本主义成长的基础，因为它允许闲置的生产要素按商品化实体的形式进行交换。而且，纸币发行部分地取决于政府的两个方面的能力：一是保证它自己的现金价值的能力；二是维持社会稳定的能力。

如前所述，英国的军事支出极为庞大。为了获得足够的收入，英国政府发动了"金融革命"。这次革命的本质在于，政府可以凭借发行公债以便为其军事行动筹措资金。这就促使了 1694 年英格兰银行的成立。这不仅是英国政府的历史上的一个重要时刻，而且对于英国的经济发展来说同样具有非常深远的意义。银行的借款来自伦敦的资本市场上筹集的资金。通

---

① Linda Weiss and John M. Hobson：States and Economic Development——A Comparative Historical Analysis，P72－73.

过"财政部—英格兰银行—伦敦资本市场"这样一种"制度的联结",政府与经济携手并进。同时,英国的私人投资者发现了一条新的、很好的赚钱渠道——购买国债,并由此积累了大量的财产。在18世纪的漫长战争岁月中,英国政府始终保证按期偿付国债,从而使私人资本家、伦敦资本市场和英格兰银行的地位牢固地确立起来了。不仅如此,英国政府还逐渐与金融资本家阶层形成了非常密切的关系,这样不仅限制了专横的权力而且使政府的力量显著增强。

金融革命对英国经济有着很多重要的、多重的影响。其中最重要的一点是,英格兰银行和伦敦资本市场的出现降低了长期的交易成本和投资成本,从而有助于降低利率。同时,这两个机构为资本提供的广泛服务,也极大地推动了英国的经济发展。而伦敦资本市场也逐渐成为世界最主要的金融中心。

战争不仅有助于加强政府、伦敦资本市场与英格兰银行之间的关系,而且促进了一个全国性的资本市场的形成。在18世纪初,伦敦资本市场与各地的资本市场是相互隔绝的。但是,到了18世纪后半叶,为了适应战争的需要,一个统一的资本市场已基本形成。到了拿破仑战争时期,政府找到了更有效的办法向公众出售政府债券,其中的一种方法就是在1802年建立了证券交易所。

(三) 战争、公债与税收[①]

如前所述,英国政府为了应付庞大的战争费用,发行了大量的公债。这意味着政府必须经常支付公债的利息。从长期而言,如果利率过高,则势必"挤掉"私人投资,从而影响经济增长。为了避免这种局面的出现,英国政府不仅发动了"金融革命"而且提高了税率以支付其公债的利息。

英国18世纪的长期利率一直保持下降的趋势:从17世纪80年代的10%逐渐降到1713年的9%,1717年以后降到了5%,到18世纪50年代又进一步降到了大约3%—3.5%。长期的低利率,无疑有利于私人投资的扩大,从而促进了英国的经济发展。而英国之所以能长期保持较低的利率

---

① Linda Weiss and John M. Hobson: States and Economic Development——A Comparative Historical Analysis, P119 - 121.

水平，主要是因为政府严格控制了其公债的利率。

另外，为了促进投资和经济增长，英国政府还通过增加税收的办法使更多的收入由不储蓄的穷人（消费者）流向高储蓄的富人（投资者）。为了向债权人支付国债的利息，政府增加了间接税——关税和国内货物税（销售税）。1715—1858年，这两种税收收入总额平均不少于中央政府全部收入的66%。如此沉重的税收负担主要是由低收入阶层的广大消费者承担的。而税收所得却被付给了政府的债权人，并被他们用作投资。这显然是压榨消费以使储蓄和投资受惠。事实也确实如此。私人消费占国民支出的比例由1788—1792年的83%降到了拿破仑战争结束时的64%。相反，储蓄占国民收入的比例在1780年以前的数十年间一直是大约10%，到1791—1800年间则升至了近21%。储蓄的增加必然带动投资的增长，从而使总国民资本不断增加。在18世纪80年代后期，总国民资本形成大约为10%，到1815年就升至了14%（这是由于发生拿破仑战争而使得私人货币大量投资于国债的一种滞后反应），到1820年升至16%，到1830年又升至19%。

总的来说，从1688年到1815年多次战争的长期影响是：压缩了消费而促进了投资，从而为1820年以后的强劲经济增长打下了良好的基础。简言之，英国政府向公债持有人支付的大量利息，可以看作是"间接"地为工业革命筹措资金。

（四）政府、战争及关税保护主义

"自由放任论"的一个重要观点是，英国的工业化是在一种低关税的情况下实现的，而且在1846年以后几乎转向了完全的自由贸易。但这是不符合历史事实的。在英国工业化的最主要阶段，其关税是非常高的。

如表2-1所示，从1688年到1795年，英国的关税是比较高的（27%），而在1796—1846年，其关税水平就非常高了（40%）。就是与19世纪和20世纪的一些高关税国家相比，英国1846年以前的关税水平仍然是相当高的。这表明，英国政府在19世纪中期以前基本上是实行"重商主义"的政策，而不是人们通常认为的"自由放任"。而且，英国关税保护的范围很广，几乎所有的项目都在保护之列，对于各种半成品和原材料特别是铁、钢、锌、铅和木材更是征以极高的关税。

表 2-1　　　　　英国与部分国家的关税水平　　　　　单位:%

| 年份 | 英国 | 德国 | 俄国 | 法国 | 美国 | 澳大利亚 |
|---|---|---|---|---|---|---|
| 1688—1795 | 27 | | | | | |
| 1796—1846 | 40 | | | | | |
| 1885—1913 | | | 35 | | 22 | |
| 1913 | | 15 | | 23 | | 22 |
| 1931 | | 40 | | 37 | 19 | 36 |

资料来源：Linda Weiss and John M. Hobson：States and Economic Development——A Comparative Historical Analysis，P124.

那么，英国政府为什么要把关税定得这么高呢？同样，财政—军事的需要是一个非常重要的因素。1688 年以后所发生的一系列长期战争，迫使英国政府寻找有保障的、新的收入来源。正如我们在前面所讲到的，政府的解决办法是提高间接税，也就意味着关税水平的上升。在当时的英国，进口的制造品都被征以关税，不管它们是否与英国的工业形成竞争。而且，大约有 60% 的原材料被征收了关税，其中的很多是英国工业的重要投入品。关税使投入品的价格上涨并导致最终产品的价格上升，从而削弱了英国产品在世界市场上的竞争力。因此，英国政府征收高关税的目的是增加财政收入以应付战争的需要，关税对工业所起到的保护作用只是提高收入的一种侧面影响。

在战争结束以后，关税水平仍然居高不下，因为政府仍然必须维持很高的税收收入，这样才有能力向那些在战争期间借钱给政府的人支付利息。另外，1815 年以后关税急剧上升的主要原因可能是，政府在拿破仑战争结束后不久就取消了收入所得税，在没有了收入所得税又不可能求助于继续发行公债的情况下，政府就不得不提高间接税。因此，英国的高关税一直延续到 1846 年。而且在 1822 年，关税收入曾猛增至相当于净进口市面价值的 64% 这样高的水平。

总之，在 1846 年以前英国政府可以说是严重的保护主义者。当然，政府的本意是通过征收高额关税来增加财政收入，以满足军事和战争的需要。可以说，英国政府为保证其财政——军事活动的顺利进行而采取的关税政策，意外地起到了保护工业发展的作用。

## 第四节　英国政府的一些重要经济改革

在本章的第一节，我们介绍了英国政府1688—1850年的演变过程，这实际上也可以看作那一时期英国的政治改革过程。在本节中，我们将讨论英国政府在那段历史时期所进行的一些重要的经济改革。

如前所述，在乔治一世和乔治二世统治的时代（1714—1760年），尽管英国政局始终比较稳定，但这是一种停滞的、缺少活力的稳定。在此期间，只有沃波尔任首相（1721—1742年）时进行的改革具有一定的影响。沃波尔在政治改革方面的贡献是建立了英国的内阁制。"罗伯特·沃波尔第一个应用了这些方法，即，把咨询的会议和执政的小集团转变成内阁——独立的行动和依赖性的存在的结合……"[①] 在经济改革方面，沃波尔认为和平对于英国的商业发展是至关重要的，"不管战争会给商人们带来怎样的短效应，但就长远来看，和平对商业更为有利，尤其像英国这样越来越注重海外贸易的国家，和平尤其重要。"因此，沃波尔尽量使英国避免卷入战争。同时，沃波尔还采取了一些措施来促进英国的进出口贸易。例如，他取消了对某些商品的出口限制，对谷物、火药、丝绸及其他商品的出口予以鼓励，并对某些原材料的进口给予免税待遇。总的来说，沃波尔的经济改革在一定程度上促进了英国对外贸易的发展。[②] 但是，当主战派取得了议会的多数以后，沃波尔的政策就难以继续实行，最后甚至连他本人也被赶下了台。

在18世纪60~70年代，威尔克斯事件是对守旧的英国政府的一次最沉重的打击。接着，政府对北美殖民地的处理不当引发了1776年的北美独立战争，使人民对政府的不信任感进一步增强。1780年爆发的戈登暴动使整个社会更加动荡。1781年英军在北美的彻底失败使执政的诺思内阁完全丧失了信誉，并被迫于次年辞职。

1782年4月，罗金厄姆内阁上台伊始就着手改革，并于当年通过了三

---

① Lucy Dale：The Principles of England Constitutional History，Longman，1902，P401.
② 赵立行：《英国商人》，江西人民出版社1995年版，第171-172页。

个"经济改革"法案。克鲁法,该法案取消了所有王室财税官吏的选举权;克拉克法,该法案取消了所有政府合同承包人的议员当选资格;王室年俸法,该法案是柏克亲自动议并领导起草的,它规定王室年俸为 90 万英镑(减少了 75 000 英镑),并且王室的所有费用及廷臣的俸禄均在此项内开支,这就限制了国王通过赏赐来施加政治影响的能力。① 1782 年罗金厄姆患流感去世以后,继任的舍尔本内阁及联合内阁都因内部不和而相继垮台。1783 年 12 月,国王挑选年仅 24 岁的小皮特任首相组织新内阁。从此,英国便步入了非常有活力的"改革时代"(1783—1868 年)。

## 一、小皮特的经济改革②

小皮特组阁以后,由于议会中存在着非常强大的反对派势力,因而使他在议会中有好几次都陷于不利局面。在这种情况下,小皮特于 1784 年决定解散反对派议会,举行新的议会选举。通过选举,下院中 160 多位反对派议员落选,并换上了拥护他的人。巩固了自己在议会中的地位并掌握了权力以后,小皮特便开始推行经济改革。

小皮特首先解决了非常棘手的国债问题。延续多年的北美战争耗费了英国高达 1 亿英镑的军费,进一步增加了政府的负债。到 1784 年,英国的国债总额高达 2.34 亿英镑,仅利息一项就须支出 900 万英镑,政府预算赤字达 1 200 万英镑。国库空虚,甚至连王室的费用都常被拖欠。③ 巨额的国债成为经济发展的严重障碍。对此,小皮特提出了设立偿债基金的议案,并得到了议会的批准。1786 年,小皮特组织了 6 人委员会专门管理偿债基金,规定每年分四次从政府收入中拨出总额为 100 万英镑的专款作为偿债基金购买债券,并将债券的复利投入偿债基金。为防止财政大臣挪用基金,他又规定 6 人委员会只对议会负责。而且,除固定的偿债基金以外,政府还根据财政状况不定期地拨款还债。这一措施取得了很好的成效。到 1793 年,英国的国债总额已减至 1 000 万英镑。

---

① 刘为:"贵族与政党——18 世纪晚期的英国政党政治",《浙江大学学报》,1997 年第 1 期。
② 陈仲丹:"试论小皮特的改革",《南京大学学报》,1989 年第 6 期。
③ L. W. Cowie: Hanoverian England 1714 – 1837, London, 1987, P365.

为改革国家的财政状况，小皮特对税收进行了改革。其改革的一项主要措施是向社会奢侈消费开征新税，新税项目包括马匹税、仆佣税、马车税、窗税、礼帽税、绶带税、蜡烛税、砖瓦税、狗税和钟表税等。到1792年，小皮特在政府财政报告中宣布，新税每年为国家增加了100万英镑的收入。税收改革的另一项措施是简化税制。英国原来的税收种类繁多，纳税人难以弄清，往往要靠税务官告知。小皮特下令实行单一征税制度，即一种商品只征一种税。单一税制的实施既可以约束税务官员的舞弊行为从而有利于纳税人，又减少了税务官员的数量因而降低了税收的成本。1785年，他还采纳了一种新的严格审计账目的办法，以防止税务人员的贪污行为。在增加税收收入的同时，小皮特还积极采取措施节省财政支出，比如减少闲职人员、控制王室开支等。通过这一系列的改革，小皮特实现了财政上的奇迹，到1785年政府的预算赤字已减到了100万英镑以下，为北美战争后英国经济的复兴打下了良好的基础。小皮特也因此被誉为"金皮特"。

小皮特信奉亚当·斯密的学说，认为自由贸易可以使英国获得巨大的收益。当时，英法两国之间走私贸易猖獗，相互严格限制进口。在这种情况下，小皮特于1786年派年轻官员威廉·伊登前往巴黎同法国签订商约。商约规定金属制品税定在10%，棉毛织品和陶瓷器具为12%，白兰地酒为50%，而丝绸则不在其列。这一结果对英国极为有利，为英国的工业品打开了一个广阔的市场，同时又将法国的丝绸织物排斥在英国的市场之外。法国则是想以贸易方面的让步换取英国不干涉它在尼德兰地区的扩张活动。尽管议会中的反对派坚决反对与世仇法国缔约，但由于得到了可以从商约中获益的工业和商业利益集团的支持，英法商约在1787年还是在议会中以绝对多数通过了。商约使英国工业获得了巨大的利润，部分地补偿了英国在美洲殖民地的损失。

此外，针对东印度公司管理混乱的情况，小皮特于1784年提出了印度法案，并得到议会两院的通过。这实际上是在保留东印度公司垄断特权的前提下，对公司的行政管理制度进行的一种改革。改革后的管理制度一直沿用到1858年印度士兵大起义时才废除。

小皮特的经济改革的意义不仅在于他极大地改善了英国的财政状况，并促进了英国的贸易，更重要的是，他进一步完善了国家的财政制度，为英国财政部门留下了严格管理的传统。

## 二、赫斯基森的改革

小皮特是强烈主张自由贸易的，并进行了一系列的改革来促进英国的对外贸易，例如与法国签订商业条约、设立通商局以鼓励同南北美洲的通商、在西印度群岛开辟自由港等。但是，18世纪末至19世纪初的拿破仑战争却使英国的贸易自由化进程被迫中断。随着国内工业的迅速发展和殖民地的不断扩大，资产阶级要求实行自由贸易的呼声越来越高。为适应这种社会的需要，19世纪20年代，赫斯基森上台后也进行了有利于自由贸易的改革。

首先，赫斯基森全面降低了关税，并取消了一些对进出口的限制。例如，他大大降低了纺织品厂及钢厂所需原料的进口关税，取消了对进口制成品的限制，并将最高保护关税定为商品价值的30%。他还允许生羊毛出口，这在以前是绝对禁止的。① 但是，与当时英国经济发展的客观要求相比，赫斯基森的改革还是过于保守了。正如克拉藩指出："由于英国的工业领导地位，20%的一般税率对于大多数外国制造品来说，已足可封闭它的口岸而有余了。""1825年以保护税代替禁止进口的办法真正造成的变革很小或根本没有造成任何变革。""如果自由贸易……是正确的政策，那么这项政策尚有待采纳实行。"②

为扩大英国的对外贸易，赫斯基森还于1823年敦请国会通过了《关税互惠法》，即与其他国家订约以互减关税。在接下来的几年中，他与大多数欧洲国家都签订了这样的条约。同时，他还支持英国与其庞大的海外殖民地进行贸易。为此，他给予殖民地的生产者以优惠，使其产品以低于其他国家产品的税率进入英国。这些产品范围很广，其中有印度丝绸、加拿大棉及澳大利亚羊毛等。③ 但总的来说，赫斯基森的改革措施并没有取得很大的成功，正如帕纳耳指出："并没有能收到这样的实效，使殖民地

---

① 赵立行：《英国商人》，江西人民出版社1995年版，第176—177页。
② 克拉藩［英］：《现代英国经济史》上卷第一分册，商务印书馆1986年版，第407页。
③ 赵立行：《英国商人》，江西人民出版社1995年版，第177页。

贸易比过去更加自由一些。……这些（差别税率）是那样之高，以致事实上，在以英国产品供应各殖民地方面，英国仍享有旧垄断权的一切利益。在 1825 年就预料到，一面建立殖民地自由贸易而同时给英国制造品以保护的那个企图必归失败……今竟不幸而言中。"①

到了 19 世纪 20 年代初，当初为对付荷兰而颁布的航海条例显然已不合时宜。1822 年的华莱士条例已经承认这些事实，从法典上删除了大量陈腐的法律，已经不顾航海法的规定而给予某些既成事实以立法上的承认，并且已经松开了航海法上的一、两个次要的症结。1825 年的赫斯基森航海条例将这项法律著录法典，但是并没有放弃更多的原则。沿海贸易以及英国和所属殖民地之间的全部运输贸易，正如以往的情形一样，是保留给英国船舶的，"母国和殖民地之间的一切往来，不论直接的或迂回的"，赫斯基森在介绍他的方案时曾经这样说，"以及殖民地相互间的一切往来，将认为是完全而绝对地保留给我们自己的一种沿海贸易。"② 也就是说，赫斯基森并没有取消航海条件，而是对它进行了修改，删除了一些不合时宜的限制条款。

除了支持自由贸易以外，赫斯基森还主张减少对个人经济活动的干预。1823 年，他提出了一项议案，主张废除一切有关苏格兰制造品的法律，这些法律，正如他所说，是"在下院习惯干涉个人业务的那个时期"通过的。他断言苏格兰人民会以满意和感激的心情对他的议案加以接受，在下院没有一个人反驳他。这个议案没有经过什么辩论就成为法律。③

总之，赫斯基森所进行的改革促进了英国对外贸易的发展，并在一定程度上加快了自由贸易的进程，但他的改革总的来说还是较保守的、不彻底的。

## 三、皮尔的经济改革

作为赫斯基森的同事，赫斯基森的改革给皮尔留下了深刻的印象和很

---

① 克拉潘 [英]：《现代英国经济史》上卷第一分册，商务印书馆 1986 年版，第 415 页。
② 克拉潘 [英]：《现代英国经济史》上卷第一分册，商务印书馆 1986 年版，第 413－414 页。
③ 克拉潘 [英]：《现代英国经济史》上卷第一分册，商务印书馆 1986 年版，第 424－425 页。

多启发。1841年，皮尔当选为首相后，便决定实行自由贸易的政策。皮尔的主要做法是以预算为手段来达到降低、取消关税的目的。因为在皮尔看来，关税会使商品价格上涨，并且削弱英国产品在世界上的竞争力。尽管削减关税会使政府的财政收入（间接税）明显减少，但为了贸易的发展，就必须这样做。

皮尔亲自提出了1842年度和1845年度的政府财政预算。通过预算大幅度降低或取消了消费品，特别是工业原料的进口税，以及英国工业品的出口税。1842年，他把所有进口原材料的关税最大限度地减至5%，到1846年，除木材及硬脂肪外，所有的原材料都实行免税。半制成品的关税在1842年改为12%，到1846年几乎全部免税。至于制成品，赫斯基森时的关税定为30%，皮尔则降为20%，后来又降至10%，只有丝绸要缴纳15%的关税。在1842年的预算中，有750种商品削减了关税。他还降低了进口糖、奶酪及黄油的关税，并对肉类和土豆免税。① 在皮尔执政的1841—1846年，英国共取消了605种商品的进口税，降低了1 035种商品的进口税，② 同时，废除了几乎全部英国工业品的出口税。

当然，皮尔最主要的成就是他于1846年废除了谷物法（关于谷物法的废除，我们将在后面的内容中详细论述）。1840年皮尔曾说过："我把国家制造业的利益看得比你们（农业利益者）更重要，比任何保护制度更重要。"③ 1846年他在下院中说："我认为以有利于一种特殊经济利益和基点的赞成高保护制度的论据是站不住脚的。"④ 同年5月他又说道："农业的繁荣与工业的繁荣交织在一起，对工业的依赖超过对谷物的依赖，……对农业家来说，你们的利益应建立在工业繁荣的永久性的基点上。"⑤ 在谷物法争论最激烈的时候，皮尔说道："……按照人口和土地面积的比例，我们有较其他任何大国更广阔的海岸线，促成了我们的海上实力和海上优

---

① 赵立行：《英国商人》，江西人民出版社1995年版，第178页。
② 樊亢、宋则行：《外国经济史》，人民出版社1982年版，第79页。
③ 引自许平："十九世纪中期英国保守党完成经济政策变革原因初探"，《辽宁大学学报》，1989年第1期。
④ 许平："十九世纪中期英国保守党完成经济政策变革原因初探"，《辽宁大学学报》，1989年第1期。
⑤ Novman Gash：The Conservatives：A History from Their Origions to 1965，London，1977，P96.

势、铁、煤和制造业的资源给予我们在巨大的工业竞争中超过每一个对手的有利条件，我们的资本远远超过了他们所拥有的资本。……我们位于那些因自由交换产品而获利的国家之首，这个国家能从竞争中退缩吗？这个国家能采用倒退的政策吗？这个国家会刚接触到有利于健康的竞争就发抖吗？"① 从这些话语中不难看出皮尔对自由贸易的坚决支持。

从历史发展的角度看，皮尔所行的改革是对小皮特和赫斯基森的改革的继承和深化，同时它对英国的经济发展有着更为深远的影响。因为正是经过皮尔的改革（以谷物法的废除为标志），英国才真正进入了自由贸易的时代。

总的来说，小皮特、赫斯基森、皮尔等在"改革时代"所进行的一些经济改革大大推动了英国经济特别是对外贸易的发展。在1780年，英国的对外贸易额为2 300万英镑，与法国（2 200万英镑）相差不多，均占世界贸易总额的12%。到1800年，英国的对外贸易额猛增至6 700万英镑，占世界贸易总额的22%，高居世界第一，而法国的对外贸易额只增加到了3 100万英镑，仍占世界贸易总额的12%。到了1820年，尽管受拿破仑战争的影响，英国的对外贸易额仍然增加到了7 400万英镑，还是占世界贸易总额的22%，依然远高于其他国家，而法国的对外贸易额仅增至3 300万英镑，占世界贸易总额的10%。② 另外，如果按照1990年的价格计算，1820年英国的商品出口总额为112 500万美元，到1870年就猛增至1 223 700万美元，位居世界第一，而同年列世界第二的美国的商品出口总额仅为249 500万美元，③ 约为英国的1/5。

## 第五节　圈地运动和谷物法的废除

在英国的长期经济发展和崛起过程中，圈地运动和废除谷物法的影响是非常重大的。

---

① Levez：The Life and Time of Peel, London, 1942, P285.
② W.W.罗斯托［美］：《这一切是怎么开始的——现代经济的起源》，商务印书馆1997年版，第176页。
③ 麦迪森：《世界经济二百年回顾》，改革出版社1997年版，第163页。

## 一、圈地运动

15世纪末，由于英国毛纺织业的大规模发展，使得羊毛供不应求。同时，15世纪末和16世纪初的地理大发现使世界市场突然扩大，进一步促进了英国毛纺织业的发展，从而引起了羊毛价格的上涨，使养羊成为有利可图的事业。因此，英国贵族便圈占村庄公地和农民耕地，改建牧场，雇佣大量低薪工人牧羊。这就是英国历史上著名的"圈地运动"。圈地运动从15世纪末期开始，至19世纪上半叶结束，历时300多年，对英国的社会和经济发展都产生了极其深刻的影响。

在18世纪以前，由于大量的土地被贵族圈占，致使许多村庄被消灭，大批农民被剥夺了生产资料和生活资料，成为流浪者和乞丐。失去家园的农民便不断地举行起义和暴动来进行反抗。对此，都铎王朝（1485—1603年）颁布了一系列的"血腥立法"来镇压农民的反抗，企图使流浪的农民"驯服"。另外，圈地运动引起大批农民破产而沦为流浪者的结果也导致政府的税源和兵源都受到了很大的影响。因此，都铎王朝先后颁布了不少反圈地法令。但是，圈地运动却从未停止过。不过，总的来说，这一时期圈地的规模并不是很大。

随着手工工场的迅速发展，对劳动力的需求不断增加。在这种情况下，曾数次下令组建调查团调查圈地情况以期匡正的伊丽莎白女王一反常态，于1593年下令一举废除了自1488年以来颁行的全部反圈地法令。紧接着，议会又通过了更具震撼力的法令：在赫里福德郡的马登和布登汉姆圈地。这实际上宣告了反圈地立法的彻底破产，此后，议会又不断颁布了新的圈地法令，特别是进入18世纪以后，由议会颁布的圈地法令的数量显著增加。据统计，1720—1729年为25个；1730—1739年为39个；1740—1749年为36个；1750—1759年为137个。从18世纪60年代起，颁令次数急剧上升：1760—1769年为385个；1770—1779年为660个；1780—1789年为246个；1790—1799年为469个；1800—1809年为847个；1810—1819年为853个。[①]对此，马克思指出："18世纪的进步表现为：

---

① Phyllis Deane and W. A. Cole: British Economic Growth 1688-1959, Cambridge, 1964, P94.

法律本身现在成了掠夺人民土地的工具,虽然大租地农场主同时也使用自己独立的私人小办法。这种掠夺的议会形式就是'公有地圈围法',换句话说,是地主借以把人民的土地当作私有财产赠送给自己的法令,是剥夺人民的法令。"① 数以千计的圈地法令的颁布,使圈地运动达到了前所未有的规模。18 世纪初至 19 世纪上半叶,英格兰圈地总面积达 650 万英亩(有人估计为 700 万英亩),约占英格兰土地总面积的 20%。②

在英国的历史上,圈地运动可以说是一次意义极其深远的制度变迁。因为圈地运动不仅用暴力的手段剥夺了广大农民的土地,而且无情地、彻底地破坏了传统的封建土地占有制,从而使农村成为英国资本主义发展的先导。具体而言,圈地运动对英国长期经济发展的意义主要表现在三个方面。

首先,圈地运动为英国的工业化提供了大批"自由"劳动力。"大工业在农业领域中引发的最有革命性的事件,是剿灭旧社会的堡垒——农民——而用工资雇佣劳动者去代替他们。"③ 由于土地被圈占,失去农地的农民,有的死于饥饿与贫困,有的迁居到殖民地,有的沦为不定期的小佃户,有的成为农场主的雇工,而最大的一部分人流向城市成为雇佣工人和产业后备军,从而为工业革命提供了必不可少的前提条件。在 1688 年前后,农业约提供了英格兰和威尔士国民收入的 40%,从事农业的劳动力大约也占全部就业人数的 40%,而制造业、矿业和建筑业合起来仅占国民收入的 21%。到了 1801 年,从事农、林、渔业的劳动力占总就业人数的百分比为 35.9%,从事制造业、矿业和建筑业的劳动力占比为 29.7%。到了 1851 年,从事农、林、渔业和从事制造业、矿业、建筑业的劳动力占总就业人数的百分比分别为 21.7% 和 42.9%。④

其次,圈地运动优化了农业的生产结构,促进了农业的发展。在 1830 年以前,英国大农场的土地和经济优势就已经确定下来了。在占英国领土 2/3 的英格兰和威尔士的 2 470 万英亩的耕地中,面积在 200—500 英亩的农场占据了 35.7% 的土地(882.1 万英亩),面积在 500 英亩以上的农场

---

① 《马克思恩格斯全集》第 23 卷,人民出版社 1972 年版,第 792 页。
② A. H. Johnson: The Disappearance of the Small Landowner, Oxford, 1909, P90 - 91.
③ 马克思:《资本论》第 1 卷,人民出版社 1975 年版,第 544 页。
④ Phyllis Deane and W. A. Cole: British Economic Growth 1688 - 1959, P156、P142.

占地 16%（395.4 万英亩），面积在 100—200 英亩的农场占总面积的 26.5%（655.6 万英亩），而 100 英亩以下的农场只占了总面积的 21.6%（534.5 万英亩）。① 农场规模的扩大为新耕作制度的推广、新经营方式的采用和生产技术的改进创造了条件，从而促进了农业生产率的迅速提高。例如，在 1700 年，一个英国农民只能养活 1.7 人，到 1800 年就能养活 2.5 人。② 这就为农业劳动力转化为工业劳动力创造了条件。农业生产的发展为工业革命提供了丰富的原料和粮食供给，从而加快了工业革命的进程。

最后，圈地运动扩大了国内市场。圈地运动不仅为工业造就了大批的雇佣工人，而且也扩大了国内的市场。马克思指出："使小农转化为雇佣工人，使他们的生活资料和劳动资料转化为资本的物质要素的那些事件，同时也为资本建立了自己的国内市场。以前，农民家庭生产并加工绝大部分供自己以后消费的生活资料和原料。现在，这些原料和生活资料都变成了商品；大租地农场主出售它们，手工工场则成了他们的市场。纱、麻布、粗毛织品（过去每个农民家庭都有生产这些产品的原料，他把这些东西纺织出来供自己消费）变成了工场手工业的产品，农业地区正是这些产品的销售市场。以前由于大量小生产者独自经营而造成的分散各地的许多买主，现在集中为一个由工业资本供应的巨大市场。"③ 同时，圈地运动还推动了英国城市化的进程，例如，英格兰和威尔士的城市人口占总人口的比例从 1750 年的 25% 左右上升到 1801 年的 33.8%，到 1851 年又升到了 50.2%，基本上实现了城市化。④ 国内市场的扩大和城市化为经济发展提供了更广阔的空间和良好的条件。

## 二、谷物法的废除

### （一）谷物法及其对经济的影响

谷物法是指英国历史上有关限制粮食进出口的法律，其中以 1815 年通

---

① 克拉潘［英］：《现代英国经济史》上卷第二分册，商务印书馆 1986 年版，第 556－557 页。
② E. L. Jones：Agriculture 1700－1800, The Economic History of Britain Since 1700, Vol 1, Cambridg, 1981, P71.
③ 《马克思恩格斯全集》第 23 卷，人民出版社 1972 年版，第 816 页。
④ Census of England and Wales：1911, London, 1917, P35.

过的法案最为著名。

早在 1361 年，英国为保持谷物低价，曾禁止谷物出口。此后，政府又根据国内谷物市场行情多次颁布各种谷物法。例如，1689 年的谷物法规定，当小麦价格低于每夸特 48 先令时，政府发给生产者 5 先令补助金，每夸特出口谷物奖励 4—6 先令。到了 18 世纪 60 年代后期，英国已由粮食勉强自给转变为需要经常进口。因而，此后的谷物法完全变成了对谷物进口方面的规定了。1791 年的谷物法修正案规定，当小麦价格低于每夸特 50 先令时对进口小麦征收高额关税，价格低于每夸特 44 先令时，政府向生产者提供补助金。这实质上是在保证地主阶级能够获得高额利润的前提下允许谷物进口。

18 世纪末至 19 世纪初，工业的高速发展和人口的增长使英国对谷物的需求急剧增加，而拿破仑战争却切断了谷物进口的来源，结果，英国谷物价格迅速上涨，地租猛增，地主阶级大获其利。1815 年战争结束，欧洲谷物市场重新开放。为防止外国谷物倾销，继续保持由战时缺粮和通货膨胀所造成的谷物高价，土地贵族把持的议会通过了新的谷物法。1815 年的谷物法规定，只要国内小麦价格低于每夸特 80 先令，完全禁止进口外国小麦。这个"借助刺刀"实行的谷物法，引起了社会各阶层特别是资产阶级的强烈不满，并且成为 1819 年 8 月"彼得卢惨案"的主要诱因之一。1827 年坎宁和赫斯基森发表了"调节制"，经部分修改后于 1828 年由威灵顿托利党内阁作为法律实施。此法规定，谷物价格达每夸特 64 先令时，进口税为每夸特 23 先令 8 便士；达到 73 先令时，进口税为 1 先令。其目的是将谷物价格保持不少于 73 先令的高价上。这一谷物法的实施引起了国际粮食市场对英国谷物的投机，从而导致英国国内粮价愈加不稳。

随着时间的推移，谷物法日益成为英国工业革命的重大障碍，主要体现在以下三个方面：

第一，实施谷物法的直接结果是英国的粮食供给难以满足人口快速增长所引起的对粮食的巨大需求。1751 年，不列颠的人口大约为 725 万，到 1831 年增加到了 1 653.9 万，而且爱尔兰 1831 年的人口也达近 780 万。[①]尽管英国农业在当时是比较先进的，据估计，英国 1801—1811 年间的谷物

---

① 克拉藩［英］：《现代英国经济史》上卷第一分册，商务印书馆 1986 年版，第 81 页。

平均年产量为1 100万夸特，到1831—1841年间上升至1 600万夸特。但是，粮食仍然供不应求。1801—1810年，平均每年短缺70万人的口粮。1831—1840年，平均每年短缺105万人的口粮。① 谷物法不利国计，有伤民生，如果继续实行下去，整个国家将面临饥饿的威胁。对此，亚当·斯密在其《国富论》第五章的"顺便谈谈谷物贸易及谷物条例"一节中就曾明确指出："无限制无拘束的谷物贸易自由，既是防止饥馑痛苦的唯一有效方法，也是减轻粮食不足痛苦的最好方法。"② "谷物贸易的自由，几乎在一切地方，都多少受限制，有许多国家，限制谷物贸易的不合理法律，往往加重粮食不足那不可避免的不幸，使成为可怕的饥馑灾难。"③

第二，谷物法的实施不利于长期的经济发展。由谷物法造成的高昂的谷物价格就意味着高地租和高工资。对此，李嘉图认为："地租和工资的提高都会降低利润。即使实际工资是一个定数，地租的不断上升也必然造成利润的不断下降，从而使资本积累不断减少。而资本积累的减少，既使劳动人数减少，又使劳动生产率下降，因而使经济增长的速度放慢，甚至转为停滞。"④ 因此，"地主的利益总是同社会中其他各阶级的利益对立的。"⑤ 另外，从发展经济学的观点来看，谷物价格的上涨就意味着广大人民生活水平的下降，这显然是与经济发展的标准相背离的。

第三，谷物法阻碍了英国对外贸易的扩大。李嘉图认为，对外贸易扩大，劳动者的食物和必需品就可以按较低的价格送上市场，从而使劳动的自然价格下降，使工资持久地跌落，于是，利润率将相对提高。利润率的提高有利于资本积累的扩大，从而促进经济的发展。⑥ 事实上，英国的对外贸易也确实在迅速发展。如前所述，自1780—1820年，英国对外贸易占世界贸易总额的百分比由12%上升到22%。但是，谷物法的存在却对英国对外贸易的进一步扩大产生了极为不利的影响：一是谷物价格的上涨会导

---

① 引自张云宜："评1846年英国谷物法的废除"，《南京大学学报》，1981年第2期。
② 亚当·斯密［英］：《国民财富的性质和原因的研究》下卷，商务印书馆1974年版，第97-98页。
③ 亚当·斯密［英］：《国民财富的性质和原因的研究》下卷，商务印书馆1974年版，第111页。
④ 谭崇台主编：《西方经济发展思想史》，武汉大学出版社1995年版，第55页。
⑤ 李嘉图：《李嘉图著作和通信集》第四卷，商务印书馆1980年版，第22页。
⑥ 谭崇台主编：《西方经济发展思想史》，武汉大学出版社1995年版，第54页。

致工资提高和许多原料价格上升,从而影响了英国工业品在世界市场上的竞争力,这在拿破仑战争后欧洲各国先后开始工业革命的情况下显得更加突出;二是谷物法对外国谷物进口的限制会引起其他国家报复性的措施,从而会影响英国工业品的输出。因此,英国资产阶级特别是工业资产阶级强烈要求废除谷物法。而且,他们都抱有这样的希望:"自由贸易一旦在英国建立起来,就会使国家受益匪浅,以致其他国家也必然会照样仿效,并向英国的商品开放自己的港口。"①

### (二) 反谷物法联盟

随着工业化的不断深入,英国工业资产阶级日益壮大。他们高举自由贸易的旗帜,展开了轰轰烈烈的反对谷物法的运动。

1838年9月,英国当时的主要工业城市之一曼彻斯特的工厂主们成立了反谷物法协会。次年1月,来自36个主要城市,代表50万反谷物法分子的人们云集曼彻斯特,科布登在这次会议上提出了联合行动的计划。3月,反谷物法联盟正式成立。联盟设置执行委员会,总部设在曼彻斯特,主要领导人是科布登和布莱特。联盟的纲领是:以合法手段如建立地方组织、发表演说、印发传单、向议会提交请愿书等实现立即彻底废除谷物法。联盟对于他们所进行的斗争的性质了解的非常清楚,布莱特毫不含糊地说:"……我相信,这是一场商业阶级和工业阶级反对贵族和大土地所有者的运动……"②

反谷物法联盟从成立到1846年谷物法废除后解散,共存在了8年时间。在这8年时间里,联盟进行了大量的反谷物法的活动,例如创办报纸、成立地方组织、向各地邮寄宣传品、派出人员四处演说、参加选举派出代表进入议会,甚至耗费大量资金买地买房以"创造"选票,等等。以1843年为例,联盟宣传员访问了150多个乡村城镇,召开了520多个乡村大会。联盟雇用了500人散发宣传品,500万份宣传品寄给了议会选举人,900万份发给了一般人士。③ 由此不难看出反谷物联盟活动的声势和影响。可以

---

① 《马克思恩格斯全集》第19卷,人民出版社1963年版,第287页。
② 引自潘润涵、张执中:"工业革命与英国社会的近代化",《历史研究》,1983年第2期。
③ 张云宜:"评1846年英国谷物法的废除",《南京大学学报》,1981年第2期。

说，反谷物联盟的积极活动是谷物法得以废除的一个重要原因。

（三）谷物法的废除

由于当时执政的托利党内部土地贵族势力强大，再加上两党的斗争使谷物法的问题更加复杂，所以，尽管国内要求废除谷物法的呼声日益强烈，但议会始终没有作出最后的决定。

1845年秋天开始爱尔兰遭遇了长达三年之久的马铃薯大灾荒，致使千百万爱尔兰人流离失所。消息传到英格兰，内阁首相皮尔焦虑不安，日夜关注着灾情的发展。10月底皮尔召开内阁会议，建议立即暂停执行谷物法并召开议会，但因意见分歧而无任何结果。此后，皮尔再次召开内阁会议，要求对保护关税政策全面考虑。由于意见不一致，皮尔于12月5日辞职。两星期后，罗素组阁失败，皮尔再次出马。在1846年1月召开的议会上，皮尔公开了他的计划，谷物法于1849年2月全部废除，三年内逐渐开放全部港口，并对谷物进口实行新的调节制：谷物价格为每夸特48先令时，最高税率为10先令，达到54先令时，为4先令。议会的上、下两院经过激烈的争论，终于在6月24日最终通过了皮尔提出的法案。至此，谷物法才得以废除。

"英国谷物法的废除是19世纪自由贸易所取得的最伟大的胜利。"[①] 从根本上讲，这是工业资产阶级的胜利。如果说1832年的议会改革使工业资产阶级进入了统治者之列，那么1846年谷物法的废除则从立法上动摇了土地贵族的统治，巩固了工业资产阶级的地位。谷物法的废除标志着英国全面放弃了保护关税的政策。谷物实行自由贸易以后，航海条例于1849年被废除，食糖和木材的关税也相继被取消。"自由贸易被宣布为立法的指路明灯！"[②] 由于当时英国的工业在世界上具有较大的领先优势，因而自由贸易的实行无异于为英国经济装上了一台马力更为强劲的"发动机"。

谷物法的废除过程非常符合制度经济学中对制度变迁过程的描述（见本书第一章）。1839年成立的反谷物法联盟就意味着推动制度变迁的第一行动集团的形成；联盟的纲领可看作进行制度变迁的方案；联盟所进行的

---

① 《马克思恩格斯全集》第4卷，人民出版社1972年版，第444页。
② 马克思：《资本论》第一卷，人民出版社1975年版，第492页。

一系列活动可视为对制度变迁方案的选择;皮尔及赞成废除谷物法的议员们相当于推动制度变迁的第二行动集团;最后,两个集团共同努力实现了制度变迁——废除了谷物法。另外,谷物法的废除也证明了制度经济学的一个重要观点,即制度是经济发展过程中的一个内生变量,而不是独立于经济发展的外生变量。

## 第六节 本章小结

在本书第一章的最后,我们强调了应该重视政府本身的演变过程。这是因为,按照新制度经济学的观点,制度是经济发展过程中的一个内生变量,它会随着经济的发展而不断地发生变化,那么,政府作为一种正式的制度安排,自然也会处于一种不断变迁的过程之中。而政府的这种变迁又会对国家的经济发展产生不同的、新的影响。因此,我们在本章第一节花费了大量的笔墨论述光荣革命及近代英国政府的变迁过程。我们认为,正是通过光荣革命及后来英国政府所发生的一系列变迁,才使议会的权力不断增大,从而使英国政府变得越来越强大。同时,政府本身的这种变迁也有利于协调社会中各阶层的利益关系,这对于维护社会的长期稳定起到了非常重要的作用。确实,与国内"革命"不断的法国相比,英国尽管对外长期处于战争状态,但在国内却始终保持着比较稳定的局面,这就为长期的经济发展提供了良好的环境。而且,非常重要的一点是,通过政府的这种不断变迁,资产阶级获得了越来越大的权力,这样就有力地促进了英国的经济发展。与同时代其他国家的政府相比,由于英国政府拥有较强的与社会达成一致的能力和贯彻能力,因而就变得更加强大。强大的政府对于英国取得战争的胜利和实现经济发展都是至关重要的。

英国政府对英国经济发展的另一个重要影响是它所发动的一系列战争。尽管战争会消耗大量的人力、物力,而且会给广大人民带来深重的灾难,但英国却从这些战争中获得了巨大的好处。从国内而言,战争不仅直接促进了技术进步、生产深化和交通通讯的发展并弥补了需求的不足,而且间接地促进了资本主义产权、财政税收和金融体系的形成和发展,这就为英国市场经济的不断完善和长期经济发展奠定了重要的制度基础。从国外而言，英国政府通过这些争夺霸权的非正义的战争使英国获得了遍及全球的大片殖民地，这样，英国不仅从其殖民地掠取了大量的财富，同时也极大地促进了其对外贸易的扩展。因此，从一定意义上讲，英国的经济发展是与它对广大殖民地的残酷掠夺分不开的。正因为如此，当英国拥有的殖民地通过斗争纷纷独立以后，"大英帝国"便迅速地衰落了。

英国在其"改革时代"所进行的一些主要经济改革显示了英国政府由实行贸易保护政策向实行自由贸易政策的逐渐转变过程。尽管早在1776年斯密在《国富论》中就坚决主张英国应当实行自由贸易，但事实上英国直到19世纪中叶才真正进入了自由贸易时代。这就有力地证明了英国政府在19世纪中叶以前实行的并不是"自由放任"的政策。同时，英国贸易政策的演变过程也证明了李斯特的贸易理论：相对落后的国家在实现工业化过程中应当实行贸易保护政策，而成为先进工业国以后则应实行自由贸易。也许是一种历史的巧合，李斯特1846年自杀，而英国正是在这一年废除了谷物法从而真正走向自由贸易的。

圈地运动和谷物法的废除是英国经济发展过程中两次极为重要的制度变迁。圈地运动可以看作一种典型的诱致性制度变迁。通过圈地运动，英国完成了资本主义的资本积累过程，同时也造就了工业化所需要的大量劳动力。但对于在圈地运动中失去土地的广大农民来说，它从一开始就是一种残酷的强制性制度变迁，尽管英国政府是从18世纪末才开始大规模地颁布圈地法令的。谷物法的废除也可以基本上视为一种诱致性的制度变迁，但最后是通过政府的强制性制度变迁来加以实现的。因而，这是一个很具有代表性的由诱致性制度变迁引发强制性制度变迁的事例。正是由于这种诱致性制度变迁的压力不断增大，英国政府才作出了正确的选择——废除谷物法，使英国真正走向了自由贸易。

在本章中，我们通过上述五个方面论述了英国政府在其长期经济发展过程中的作用。大体而言，这五个方面基本上可以看作英国本身的变迁和它所推行的一些制度变迁。这些变迁有力地促进了英国资本主义市场经济的完善和经济的长期发展，可以说为英国迅速崛起而一举成为世界上第一个工业化国家发挥了极为重要的作用，尽管英国政府的本意很可能并非如此。

# 第三章 美国政府与世界第一经济强国

美国虽然建国历史很短，但经济发展的速度非常快。例如，按 1926 年的美元价格计算，美国 1799 年的生产总收入为 1 087 百万美元，到 1859 年生产总收入就增加到了 8 970 百万美元。[①] 同其他国家的比较也许更能说明问题。如果按 1990 年的价格计算，1820 年英国的 GDP 为 34 829 百万美元，而美国仅为 12 432 百万美元，约为英国的 36%；到 1850 年，英国的 GDP 为 60 479 百万美元，美国的 GDP 增加到了 42 475 百万美元，相当于英国的 70%；到了 1870 年，英国的 GDP 为 99 318 百万美元，而美国的 GDP 则达到了 98 129 百万美元，接近了英国。[②] 19 世纪 70 年代以后，美国的经济发展速度进一步加快，如表 3-1 所示，1870—1913 年美国的国民生产总值（GNP）年均增长率、每一雇员产值年均增长率和人均 GNP 年均增长率在所进行对比的 7 个国家中均名列第一。再拿英国来说，1901 年英国的 GDP 为 176 504 百万美元，美国的 GDP 则猛增至 348 089 百万美元，[③] 大约为英国的两倍。传统观点认为，美国之所以能取得如此巨大的经济发展成就，主要归功于"自由放任"和市场本身的力量，与美国政府关系不大。但事实并非如此。正如我们下面所要论述的那样，在美国经济的长期发展过程中，政府发挥了至关重要的作用。

---

① 吉尔伯特·菲特、吉姆·E·里斯［美］：《美国经济史》，辽宁人民出版社 1981 年版，第 165 页。
② 麦迪森：《世界经济二百年回顾》，改革出版社 1997 年版，第 173 页。
③ 麦迪森：《世界经济二百年回顾》，改革出版社 1997 年版，第 126 页。

表 3 – 1　　　　1870—1913 年若干国家经济增长率比较　　　　单位:%

| 指标 | 美国 | 英国 | 法国 | 德国 | 意大利 | 加拿大 | 日本 |
|---|---|---|---|---|---|---|---|
| GNP 年均增长率 | 4.3 | 2.1 | 1.6 | 2.8 | 1.4 | 3.8 | 3.3 |
| 每一雇员产值年均增长率 | 1.9 | 1.0 | 1.4 | 1.6 | 0.8 | 1.7 | — |
| 人均 GNP 年均增长率 | 2.2 | 1.2 | 1.4 | 1.7 | 0.7 | 2.0 | — |

注：资料来源于《美国历史统计（从殖民地时代到 1970 年）》（英文版），第 225 页；美国和德国数据的开始计算时间是 1871 年。

# 第一节　《美国宪法》和联邦政府的建立[①]

## 一、邦联时期的国内形势

从 1781—1787 年，是美国历史上的邦联时期，也被一些美国历史学家称为美国历史上的"危急时期"。虽然，在这一时期美国已经获得了独立战争的胜利，也实现了国家的统一，但是邦联政府的问题和弊端也日益明显地表现出来，导致美国国内的形势变得更加困难和严峻。

早在独立战争期间，邦联制本身固有的松散、软弱的弱点就已经明显地表现出来了。对此，大陆军总司令华盛顿（George Washington）就经常大发牢骚，他曾说："总之，我们的措施不是受一个议会的影响与指导，而是受十三个议会的影响与指导……我的看法——各州必须选出众望所归的全权代表参加大陆会议，并赋予该机构绝对权力。"要不然"我们就会变成一个多头怪物，一种异质体。"[②]

邦联制度的弊端主要体现在以下几个方面：

第一，邦联政府的权力太小，根本称不上是一个真正意义的中央政府。所谓邦联政府，实际上就是 1781 年以前的第二届大陆会议，即由各州

---

① 张进铭："论《美国宪法》和建立联邦政府对美国长期经济发展的影响"，《江西财经大学学报》，2005 年第 5 期。

② 《华盛顿选集》，商务印书馆 1983 年版，第 169 – 170 页。

代表组成的代表会议,根本谈不上是一个实质意义上的中央政府。当时的邦联政府,既没有独立的行政部门,也没有独立的司法部门。为了能够处理日常的一些行政事务,才在邦联政府下面设置了财政、外交、陆军和海军等几个委员会。当时,邦联政府能够独立行使的权力仅限于这样几个方面:派遣外交使节、管理邮政、发行公债、制定度量衡标准以及处理印第安人问题。而作为一个独立国家的中央政府本身所应该拥有的一些重要权力如宣战、媾和、缔结条约、铸币、举借债务等,邦联政府均需得到13个州中至少9个州的同意才能推行。邦联政府在经济上的致命缺陷是缺少财政上的必要权力,既无权征税,又没有固定岁入和正常的财政预算,所需经费只能根据各州的土地价值向各州摊派。例如,邦联政府曾企图修改《邦联条例》,向全国征收5%的进口税,但因邦联中的最小成员罗得岛的反对而告吹,"来自1/60的美国人民的多数坚决反对包括59/60的人民的十二个州所赞成和要求的一项措施的事例,这个事例,为国家的受损的荣誉和繁荣感到愤怒的每个公民依然记忆犹新。"① 1783年重议此事,又因纽约州的否决而没有成功。1781~1789年,各州捐献的款项总共不过817.7万美元,② 还不够维持邦联政府的日常开支。这导致邦联时期的国债不断增加,公共信用动摇,货币极度混乱,国家财政随时面临崩溃的危险。在这种情况下,政府根本就没有力量促进经济发展。例如,《邦联条例》规定,国会有权建立州间邮政,但邦联政府却始终没有经费来办成此事。

第二,邦联制度阻碍了国内统一市场的形成。《邦联条例》第二条规定:"凡未经本邦盟召集之国会明确授予合众国者外,各州保留其主权、自由与独立及所有权能、领域或权利。"从某种意义上讲,除了外交以外,各个州实际上拥有了一个独立国家所享有的诸多权力如征税、发行货币、征兵、制定关税和州内外贸易政策,等等。尽管《邦联条例》也为各州处理彼此间的关系确定了明确的原则:彼此友好、互相援助,如果发生了州际的纠纷,则由邦联政府负责组织法庭进行仲裁。但是为了维护自身的利益,各州在处理州际关系时,常常背离这一原则。例如,纽约州为保护本

---

① 汉密尔顿、杰伊、麦迪逊[美]:《联邦党人文集》,商务印书馆1997年版,第202页。
② 引自张少华:《美国早期现代化的两条道路之争》,北京大学出版社1996年版,第40页。

州产品而提高了外国商品的进口关税，但同时却把邻州新泽西州和康涅狄格州也列入了外国范围，由此引起了两州的报复，即对通过两州境内运入纽约的货物均征收过境税；马里兰州和弗吉尼亚州为波托马克河水道的归属问题，长期争执不下。同时，这种不统一的状况还严重地阻碍了对西部广阔土地的开发。例如，北卡罗来纳州因争夺西部土地，痛斥弗吉尼亚州、南卡罗来纳州夹击本州，与两州积怨日深。"西部领土的广阔地区，就是提出敌对要求的广大场所，没有任何仲裁或共同裁判在争执各方之间进行调停。从过去推论未来，我们有充分理由担忧，有时会诉诸武力来仲裁他们的争执。"① 总之，邦联政府的软弱和各州的"各自为政"阻碍了全国统一大市场的形成，从而严重制约了美国的经济发展。

第三，邦联制度对美国的对外贸易产生了非常严重的不利影响。各州为了追求本州的利益而制定了不同的关税，不仅造成了与其他州之间的摩擦，而且使得外商得享渔翁之利。例如，为了保护本州的工业，工业相对发达的纽约州和宾夕法尼亚州先后颁布了关税法案，以阻止英国货物入境。但是，康涅狄格州和新泽西州却执行完全相反的政策，欢迎英国商品进入本州。结果，英国商人就可以将工业品经过康涅迪格州和新泽西州偷运入纽约州和宾夕法尼亚州，不仅获得了巨额的利润，而且还打击了美国的工业。又如，马萨诸塞、新罕布什尔等州为保护国内航海业，禁止外国商船进入其港口，但另一些州的港口却敞开大门。而一些没有外贸港口的州为了借用邻州港口，必须付出租金。在这种情况下，美国的对外贸易状况日益恶化。1784年3月，为摆脱贸易困境，邦联议会与欧洲各国签订商约决议，派亚当斯（John Adams）、杰斐逊（Thomas Jefferson）等人出使欧洲，以解决各州产品的市场问题，但与英国签订友好商约的要求很快被拒绝。由于软散的邦联政府既无武力可凭借，又缺乏足够的权力，因此根本不被欧洲各国放在眼里。尽管杰斐逊、亚当斯等人四处奔波，向各国政府表示友好通商的愿望，却普遍遭到了冷遇。最后，除与瑞典、普鲁士等国签订了几份无足轻重的商约，与法国的贸易取得一点进展外，依旧无法摆脱对外贸易的困境。据统计，从1784年到1786年，美国从英国进口的货物总值为7 591 935英镑，而同期向英国出口的货物却只有2 486 058英镑，

---

① 汉密尔顿、杰伊、麦迪逊［美］：《联邦党人文集》，商务印书馆1997年版，第30页。

逆差竟达 5 105 877 英镑。① 严重的贸易逆差使货币迅速外流。货币外流和出口受阻使产品价格普遍下跌,到 1788 年,各种产品的平均价格下跌了 25%。其中,农产品价格的下跌更为猛烈,费城玉米价格从 1783 年 7 月的每蒲式耳 6 先令 3 便士下降为 1785 年的 3 先令 5 便士,面粉价格也从每蒲式耳 28 先令跌至 17 先令 6 便士。② 农产品价格的下跌,使许多农民破产,并加剧债务人和债权人之间的冲突,最终导致了 1786 年 "谢司起义"的爆发。

第四,邦联政府没有力量维护国家的稳定。由于财政极为困难,大陆会议和邦联政府长期拖欠军队薪饷,引起官兵的强烈不满,以致酿成了"牛堡兵变"。最后只是凭借华盛顿个人的威望,才将军队遣散。1786 年秋天爆发了著名的"谢司起义"。起义队伍迅速扩大,到年底时已发展到 15 000 人。起义爆发后,马萨诸塞州曾向邦联求援,但没有一兵一卒的邦联政府也无能为力。由此可见,当时的邦联政府没有解决危急、维护社会稳定的能力,更不用说促进国家的经济发展了。

在充分意识到邦联制度的弊端和可能引发的严重后果之后,美国开国时期的许多重要领导人都一致认为,应该尽快设立一部新的宪法并建立一个强有力的中央政府。谢司起义爆发后,华盛顿心情焦急地接连给麦迪逊(James Madison)、杰斐逊等人写信,呼吁建立统一政府,镇压起义。他在给麦迪逊的信中惊呼:"从未有哪一天比我们现在更阴霾满天,……要是政府无力阻止他们,人们还有什么生命、自由和财产安全?……那些正在相互扯皮、一致用力牵制邦联领导的 13 州的主权将会立刻遭到同样的毁灭。"③ 在同一封信中,他还说:"一部自由的、有力的宪法将能很好地保护和严密地守卫我们免遭侵害。"④ 他在给亨利·李的信中说得更加明确:"让我们建立一个能够保护我们生命、自由和财产的政府;要不然,我们马上会吃到没有它的苦头。"⑤ 汉密尔顿则指出了各州不联合的危害:"美

---

① Cuttis P. Nettels: The Emergence of a National Economy 1755 – 1815, New York, 1962, P49.
② James F. Willis and Maritain Primack: A Economic History of the United States, New Jersey, 1989, P46.
③ Lucretia Perry Osborn: Washington Speaks for Himself, New York, 1927, P189 – 190.
④ Lucretia Perry Osborn: Washington Speaks for Himself, P189 – 190.
⑤ Lucretia Perry Osborn: Washington Speaks for Himself, P188.

国如果完全不联合，或者仅用简单的攻守同盟软弱无力地联合在一起，那么就会由于这种不调和的同盟的活动，逐渐地卷入欧洲的政治和战争的一切有害纠纷中去，而且它所分成的各部分之间的破坏性争斗，可能变成各部分敌对国家的阴谋诡计的牺牲品。分而治之必然是怀恨或害怕我们的每个国家的箴言。"① "分裂的美国，其命运甚至比欧洲那些国家的命运更加不幸。"② 同时，汉密尔顿还论述了各州联合建立全国政府的好处。他说："如果我们继续联合在一起，我们就能抵制一种在各方面对我们的繁荣非常不利的政策。我们可以利用全国各州同时实行的限制性条例，迫使各国为取得我国市场的特权而互相竞争。"③ "我们只要坚定地依靠联邦，不久就可以成为欧洲各国在美洲的仲裁者，并且能够依据我们的利益来左右欧洲各国在美洲的竞争的胜负。"④ "在一个生气勃勃的全国政府下面，国家的自然力量和资源都导向共同的利益，能够挫败欧洲各国因妒忌而联合起来阻止我们发展的图谋。"⑤ 对于设立新宪法的重要性，汉密尔顿指出："对目前邦联政府的无能有了无可置疑的经验以后，要请你们为美利坚合众国慎重考虑一部新的宪法。这个问题本身就能说明它的重要性；因为它的后果涉及联邦的生存、联邦各组成部分的安全与福利，以及一个可以说在许多方面都是世界上最引人注意的帝国的命运。"⑥ 在国会决定在费城召开制宪会议以后，华盛顿为了说明修改《邦联条例》势在必行，特别强调："修正和改订《邦联条例》是必要的"，"要不然这个组织势必崩溃，因为它确已摇摇欲坠了。"⑦ 他还写信给麦迪逊——在制宪过程中起到了杰出作用的重要人物——阐述自己对会议的希望：会议对宪法的不足之处要作"彻底的探究"。⑧

---

① 汉密尔顿、杰伊、麦迪逊［美］：《联邦党人文集》，商务印书馆1997年版，第34页。
② 汉密尔顿、杰伊、麦迪逊［美］：《联邦党人文集》，商务印书馆1997年版，第208页。
③ 汉密尔顿、杰伊、麦迪逊［美］：《联邦党人文集》，商务印书馆1997年版，第52页。
④ 汉密尔顿、杰伊、麦迪逊［美］：《联邦党人文集》，商务印书馆1997年版，第54页。
⑤ 汉密尔顿、杰伊、麦迪逊［美］：《联邦党人文集》，商务印书馆1997年版，第54页。
⑥ 汉密尔顿、杰伊、麦迪逊［美］：《联邦党人文集》，商务印书馆1997年版，第1页。
⑦ William S. Baker：Washington after the Revolution，Philadelphia，1898，P37.
⑧ Lucretia Perry Osborn：Washington Speaks for Himself，P187.

## 二、《美国宪法》对美国长期经济发展和国家崛起的影响①

1787年5月25日，来自12个州的55名代表聚集费城，参加制宪会议。经过四个月的激烈争论，终于在1787年9月17日通过了世界上第一部现代意义上的成文宪法——《美利坚合众国宪法》，简称《美国宪法》。

《美国宪法》是在继承了《邦联条例》的基础上形成的。正如麦迪逊所言："事实是，制宪会议提出的重大原则，可以认为并不是绝对的新，而是把《邦联条例》中的原则加以发展。《邦联条例》的不幸在于，这些原则软弱无力而且有局限性，从而证实对它提出的无能的一切指责都是正当的，并且要求它有一定程度的扩大，使新制度具有完全改变旧制度的面貌。"②这样，《美国宪法》的制定就被看作一种重大的制度创新。而且，这一制度创新对美国的长期经济发展和国家崛起产生了积极的、深远的影响。

第一，《美国宪法》确保了联邦政府的权威性，并使它能够长期地延续下去。《美国宪法》对所属各州具有严格的法律效力，例如，宪法第六条规定："本宪法和合众国依此制定的法律，以及根据合众国的授权而缔结或将要缔结的一切条约，皆为本国的最高法律，各州法官必须受其约束，而不问该州的宪法或法律是否与此相抵触。"这样，根据《美国宪法》建立的联邦政府具有超乎各州之上的权力，国家的最高立法权在联邦国会（参议院和众议院），最高行政首脑是总统，最高司法权在联邦法院。同时，制宪者们并没有根据自身的利益和经验为未来的政府设计一个国家的框架，而是使继任者们能够根据具体的情况不断地完善政府的结构。《美国宪法》中详细列举了联邦政府拥有的一些权力，但都是以概括性的语言表达出来的，以便今后能够继续运用。例如，第一条第八款规定，国会有权"制定为行使上述各项权力和由本宪法授予合众国政府或其他任何部门或官员的一切其他权力所必要和适当的所有法律"。这就提供了一个大体的准则，使它能够根据未来的需要作出调整。而且，《美国宪法》独特的

---

① 张进铭："制度创新与大国发展周期"，《当代财经》，2019年第1期。
② 汉密尔顿、杰伊、麦迪逊［美］：《联邦党人文集》，商务印书馆1997年版，第201-202页。

修改程序，既保证了它的稳定性又避免了"死人统治活人"的弊端。正是由于有了这些规定，联邦政府才能够保持足够的权威和长期的稳定，从而维护了国家的统一和社会的安定。然而，在联邦制度刚刚确立的时候，美国人民"总的态度是怀疑和不信任，如果不是公然敌意的话"。[①] 欧洲的观察家们则认为它是一种可能会失败的政治实验。但事实表明，美国的联邦制度不仅没有失败，而且成功地运行了三百多年直至今日。在长达三个世纪的时间里，除了发生几个州威胁要退出联邦（令人意想不到的是，2020年美国新冠肺炎疫情大流行的时候，竟然有几个州提出要退出美国联邦而独立出来。这是不是表明，美国这个老牌帝国主义真的开始衰落了呢？）和一次内战之外，美国没有出现其他政治分裂和大的动荡。这就为美国的长期经济发展和崛起创造了一种很好的社会环境。

第二，合理的制度安排保证了美国政府的有效性和能力的提高。《1997年世界发展报告》指出，政府有效性和能力的提高对整个国家的经济发展来说是至关重要的。美国的成功之处在于通过制度安排合理地划分了各种权力，即实行分权来提高政府的有效性和能力。

首先，在联邦政府中实行"分权制衡制"。分权，是指联邦政府中的立法、行政、司法三种权力分别由国会、总统和最高法院掌管。制衡，是指上述三者行使权力时相互制约，相互平衡。为达到这一目的，《美国宪法》赋予每一个部门用以制约其他两个部门的权力：就国会而言，两院以2/3的多数就能推翻总统对国会议案的否决，还有权通过行使弹劾权对总统、司法机构进行监督；对总统来说，他可以批准或否决国会立法，任命最高法官，而最高法院则有权裁定国会立法、总统及其他行政官员是否违宪。这种制衡办法的实行，起到了防止集权和腐败的作用，从而增强了联邦政府的稳定性和有效性。

其次，在联邦政府和州政府之间也实行分权。对于《美国宪法》授予联邦政府的权力，麦迪逊认为可以分为六类：（1）防御外来威胁；（2）同外国交往的规定；（3）各州之间保持融洽和适当的来往；（4）公用事业的某些琐碎问题；（5）防止各州的某些有害行为；（6）使所有这些权力产生应有效力的规定。麦迪逊经过充分论证后得出结论：《美国宪法》授予联

---

① 梅里亚姆：《美国政治学说史》，商务印书馆1980年版，第157页。

邦政府的权力"没有任何部分是实现联邦的必要目标所不需要或不适当的"。① 而"各州政府所保留的权力很多但没有明确的核实……保留给各州的权力,将按一般的办事程序扩充到同人民的生命、自由和财产,以及州的治安、改良和繁荣等方面有关的一切对象上"。② 这种分权有很大的好处。"在一个单一的共和国里,人民的一切权力是交给一个政府执行的,而且把政府划分为不同的部门以防篡夺。在美国的复合共和国里,人民的权力首先分给两种不同的政府,然后把各政府分得的那部分权力再分给几个分立的部门。因此,人民的权利就有了双重保障。两种政府既互相控制,又各自控制自己。"③ 因此,授予联邦政府足够的、适当的权力无疑有利于其能力的提高,同时,各州拥有一定的权力也有利于它们更有效地发挥自己的能力,因为许多州的情况都与其他州有很大的差别。

最后,除两级政府分权外,政府也与人民分权。《美国宪法》在其序言中开宗明义地写道:"我们美国人民,为建立更完善的联邦,树立正义,保障国内安宁,提供共同防备,促进公共福利,并使我们自己和后代得享自由的幸福,特为美利坚合众国制定本宪法。"这意味着序言正式将国家主权属于人民作为宪法的原则确定了下来。尽管1787年的《美国宪法》中没有规定人民的权利,但是1791年通过的《权利法案》即宪法的前10条修正案保证了人民的生命、自由、财产等多项权利。而且,在分权制度下,人民的民主权利也比较容易得到保障。如果政府侵犯了公民的权利,被侵犯者可以诉诸法院来维护自己的权利。列宁早在1915年就曾指出:"就人民群众的政治自由和文化水平来说,美国都是举世无匹的。这个国家在很多方面都是我们资产阶级文明的榜样和理想。"④ 需要说明的一点是,由于种族歧视,美国黑人的民主权利很长时间都没有得到认可。对于曾经长期遭受英国政府的专制统治和压迫的广大美国人民来说,他们非常担心美国出现一个新的专制政府。民主权利的获得增强了人民对政府的认同和信任,从而提高了美国政府的有效性和能力,这对美国的长期经济发展起到了非常重要的作用。

---

① 汉密尔顿、杰伊、麦迪逊 [美]:《联邦党人文集》,商务印书馆1997年版,第206－234页。
② 汉密尔顿、杰伊、麦迪逊 [美]:《联邦党人文集》,商务印书馆1997年版,第238页。
③ 汉密尔顿、杰伊、麦迪逊 [美]:《联邦党人文集》,商务印书馆1997年版,第265－266页。
④ 《列宁全集》第22卷,人民出版社1956年版,第1页。

事实上，除了以上讲的三个大的方面以外，《美国宪法》本身就赋予了联邦政府很多经济方面的权力，以促进经济的发展。例如，《美国宪法》第一条第八款授予了国会征税、信用借贷款、制定贸易政策、制定统一的破产法、铸币并规定度量衡标准、惩治伪造国家证券及通货者、设立邮局并开辟邮路以及向作家和发明家授予专利权等多项权力。这对于美国后来的经济发展和迅速崛起都是非常有利的。

## 三、华盛顿和第一届联邦政府的建构

尽管1787年的《美国宪法》为联邦政府设计了一个很好的制度框架，但毕竟还只是一种书面上的政治文献而已。如何按照它所确定的共和原则，建立起强有力而又非专制的联邦政府，确实是一件非常困难的事情。例如，法国在革命期间，曾经制定了多部宪法，特别是1793年制定的宪法——宣布法兰西是共和国，而且还规定了若干人民权利。看上去，它似乎比1787年的《美国宪法》还更具有民主性。但是，曾几何时，这部"庄严"的宪法却一下子成为了皇帝脚下的几张废纸：法兰西变成了帝国。因此，对美国来说，选择什么人来建立第一届联邦政府就显得尤为重要了。结果，这一历史的重担落在了华盛顿的肩上。

作为制宪会议的主席，华盛顿始终如一地坚持《美国宪法》的共和原则。对此，杰斐逊有一个公正的评价："乔治·华盛顿本人是我们宪法的共和原则的忠实朋友，他的信心，在整个活动过程中也许不像我的信心那样坚定，但是，他曾一再对我说，他不惜流尽最后一滴血，支持人们反对任何想要改变宪法的共和形式的企图。"[①] 1789年春，当选为美国第一任总统的华盛顿在就职仪式上宣誓："我庄严宣誓我将忠诚执行合众国总统职务，并将竭尽所能坚守、维护并保卫合众国之宪法。"在后来长达8年的两届总统任期内，华盛顿确实坚守了这一誓言，并为美国联邦制的真正形成和不断发展作出了重要的贡献。

首先，华盛顿建立了美国历史上第一个统一的联邦政府。他宣誓就任总统时，美国除了总统和议会外，别无他物。就是在这种既无机构又无资

---

① 菲利普·方纳编：《华盛顿文选》，商务印书馆1960年版，第25页。

金的情况下，华盛顿着手组织了第一届联邦政府：他任命杰斐逊为国务卿，汉密尔顿为财政部长，伦道夫为司法部长，诺克斯为陆军部长，并且建立起一套完整的官吏机构。这就为联邦制的形成和发展打下了坚实的基础。值得强调的是，在组织政府和执政过程中，华盛顿非常重视协调各种不同派别的意见，以实现政治上的某种"均衡"。在当时的联邦政府中，以汉密尔顿为首的联邦党和以杰斐逊为首的民主共和党（1787—1991年称反联邦党）政见不同，经常互相攻击。尽管党争给华盛顿本人带来了不少的烦恼，但这对于国家来说未尝不是一件好事。两党之间的相互斗争，使美国建国初期的政治制度变革避免了从一个极端走向另一个极端的"动荡"。民主共和党把联邦党人视为君主政体的拥护者来加以批评和揭露，而联邦党人则将民主共和党作为"无政府主义"而大加挞伐。虽然双方的相互指责都过于激烈而有失偏颇，但在客观上却起到了防止美国走向君主体制或无政府主义的作用。同时，由于两党的斗争始终没有超出正常斗争的范围，而且结局又往往是相互妥协而不是"一个吃掉另一个"，从而使联邦制这一重大的制度创新能以稳妥的、渐进的方式实现，避免了流血局面的出现。在华盛顿二任引退以后，联邦党人亚当斯成为第三届美国总统（1797—1801年）；民主共和党领袖杰斐逊则在1800年的竞选中获胜而成为总统，而且民主共和党占据总统职务长达24年（1801—1824年）。这种两党竞争、轮流执政的传统一直沿续到今日。这样的竞争增强了政府的活力，有利于政府本身不断完善，促使政府在经济发展中能够发挥更大的作用。

其次，华盛顿大力加强了司法机构。华盛顿"深信对司法的恰当管理是良好政府的最牢固的支柱"，他把筹建司法部门视为对美国的"幸福及其政治制度的稳定必不可少的事"。① 上任不久，华盛顿就开始着手筹建司法部门。在华盛顿担任总统期间，1789年通过了《司法条例》；1790年建立了最高法院；将13个州分成三个巡回区，每区设立一个联邦巡回法院，同时在每州设立联邦地方法院若干个。这样，华盛顿就为美国建立起了包括最高法院、联邦巡回法院和联邦地方法院在内的一套完整的司法系统。

---

① 莫里森等：《美利坚共和国的成长》第一卷第二分册，天津人民出版社1980年版，第570页。

在美国，这套司法系统一直延续到今天。完善的司法体系有力地保护了产权，同时能为市场经济活动制定适当的"游戏规则"，因而极大地促进了美国的经济发展。

最后，华盛顿在担任两届总统后即坚决自行引退，开创了美国总统任期不超过两届的先例，并成为美国总统任职方面的一条不成文的惯例。《美国宪法》规定了每届总统的任期，但对连任次数却并未作出明确的限制，这样就使得总统职务终身制成为一种可能。华盛顿在担任第一任总统届满时就想要辞职，还专门请麦迪逊帮他起草了《告别辞》，申明民选官员的轮换符合美国人民自由和安全的思想。后来，在汉密尔顿、杰斐逊等人的竭力挽留之下，他才继续担任了第二任美国总统。当第二任总统届满时，华盛顿就坚决自动引退。后来，各届总统都纷纷以他为榜样（因第二次世界大战的特殊原因，罗斯福曾经打破了这一惯例），以两任为担任总统的最高任职届数。1951年，美国国会通过了宪法第22条修正案，明确规定：任何人当选担任总统职务不得超过两次——华盛顿开创的惯例成为正式的法律。可以说，正是由于有了华盛顿自行引退的榜样，才杜绝了美国出现总统职务终身制的可能，从而使美国政府能始终保持较高的活力和适应性。

总之，华盛顿依据宪法中所规定的共和原则，为继任者们构建了一种较好的政府框架，这就为联邦政府的不断完善和发展打下了良好的基础。同时，他二任后自动引退的示范行为促进了一种有利于美国政府不断完善的制度安排——总统任期不得超过两届——的形成。

## 第二节　汉密尔顿与杰斐逊关于美国经济发展道路的争论[①]

联邦政府成立以后，如何尽快发展经济和把美国建设成怎样的一个国家成为当时政府所面临的最紧迫的两位一体的任务。对此，第一届联邦政

---

① 张进铭："汉米尔顿的建国思想及对美国的历史性贡献"，《江西财经大学学报》，2010年第4期。

府的财政部长汉密尔顿和国务卿杰斐逊有着截然不同的主张。大体而言,汉密尔顿主张"工商立国",而杰斐逊则坚持"农业立国"。他们为此进行了激烈的争论。

## 一、汉密尔顿的经济发展思想

18世纪的北美仍然是带有殖民地时期深深烙印的农业社会,因而发展经济并维护国家的独立就成为当时美国所面临的紧迫问题。对此,汉密尔顿主张美国应该发展商业和制造业,迅速改变农业国的地位,以成为能与美洲和欧洲各国相抗衡的工业强国。1789年10月,他就任财政部长不久,在与英国密使乔治·贝克威尔的谈话中就说:"美国是个新兴国家,但可惜生来是个农业国,而不是一个制造业国,这种状况对美国十分不利。"①因而联邦政府的政策是努力促进国内制造业和商业的发展。他还谈到,独立后美国的制造业已有一定的基础,只要政府予以鼓励,美国就会逐步成为工商业国。事实上,早在美国独立之前汉密尔顿就已萌生了工商业立国的思想。在1775年他就曾指出,北美各地自然地理状况相差很大,资源丰富,只要各地建立商业联系,互通有无,北美就完全可以兴办自己的制造业,而"制造业一旦建立起来,并在我们中间生根,就会给美国伟大、光荣的未来开辟道路,并能对付任何暴君的干涉"。②

汉密尔顿之所以主张大力发展商业和制造业是由于他凭借自己敏锐的观察力,对于近代西欧工商业的兴起,特别是英国在工业革命开始后工商业加速发展的趋势有了较为清晰的认识。他在1782年写的《大陆人》第5号文章中指出,自中世纪后期,鼓励商业和兴办制造业就逐渐成为各国竞相采用的政策。"英国自伊丽莎白时代开始,制造业便得到国家的鼓励,商业势力开始向全球扩展。法国在路易十四统治时期,工商业也取得了长足的进步。西班牙和葡萄牙更是捷足先登,在世界各地抢占了大量的商业据点;连俄国和土耳其这些地处东方的国家也致力于商业和增加制造业的

---

① Havold Syrett ed., The Papers of Alexander Hamilton, Vol 5., Princeton, 1950, P83.
② Henry Lodge ed., The Works of Alexander Hamilton, Vol 1., New York, 1971, P157.

产量"。① 因而,他认为美国建国后必须顺应这一大趋势,迅速发展成一个工商业国家。值得强调的是,汉密尔顿还敏锐地发现了使用机器的重要性。他指出,英格兰由于"发明了在纺织工场中使用机器,国内各种织物的产量有了巨大增长"。因此,他认为:"使用机器对于提高一国工业总产量是至关重要的,它是一种可增加劳力的力量,因而使用机器可以提高总的生产力。"② 与此同时,汉密尔顿还认识到农业国在与制造业国的经济交往中处于不利地位。这是由于制造业使用机器的程度高于农业,其产出就超过了农业,故"一个需从别国购买布匹而不是靠国内制造业供应的国家会受到损失","因为进口制造业产品注定将纯粹农业国的财富刮走"。因此,从国民财富来看,"将欧洲制造业国的情况与只有种植业的国家相比,其悬殊是惊人的"。③ 据此,他认为美国应该迅速发展工商业,否则就不可能改变经济上的不利地位。

汉密尔顿的早期思想显然受到了重商主义的影响,但他并没有否定农业的重要性。《国富论》对他的后期思想产生了很大影响,以致后来在制定政府财政报告中,斯密的观点和原话被大段地引用。但是,汉密尔顿并不相信"自由放任"的观点,而是主张建立统一的联邦政府,并授予它足够的权力。他认为,对美国来说,"由国家的幅员带来的困难,是赞成一个坚强政府的最有力的论据,因为任何其他政府决不能维持这样大的联邦。"④ 同时,他强调,"拒绝授予联邦政府对交给它管理的一切对象的无限权力是既不明智而且危险的。""因为倘若把最重要的国民利益的管理交付给一个政府,而又不敢把适当而有效地管理所需要的权力交付给它,就必然是永远荒谬的。"⑤ 另外,汉密尔顿的一个重要观点是:对于落后的农业国来讲,发展制造业必须依靠政府的保护和支持。

---

① Henry Lodge ed., The Works of Alexander Hamilton, Vol 1., P271.
② Henry Lodge ed., The Works of Alexander Hamilton, Vol 1., P89.
③ Henry Lodge ed., The Works of Alexander Hamilton, Vol 4., New York, 1971. P90, P135.
④ 汉密尔顿、杰伊、麦迪逊 [美]:《联邦党人文集》,商务印书馆1997年版,第117-118页。
⑤ 汉密尔顿、杰伊、麦迪逊 [美]:《联邦党人文集》,商务印书馆1997年版,第117-118页。

## 二、杰斐逊的经济发展思想

与汉密尔顿的观点截然相反,杰斐逊主张美国应以农业立国,建立一个以自由农民为主体的民主共和国,而不要走西欧各国发展工商业和建立大城市的道路。他在1780—1784年写的《弗吉尼亚纪事》一书中描述了他对未来社会的构想,他写道:"在土地上劳作的人民是上帝的选民,如果上帝曾有过特选子民的话。上帝使他们的胸怀能容纳他特有的丰富和纯真的美德。只要我们尚有土地耕作,让我们千万不要希望看到我们的公民拥挤在工作台边或是摇动纺纱杆吧!虽然农业中也需要木匠、泥瓦匠和铁匠,但就普遍的加工制造业来说,还是让我们的工场仍设在欧洲吧!"① 他还在1785年12月写给麦迪逊的信中明确地说:"我想只要美国还有空余的土地,就要以农业作为我们的主要目标。"② 可见,在美国建国前后,杰斐逊的"农业立国"思想是非常明确的。

杰斐逊之所以主张农业立国,主要有三个方面的原因。首先,他深受重农学派的影响。对农业的偏好使他广泛阅读了魁奈、杜尔哥等人的著作,并与后来成为美国公民的重农主义学者内穆尔交往甚密,常与他探讨经济问题。尽管他也曾读过斯密的著作,并认为《国富论》是经济学中最好的书,但他的经济观始终未能冲破重农学派的桎梏。到了晚年,他仍这样写道:"最能增加国民财富的是能诱导农民辛勤劳作的大片未垦土地,还是制造业呢?应着重考虑这一事实,农民在土地上劳动,由于土地的自然力会增加大量东西,如播种一粒小麦就会长出20、30甚至50倍的小麦;而投入制造业的劳动却不会增加新东西,几磅亚麻在他们手中只能生产出几个本尼威特的花边。"③ 这几乎就是重农学派"纯产品理论"的通俗解释。其次,杰斐逊主张农业立国是为了保持社会公德以防止民主共和制度的蜕变。在他看来,农民具有高尚与纯真的道德,小农是民主政治的群众基础,而且农民的职业有利于社会秩序的稳定。对杰斐逊来说,"农业首

---

① Merill Peterson ed., The Writtings of Thomas Jefferson, Congress Library, 1984, P290.
② Julian Boyed ed., The Papers of Thomas Jefferson, Vol 8., New Jersey, 1950, P633.
③ Merill Peterson ed., The Writtings of Thomas Jefferson, P1370.

先并不是财富的来源,而是人们的道德和民主性格的来源。它具有一种社会学上的价值,而不是经济价值。这便是他在这个问题上的一切言论的基调"。① 最后,杰斐逊主张把美国建成农业国还与他强调美国拥有西部广大土地这一特殊自然条件有关。在他看来,欧洲由于土地有限而人口过多,因而只能发展制造业以养活过剩的人口。而美国的情况则不同,西部广大的土地可以容纳大量人口,因而完全没有必要发展制造业。

对经济发展方向的看法必然会涉及对联邦制度和政府职能的认识。与汉密尔顿的坚定的"联邦主义"不同,杰斐逊对联邦制有一定的保留。他虽不反对建立统一的联邦,但主张更多的州权。这固然出自其政治分权理论及对出现专制集权的担忧,但同时也与其农业立国的主张有着内在的联系。与重农学派一样,他主张建立经济上采取放任政策的节俭政府,以减轻农民负担,促进农业的发展。

确实,与汉密尔顿富有远见的经济发展观相比,杰斐逊的经济发展思想带有浓厚的政治色彩和理想成分,并且也是与世界工业化的潮流相背离的,具有一定的保守性。然而,杰斐逊要建立的农业经济却并非传统的小农经济,而是以土地私有制为基础,以改进农业技术为手段,且与世界市场相联系的商品性农业。因此,尽管杰斐逊主观上代表的是南部种植园主和西部小农的利益,但客观上却为美国农业资本主义的发展开辟了道路。

## 三、汉密尔顿的经济政策及贡献

汉密尔顿就任财政部长以后,着手制定了一系列的财政经济法案,其中最重要的是关于国债、征税、银行和制造业的四个报告。

财政紧张是美国联邦政府成立之初面临的最大困难。据财政部的初步统计,到1789年,国债总额累计已达7 712万美元。② 如果不能很快解决这一问题,联邦政府甚至连日常的开支都难以维持,更不要说有其他作为了。1790年1月9日,汉密尔顿向国会提交了《关于国债的报告》,即《关于公共信用的第一份报告》。该报告的中心内容是:联邦政府应该信守

---

① Henry Dethloff ed., Thomas Jefferson and American Democracy, Massachustts, 1971, P46.
② 哈罗德·福克纳:《美国经济史》上卷,商务印书馆1989年版,第200页。

承诺，按照以前的约定偿还旧国债，并且发行新的国债，努力恢复业已动摇的公共信用体系。

由于长时间的拖欠，当时邦联政府发行的国债的实际价值大约只相当于其面值的1/20，而且还在继续贬值。在讨论制定偿还国债法案的过程中，有人提议可以按照国债的现行价值予以偿还，这样就可以用较小的代价将令人头痛的国债问题一笔勾销。对于这种近乎赖账的做法，汉密尔顿坚决反对。在《关于国债的报告》中，汉密尔顿坚持按照面值来偿还国债，并且支付6%的利息。在汉密尔顿看来，国债实际上是政府与个人之间签订的契约，政府如果不能按照约定来偿还国债，必将使契约上的财产权利得不到保障，那么政府就再也不可能有效地举债，从而会从根本上动摇整个公共信用。因此，"对于一个国家来说，建立良好的公共信用是最重要的"。① 对资金匮乏的美国来说尤其如此。汉密尔顿在报告中指出，发行国债不仅是缓解政府财政困难的一种重要手段，而且是扩大商业信用和资助制造业的重要资金来源。"国债如不过度的话，将成为国家的福利，并可成为联系联邦的有力纽带。"② 以发行国债来解决联邦政府面临的财政问题，汉密尔顿实际上是借鉴了英国的成功经验：通过发行巨额国债，英国政府不仅维持了庞大的军事开支，而且促进了英国工商业的快速发展。

关于如何偿还国债，汉密尔顿提出：为了保证联邦政府能够获得稳定可靠的岁入，应当建立联邦正常的税收制度。1790年10月13日，他向国会提交了《关于公共信用的第二份报告》，即《关于建立税收制度的报告》，提出对国内产品征收国产税和消费税，用以偿还债务和平衡财政收支。同时，他还向国会提交了第三份报告，即《关于建立银行的报告》，提出了建立美国银行的计划。

作为主张工商立国的美国联邦政府财政部长，汉密尔顿对于在18世纪末出现在美国的新生事物——银行给予了大力的倡导和推行。在《关于建立银行的报告》中，汉密尔顿指出："在所有试图发展商业和工业的地方都要以银行信贷作为重要支持，银行业对制造业的支持更是处处可见。"③

---

① Harold Syrett ed., The Papers of Alexander Hamilton, Vol 6., Princeton, 1950, P67.
② Segmour Harris, American History, New York, 1961, P149.
③ Harold Syrett ed., The Papers of Alexander Hamilton, Vol 7., P318.

在汉密尔顿看来，银行的主要作用就是能够加快资金的流动，从而为生产活动提供更多的资本。他还在报告中指出，美国本身所具有的特殊情况，使得建立银行显得尤其重要。这是因为美国基本上不生产金银，移民带来的资金也非常有限，再加上对西部土地的开发也占用了大量的资金，这样就严重地制约了美国制造业的发展。因此，汉密尔顿提出，建立银行可以弥补资金的不足，从而促进美国商业和制造业的发展。另外，建立银行还能加强联邦政府的财政体系，因为银行可以代理联邦政府发行债券、货币，提供能起国库作用的稳定金库。

18世纪末，英国已经完成了金融革命，金融业已经非常的发达。对于英国的银行，汉密尔顿尤为推崇，认为英格兰银行将私人利益与公共利益较好地结合了起来，"私人给政府力量以保护其权力和利益，政府则为私人间的商业提供便利，这样，工业会因此而得到扩展，产品会成倍增加，农业和制造业会兴盛发达，从而为国家带来真正的富足和繁荣。"[1] 因此，汉密尔顿提出：美国应该效仿英格兰银行，以私有公管的方式来建立国家银行。这样，政府与私人既可以互相牵制，又能在利益上紧密结合，从而有利于银行的发展和政府目标的实现。因为在他看来，"从管理投资和确保谨慎、冷静的经营来看，私人利益对银行是最好的指导原则。"[2]

汉密尔顿关于国债和建立银行的报告遭到南方议员的强烈反对。经过长时间的激烈辩论以后，国会最终还是通过了这两份报告。这样，汉密尔顿的财政金融改革计划得以实行，并很快取得了成效。改革的一项重要成果是，社会公众对联邦政府产生了信心，从而使美国的公共信用重新建立了起来。在国债法案获得通过以后，汉密尔顿领导的财政部便发行了年利率为6%的新国债，用以偿还旧国债并支付利息。到1794年底，旧国债已全部偿还，同时发行了总额为6300万美元的新国债。[3] 很快，新国债就以高出其面值的价格在市场上流通，从而使联邦政府的财政重新运转起来。银行法案的通过和美国第一银行的建立，不但使联邦政府拥有了非常稳定的贷款来源，而且还能够从其拥有的银行股份中得到一笔固定的收入。从

---

[1] Harold Syrett ed., The Papers of Alexander Hamilton. Vol 1., P618.
[2] Harold Syrett ed., The Papers of Alexander Hamilton. Vol 7., P252.
[3] Curtis Nettels, The Emergence of a National Economy 1775-1815, New York, 1962, P115.

1791～1802年，联邦政府不仅从银行获得了111万美元的红利，并且还从股票交易中获利67.1万美元。① 虽然这笔钱数目不大，但是对于当时财政极为拮据的联邦政府来说，犹如雪中送炭。

汉密尔顿的财政政策的实施，不但使联邦政府建立了以税收、国债制度为主要内容的较为完善的财政制度，而且还通过发行国债和建立银行，有力地推进了美国金融业的变革和发展。随着证券交易所的建立、证券市场的形成以及股份公司的大量出现，美国的金融业进入了一个全新的时代。这对于美国的长期经济发展来说有着非同一般的意义。英国之所以能率先进行工业革命并且领先于其他国家，原因之一就是英国很早就完成了"金融革命"，从而为工业化和国家崛起提供了必要的资金源泉。从这种意义上说，汉密尔顿在财政金融方面进行的制度创新，为美国市场经济的形成和经济崛起创造了一个非常有利的、重要的前提条件。

1791年12月，汉密尔顿向国会提交了《关于制造业的报告》，它是汉密尔顿所制订的经济文件中最为重要和最为出色的一份报告，但受到国会议员的冷落，并被长期束之高阁。但是，这份报告仍然产生了很大的影响，被称为"美国工业化的宪章"。报告中提出的一些措施后来也被美国政府所采纳。

## 四、杰斐逊"农业立国"政策的转变

1800年，共和党在大选中获胜，杰斐逊当选为总统。在第一届任内，杰斐逊的经济政策可以概括为两点：建立节俭政府和鼓励农业发展。当然，这两者之间有着内在的联系，建立节俭政府本身就可以减轻农业的负担，从而支持农业发展。

当然，杰斐逊主张建立节俭政府也是针对当时联邦政府的财政状况提出来的。联邦党时期政府的财政支出逐年增加，从1793年的384.6万美元增加到了1801年的830万美元，尽管这一时期由于对外贸易和航海业的发展使政府的收入也有很大增长，但国债总额仍从1793年的8 030万美元增

---

① Curtis Nettels, The Emergence of a National Economy 1775－1815, P115.

加到 1801 年的 8 300 万美元。① 对此，杰斐逊深感忧虑。就职前夕，他在给亚当斯的信中指出："惊人数量的国债，不断增长的高额利息和人为发行的纸币紧紧压在我国农村广大居民身上"，要解除农民的重负，"必须尽可能地节省公共开支。"② 同时，杰斐逊还认为联邦政府过于庞大就会导致腐败，从而破坏民主共和制的基础。因此，杰斐逊一贯主张建立节俭政府。当时的财政部长加勒廷（Albert Gallatin）忠实地贯彻了杰斐逊的意图，经过多方努力，联邦政府削减机构，减少雇员，裁减军队，节约开支，使国债总额从 1801 年的 8 300 万美元减至 1813 年的 4 520 万美元。③

在就职演说中，杰斐逊明确提出要采取鼓励农业的政策，并把商业比作农业的婢女。在 1801 年致国会的咨文中，他把农业、制造业、商业和航海业并称为繁荣经济的"四根支柱"，但这并不表明他以农业立国的方针有了根本改变。因为他紧接着强调了要在经济上实行"放任政策"，并指出："农业、制造业、商业和航海业这四根使我们繁荣的大支柱只有在给予私人企业以最大的自由时，才能获得最大的兴旺。"④ 但实质上，这种放任政策恰恰是鼓励农业的政策。在杰斐逊看来，政府的所有开支都将给农业增加负担，因此他主张政府尽可能地压缩一切开支，包括出资支持制造业以及修建运河、道路等基础设施。为此，1802 年联邦政府取消了国产税，以后又减少了国内税，只把关税作为政府财政收入的主要来源。这种偏重农业发展的严重后果之一是导致了制造业发展缓慢。由于国内市场狭小，本身缺少资金、技术，再加上外国制造业的强有力竞争，而当时的关税又不足以提供有力的保护，导致美国新兴的制造业举步维艰。许多制造业主纷纷向国会递交请愿书，要求联邦政府采取保护国内制造业的政策。但这些要求并未引起足够的重视，杰斐逊仍然采取偏重于农业的政策。

1805 年，杰斐逊获得连任。他在总统的就职演说中提出，在偿还完国债以后，通过修改和补充相应的宪法条文，各州政府可以在"和平时期拨款资助用于运河、道路、手工业、制造业和其他重大事项"。⑤ 这表明，杰

---

① Curtis Nettels, The Emergence of a National Economy 1775–1815, P317.
② Albert Nock, Thomas Jefferson, New York, 1962, P244.
③ Curtis Nettels, The Emergence of a National Economy 1775–1815, P319.
④ Merill Peterson ed., The Writtings of Thomas Jefferson, P290.
⑤ Merill Peterson ed., The Writtings of Thomas Jefferson, P519.

斐逊开始改变过去一直坚持的观点：除非发生了紧急的情况，否则联邦政府都不应干预和支持经济事务。但是，真正促使杰斐逊的思想和政策发生重要转变的，却是1807年的《禁运法案》。杰斐逊原先认为，由于英国需要从美国进口粮食和原料，故美国的禁运必将给英国以沉重的打击，最终英国将不得不放弃敌视美国的政策。但是，完全出乎他意料的是，《禁运法案》的实施对美国经济的打击远甚于英国。美国的对外贸易、航海业和渔业都受到非常严重的影响，国内农产品价格急剧下跌，南部种植园主和西部小农都遭受了重大的损失，同时，美国国内制造业产品供应严重不足，联邦政府的财政状况急剧恶化。在这种情况下，社会各界纷纷要求取消禁运。由于各方面的强大压力，《禁运法案》终于在1809年初被迫取消了。对杰斐逊和共和党来说，实行"禁运"无疑是一次重大的失策，但禁运却对美国的制造业产生了意想不到的促进作用。一方面，因为禁运，美国国内的制造业避开了外国的有力竞争，另一方面，由于禁运导致了进口的急剧减少，制造业产品的价格迅速上涨，从而使制造业投资变得有利可图。另外，禁运还促使原来用于对外贸易和航海业的资金转而用于兴办制造业。禁运的失败也使杰斐逊认识到单纯发展农业的弱点和发展国内制造业的必要性。1808年11月，他在最后一篇年度咨文中指出："为非正义的好战国造成的我国对外贸易的停顿，以及由此造成的我国公民的损失和牺牲成为人们所关注的主要问题。我们被迫面临的这一形势，迫使我们把一部分力量和资金用于国内制造业和交通的改进。这一转变的范围正在与日俱增，由于廉价的原料和物资、税收的免除、自由的劳动力、保护关税和禁止输入等措施的实行，这些已经建立的和正在建立的制造业将永远存在下去。"① 更为重要的是，禁运的失败使共和党认识到了改革的必要性。杰斐逊的继任者麦迪逊（1809—1817年）在第二次对英战争即将结束之际，提出了重建联邦银行、支持国内制造业、实行保护关税、扩充海军、加强国防等多项建议，并得到了国会的认可。这些重大政策的转变不仅标志着共和党与联邦党在政策上的合流，更重要的是，它对长期经济发展和国家崛起所产生的积极的、深刻的影响。

事实上，在担任总统期间，杰斐逊对农业的最大支持是他对"西进运

---

① Merill Peterson ed., The Writtings of Thomas Jefferson, P548.

动"的大力推进。与汉密尔顿认为美国应该向海洋发展的主张不同，杰斐逊的观点是美国应该尽力向西部扩展。在他的积极努力下，美国于1803年以1 500万美元的低价从法国手中购买了路易斯安那，从而使美国的领土比独立时骤然增加了将近1倍（关于美国的领土扩张和西进运动，我们将在后面详细论述）。这也许是杰斐逊对美国的长期经济发展所作出的最重要的贡献，尽管他的本意是在西部建立起一个以农业为主的"自由帝国"。①

  总的来说，美国建国后选择的经济发展方向和国家崛起道路基本上是按照汉密尔顿的经济发展思想演进的。杰斐逊和共和党人尽管曾经激烈地反对汉密尔顿的经济政策，但他们还是从经济发展的客观需要出发，最终采取了有利于工商业发展的政策。这实际就使美国踏上了由落后的农业国向先进的工业国转变的征途，从而为美国的崛起提供了有力的保证。同时，需要指出的是，杰斐逊对美国的早期发展也作出了很大的贡献：他对农业的支持为美国农业的迅速发展奠定了坚实的基础，而农业的发展又是实现工业化国家崛起的前提条件。另外，他对民主共和制度和政府廉洁的强调促进了政府有效性和能力的提高，这对于经济发展来说也是至关重要的。因此，汉密尔顿和杰斐逊对美国经济发展所作出的贡献都应该充分地加以肯定。因为不仅他们的经济政策直接促进了美国短期的经济发展，而且正是由于他们之间的争论使美国建立起了一种较为完善的政府制度，并且也使美国最终选择了正确的经济发展道路——努力追求工业化，以实现国家的崛起。

## 第三节 美国政府在促进形成国内统一大市场中的作用

  在促进国内统一大市场形成的过程中，美国政府主要发挥了三个方面的作用：一是扩张领土；二是推动西进运动；三是支持铁路建设。

---

① 张少华：《美国早期现代化的两条道路之争》，北京大学出版社1996年版，第157-158页。

## 一、美国政府与领土扩张

是否拥有丰富的自然资源,是一个大国能否成功实现崛起的一项重要条件。在这方面,美国是拥有着非常独特的优势的,因为美国不仅有着广袤的国土,还拥有极为丰富的自然资源。美国的煤、天然气、石油、铁矿石、金、银、铜、铅、硫磺、钾盐、铅、铀等的储藏量都居世界前列,而且水和森林资源也极为丰富。而美国之所以能够拥有这么丰富的资源,是与美国政府长期以来不断实行领土扩张的政策密切相关的。

独立战争之前,美国只有13个州,领土面积只有90多万平方公里。在取得了独立战争的胜利之后,美国领土面积一下扩张到了230多万平方公里。当然,这些领土可以说还算是通过革命的战争所取得的,与美国政府后来通过各种办法和手段取得的广大国土,在性质上还是有根本区别的。

1803年,法国和英国又一次爆发战争,同时法国远征海地失败,拿破仑因此被迫放弃北美殖民地计划。这就为美国购买路易斯安娜创造了一个非常好的机会,美国一直想把能够运输美国物产的港口新奥尔良据为己有。于是,一向主张节俭的杰斐逊总统果断决定拿出巨额资金来购买路易斯安娜。而这个时候,法国也愿意以低廉的价格将整个路易斯安娜卖给美国。最终,美国联邦政府完成了建国以来的最大一笔交易——以1 500万美元买下了整个路易斯安娜。这笔交易不仅使美国的国土面积增加了将近一倍,而且使密西西比河成为美国的内河,这就为美国后来的"西进运动"、经济发展和国家崛起创造了非常有利的条件。

继杰斐逊完成了美国历史上最大的土地交易以后,美国政府继续实行领土扩张的政策。1810—1818年,美国强占了与西班牙有争议的西佛罗里达,并在1819年向西班牙支付500万美元的补偿金后,获得了面积约为15.1万平方公里的佛罗里达。1835年,居住在得克萨斯的美国移民发生叛乱,并在1836年宣布脱离墨西哥独立,成立"得克萨斯共和国"。1845年12月,"得克萨斯共和国"正式加入联邦,从而使美国的领土又扩大了约101万平方公里。1846年,美国以武力相威胁,从英国手中取得了俄勒冈地区,面积约为74万平方公里。1846年5月至1847年9月,美国在美墨战争中击败了墨西哥,并在1848年与墨西哥签订了条约,以1 500万美元获得了面积约137万平方公里的上加利福尼亚和新墨西哥。1853年,美国为了修筑一条横贯大陆的铁路以便开发加利福尼亚萨克拉门托河流域的金矿,以1 000万美元强行向墨西哥购买了希拉河流域约7.7万平方公里的土地。1867年,美国政府以720万美元从俄国手中买下了面积约为151.8万平方公里的阿拉斯加。1898年,美国又合并了夏威夷,面积约为1.67万平方公里。①

在整个19世纪,美国联邦政府坚定地、持续地推行领土扩张政策,使美国的国土面积不断地扩大:从美国独立时的230多万平方公里,迅速地增加到了920多万平方公里。而通过扩张所取得的大面积领土,大多是土地富饶或矿藏丰富的地区,这样就为美国后来的经济发展和国家崛起提供了非常有利的资源条件。与此同时,领土的迅速扩张极大地拓展了美国国内市场的规模,从而为美国的最终崛起提供了一个极为广阔的空间。

## 二、美国政府在西进运动中的作用

随着领土的迅速扩张,美国西部出现了大片亟待开发的土地。于是,出现了美国历史上非常著名的"西进运动":从独立战争以后到19世纪末,美国向西部大规模移民和进行开发的运动。这场运动对于美国的经济发展和国家崛起具有非常重要的意义。从表面上看,西进运动似乎是一场大规模、群众性、自发性的开发西部的运动,但实际上,它是由美国联邦政府有计划和有目的性的大力推行的一场全面开发西部的运动。也就是说,在西进运动的过程中,美国政府发挥了相当重要的作用,这种作用主要是通过颁布一系列的土地法令来实现的。

面对西部存在的广大的自由土地,美国政府是通过颁布一系列的土地法令来促进西部的开发和西进运动的。1784年、1785年、1787年,联邦政府连续制定了三个土地法令,在美国历史上第一次确定了处理西部土地的三条原则:一是西北土地国有化;二是在西北地区根据人口增长的情况逐步建立权利完全平等的新州;三是按地段出售国有土地。当初,这三条

---

① 参见《西方七国辞典》(《美国卷》),湖北人民出版社1997年版,第42—43页。

原则是为俄亥俄以北和以西的地区制定的，但是后来被推广应用于整个西部地区。对于西进运动来说，这三条原则具有非常重要的意义：第一条原则彻底消灭并清除了土地占有制的一切旧有关系和人为障碍，使广大的西部土地变成真正的自由的土地，从而为西部土地的开发和西进运动扫清了各种障碍，并创造了极为有利的条件。第二条原则确保了进入西部的移民可以获得同以前一样的政治地位，因而极大地鼓舞了人们参与西部开发的积极性；而且，这一原则也有助于巩固联邦、加强各州的凝聚力。虽然第三条原则规定最低售地面积为 640 英亩，每英亩最低售价为 1 美元，而且必须一次付清；这样就使得一般移民根本没有能力购买土地，但它毕竟体现了依法获得西部土地的可能性。由于当时法案规定的最低售地面积过大、地价过高，导致这一时期西部出售土地的绝大部分落入土地投机者手中，而普通西进移民只能以高价从投机者那里购买小块土地。显然，这对于西进运动的推进是非常不利的。

广大西进移民都强烈地希望减少最低售地的限额、降低土地售价甚至免费分配西部土地。为此，他们进行了不懈地斗争，并取得了一定的成果。例如，1796 年的土地法案尽管未降低最低购地限额和土地售价，但是容许购地者欠款一年，这就为那些无力立即付清地款的移民购买土地创造了条件。1800 年的土地法令允许购地在欠款长达四年，头期款只需付全部地价的 1/20。1804 年的土地法令又将最低购地面积降为 160 英亩，每英亩售价为 1.64 美元。由于信用出售使拖欠政府地款的金额极大，1820 年的土地法规定限用现金购地，并且一次付清，但最低购地面积减为 80 英亩，最低售价降为每英亩 1.25 美元。1830 年的土地法首次允许个人对公共土地有优先购买权，不限购地面积，但只实施一年。1841 年的土地法则有了实质性的进步。它允许所有西部居民（不论是否美国公民），只要已经经营了一块土地或只要拥有少于 320 英亩土地者，就有特权在政府出售土地之前，获得 160 英亩土地，付款时间没有明确规定，土地售价为每英亩 1.25 美元。[①] 这些土地法令的颁布都对西进运动起到了一定的推动作用，但对西进运动起到最关键作用的还是《宅地法》。经过长达 10 年的激烈争论以后，联邦政府终于在 1862 年颁布了《宅地法》。该法规定，凡年满 21

---

① 洪朝辉："经济转型时期的政治冲突与妥协"，《世界历史》，1990 年第 6 期。

岁的美国公民或符合入籍条件并申请愿作美国公民的外国人，只要付出 10 美元的登记费，就可获得 160 英亩的土地，耕种 5 年后，即归其所有。同时还规定，移民在宅地上住满 6 个月后只要每英亩付出 1.25 美元或 2.5 美元就可提前获得土地所有权。

《宅地法》的实行，对加快美国的西进运动，起到了非常有力的推动作用。首先，《宅地法》使得移民到西部的小农获得了大量的土地，从而极大地推动了西部农业的迅速发展。在实施《宅地法》期间，有近 200 万农户获得了免费宅地，其土地总面积达 2.85 亿英亩，超过了英、法、德、意土地面积的总和。① 获得了土地的农民以空前的热情和干劲开荒种田，使西部的可耕地面积迅速扩大。19 世纪 60 年代，尽管有南北战争的严重影响，美国西部新开垦的土地仍然增加了 50 万英亩，70 年代增加的耕地面积达 1.5 亿英亩，相当于英法两国土地面积的总和。在 1880～1900 年的 20 年间，美国耕地面积又增加了 3.03 亿英亩。② 结果，西部的农业迅速发展，使美国的农业生产重心逐步移到了中西部一带。据美国国情调查所提供的资料，早在 1860 年，阿巴拉契亚山以西的农场就占了全国农场总数的 57.6%，其面积占全国农场总面积的 59.8%，资产占全国农场资产总值的 54%。到 1900 年，西部农场的数目、面积和资产总值在全国农场中所占的比重，又分别上升至 71%、79% 和 78%。③ 快速发展的西部农业，不仅为美国迅速增长的人口提供了充足的粮食，而且为东部正在兴起的工业化提供了原料和广阔的产品销售市场。与此同时，随着西进运动的不断深入，美国的制造业也出现了向西转移的趋势，西部的工业也得到了快速的发展，从而促进了美国的经济发展和国家崛起。其次，《宅地法》还沉重地打击了当时的奴隶制，并且加快了美国南北战争的进程。由于《宅地法》的实行，一大批贫苦的农民可以免费获得土地，这样在西部就完全杜绝了奴隶制的可能性，并且大大鼓励了西部移民参加联邦军队的热情（林肯总统在 1862 年 9 月 22 日发布的《解放宣言》也发挥了极大的作用），有力地促进了联邦政府最终赢得南北战争的胜利，维护了国家的统一。这就为

---

① Hibbard, A History of the Public Land Policies, New York, 1924, P396.
② 引自张友伦：《美国农业革命》，天津人民出版社 1983 年版，第 171 页。
③ 引自何顺果："西进在美国经济发展中的作用"，《历史研究》，1984 年第 3 期。

美国战后的经济发展打下了良好的基础。最后,《宅地法》吸引了大量移民的流入,这些劳动力的到来也大大推动了西进运动的进程。

实际上,除了颁布《宅地法》等有关的土地法令以外,在推动西进运动、加快西部开发方面,美国政府还采取了多项政策和措施,如发展交通运输、鼓励技术教育、大规模吸引移民、设立农业试验站、兴修水利以及鼓励工商业等。

当然,对于美国政府在领土扩张和西进过程中以各种野蛮手段大肆抢劫印第安人的土地而且大规模屠杀印第安人的残忍行径是应该加以严厉地谴责的。

## 三、美国联邦政府对铁路建设的支持

美国联邦政府很早就认识到了发展交通运输事业对促进国内统一市场的形成和经济发展的作用。1787年《美国宪法》的第一条第八款就明确规定国会有权设立邮局并开辟邮路。1804年,时任美国财政部长的加勒廷,在一份关于改进美国国内运输业的报告中就曾经指出,联邦政府应当努力推动国内交通运输的改进,以促进西部开发和经济发展。他还建议,可以用出售公共土地的办法来支付改善交通运输条件所需的费用。

事实上,在美国修建公路和运河的过程中,尽管联邦政府也给予了一定的支持,但主要是通过私人、各州及地方政府的努力完成的。[①] 联邦政府在改善国内交通方面的主要作用是对铁路建设的支持。

在历史上,运河在交通运输方面曾经发挥过重要的作用。但是,运河本身也具有明显的缺点和局限性:容易受季节的限制,而且速度很慢、运费很高。相比之下,铁路则具有明显的优势:运费低廉、方便、快捷,同时还不易损坏且便于维修。因此,当铁路诞生以后,它便迅速取代运河而成为主要的交通运输手段。更重要的是,铁路的出现就有可能把陆上运输与水上运输结合起来,形成一个完整的交通运输体系,从根本上改善一个国家的交通运输状况。

在铁路建设方面,美国要明显晚于英国。一般认为,1830年建成的巴

---

① 李世安:《一只看得见的手——美国政府对国家经济的干预》,当代中国出版社1996年版,第116-121页。

尔的摩到俄亥俄的铁路是美国第一条近代意义上的铁路,但当时只能通行13英里。然而,后来美国修建铁路的速度大大超过了英国以及其他所有欧洲国家,到1880年,美国已建成铁路150 086公里,而整个欧洲只建成了169 000公里。① 美国之所以能取得如此巨大的成就,就是因为联邦政府对于铁路建设给予了大力的支持。

最初,联邦政府对修筑铁路的援助只是降低了进口路轨的关税。这项法令于1830年通过,但直到1834年才生效。据估计,降低关税使铁路建设节省了6 000万美元。1850年,美国国会通过法令,为修建从伊利诺斯州到亚拉巴马州的莫比尔的铁路,拨给伊利诺斯州、密西西比州和亚拉巴马州所需要的土地。② 在此后的21年中,联邦政府不断地将大片土地赠予各铁路公司。从1850—1871年(停止向铁路公司赠予土地),美国国会总共调拨了1.75亿英亩土地,铁路公司实际获得了1.31亿英亩。③ 在从政府手中获得土地以后,各铁路公司纷纷以高价(平均每英亩4至5美元)抛售土地,由此获得了巨大的收益,从而解决了铁路建设的资金问题。除了无偿赠予土地以外,联邦政府还为各铁路公司提供了巨额的贷款,总额为6 500万美元。④ 在联邦政府实施的这些优惠条件的刺激下,美国国内大量的私人资金投入到了铁路建设中来,甚至还吸引来了数量较大的外资。截至1873年,投入到美国铁路建设的资金达到了30亿美元,而其中外资就占了一半。⑤ 值得强调的是,在美国内战结束后铁路建设的高峰时期,联邦政府对铁路建设的支持又进一步加强了。1865—1890年,联邦政府对铁路建设的支持总额(包括赠予土地的价值)大约为15亿—20亿美元,占这一时期美国铁路总投资的10%—15%左右⑥。铁路建设不仅得到了联邦政府的大力支持,美国地方政府也提供了不少帮助,例如对铁路运输免税、收购和担保铁路公司发行的长期债券、为铁路提供中转设施以及赠予

---

① E. C. Kirkland, A History of American Economic Life, New York, 1969, P155.
② 吉尔伯特·菲特、吉姆·里斯[美]:《美国经济史》,辽宁人民出版社1981年版,第284页。
③ J·布卢姆等:《美国的历程》下册,商务印书馆1995年版,第45页。
④ 李世安:《一只看得见的手——美国政府对国家经济的干预》,当代中国出版社1996年版,第123页。
⑤ 引自张友论:"评价美国西进运动的几个问题",《历史研究》,1984年第3期。
⑥ 沙伊贝等:《近百年美国经济史》,中国社会科学出版社1983年版,第178页。

土地和现金,等等。在政府的大力支持下,美国的铁路建设实现了迅猛发展,到了1890年,美国拥有了全世界铁路总里程的1/3。①

铁路建设的迅速发展,有力地推动了美国统一市场的形成,对经济发展和国家崛起到了重要的促进作用,主要体现在这样几个方面:第一,将全国各地连为一体,促进了生产专业化和不同地区之间的贸易往来;第二,加快了西部的开发;第三,带动了铁路沿线大批城镇的兴起和繁荣,从而推动了美国城市化的进程;第四,刺激了建筑业和金融业的发展;第五,刺激了相关工业特别是钢铁工业的发展;第六,降低了运输的成本,提高了运输的效率;第七,促进了美国企业管理的现代化。②

在高速发展的过程中,美国铁路也出现了一些问题,例如由垄断造成的运费过高、运输歧视、差别对待等。运费居高不下,而农产品价格却在不断下跌,这就引起了农民对铁路公司的强烈不满。对此,美国联邦政府于1887年专门制定的《州际贸易法》规定:一切铁路运费必须公开、合理,短程运费不得高于长程,禁止运费歧视和回扣,不得成立运费同盟,违者处以罚款。《州际贸易法》的颁布开创了联邦政府干预经济的先河,为联邦政府以行政或法律的手段管制某个特定的经济部门乃至整个经济奠定了基础。1890年的《谢尔曼反托拉斯法》和1914年的《克莱顿反托拉斯法》都可以理解为美国政府干预经济活动的进一步发展。

## 第四节 美国政府与关税保护

在赢得独立战争的胜利以后,外国商品特别是英国货物仍然大量流入美国。美国的各个阶层(商人、小制造业主和技术工人等)都大力呼吁联邦政府要进行贸易保护。对此,一些州政府作出了相应的反应。例如,纽约州就规定:对由外国船只运来的进口货物征收的关税,要比由美国船只运来的高出一倍;另外,对外国船只所征收的吨位税也要高于美国的船

---

① Robert Kelley, The Shaping of the American Past, New Jersey, 1990, P383.
② 李世安:《一只看得见的手——美国政府对国家经济的干预》,当代中国出版社1996年版,第128-136页。

只。又如，为了抵制大量英国货物的进口，马赛诸塞州在1785年提高了关税的税率，以保护国内的生产者。宾夕法尼亚州在1784年通过的关税法令中更是明确声称，其目的就在于"对某些妨碍本州制造业的制造商征收附加关税，以便鼓励和保护本州的制造商。"① 但是，这种各自为战的各个州实行的关税保护措施，难以对整个美国的制造业起到真正的保护作用。要想真正地保护尚处于起步阶段、需要快速发展的美国的制造业，联邦政府就应当发挥更为重要的作用。对此，汉密尔顿促进明确指出："很明显，一个全国政府能够以极少费用进一步扩大进口税，这同各州单独地或局部邦联所能做到的，简直不能相提并论。至今，我认为，我可以有把握地说，这种关税在任何一州都没有超过3%的平均数。在法国，这种关税估计大约为15%，在大不列颠则超过这个比例。在我国，将这种税款增加到目前总数的三倍，看来是没有问题的。"②

自成立之时起，联邦政府就有一种明确的意图：通过实行统一关税来实现全面的贸易保护。1787年《美国宪法》的第一条第七款规定："未经国会同意，任何一州不得对进口或出口货物征收任何进口税或关税。"第八款规定："国会有权规定和征收直接税、关税、进口税和货物税，以偿付国债、提供合众国共同防务和公共福利，但一切关税、输入税和货物税应全国统一"。这样，联邦政府就把关税决定权牢牢地掌握在自己的手中，从而制定全国性的对外贸易政策。但是，《美国宪法》第一条第九款又作出了这样的规定："对于从任何一州输出的货物，不得征收税金或关税"，这就意味着联邦政府只能确定进口的关税，而对于出口则是予以鼓励。可以看出，美国联邦政府的对外贸易政策是非常明确的：扩大对外贸易（出口）、实行贸易保护（限制进口）。

美国联邦政府成立以后，在财政方面面临着非常大的困难。为了尽可能地增加政府的财政收入，联邦政府决定实行保护性关税政策。1789年，联邦政府颁布了第一部关税法，并在序言中这样写道："征收关税是支援政府偿还国债和鼓励、发展与保护制造业。"该关税法共列举了81种应该征税的物品，其中有31种征收特别关税，其余的征收7%~15%的计价

---

① 吉·菲特、吉·里斯［美］：《美国经济史》，辽宁人民出版社1981年版，第152-153页。
② 汉密尔顿、杰伊、麦迪逊［美］：《联邦党人文集》，商务印书馆1997年版，第61-62页。

税；对没有列举的进口物品只征收 5% 的计价税。但事实上，由于根据关税所确定的平均税率未超过 8.5%，因而生产率很高的英国依然能够大规模地向美国倾销工业品。针对这种情况，汉密尔顿在他向国会提交的著名的《关于制造业的报告》中，将征收保护关税置于他所提出的 11 条保护和鼓励制造业措施的首位，并认为这将有利于国内制造业在与外国产品的竞争中获得更大的销售市场。同时，由于关税未能带来足够的收入，联邦政府在 1790 年、1792 年和 1794 年又三次提高了关税税率。

1789 年，美国国会通过了美国历史上第一部带有保护色彩的关税法。1816 和 1824 年，美国国会又两次通过了提高关税的法令。尽管美国政府提高关税想要保护国内的市场和制造业，但是美国的民族工业仍然无法抵御国外商品尤其是英国商品的强力冲击，因为此时的英国已经成为了世界上一切重要工业部门的世界贸易的实际垄断者，美国在生产力方面是无法和英国竞争的。在这种情况下，美国国会又在 1828 年通过了新的关税法，将进口商品的平均税率提高到 44% 左右的水平。这是美国南北战争爆发之前的最高关税税率，也曾被南部的奴隶主称之为"可憎的关税"。由于遭到南部各州的强烈反对，1830 年和 1832 年，美国国会又两次修改了关税税率，将关税税率降到了 1824 年的水平。但是，这仍然没有能够让南部各州感到满意。南卡罗来纳州竟然公开宣布联邦政府 1828 年和 1832 年颁布的关税法令完全无效，本州不受其限制。南卡罗来纳州甚至宣称要脱离联邦。在这种情况下，杰克逊总统要求国会通过了"武力法案"授权他在必要时动用合众国的陆军、海军迫使南卡罗来纳州就范。1833 年 2 月，美国国会通过了"妥协法案"，即自 1833 年 9 月 30 日起分期分批逐步降低关税税率，到 1842 年使平均税率降至 20%。这样才最终化解了南部各州和联邦政府在关税方面激烈冲突的危机，避免了联邦的分裂。1842 年，在代表工商业利益的执政的辉格党人的大力推动下，美国的关税税率再次提高。但此后不久，上台执政的民主党人在 1846 年提出了"沃尔克关税法案"，将关税的税率重新降低。1857 年，民主党人又推出了新的关税法，将美国关税的平均税率降至 20%，达到了南北战争爆发之前的最低水平。结果，在美国内战爆发之前，其关税税率平均约为 18%～19%。与 1828 年 44% 的最高关税税率相比，几乎下降了 60%。这样也导致关税收入占联邦政府收入的比重迅速下降：1830 年为 61.7%，到 1860 年却只有 19.7%。

1860年，在大选中获胜的共和党重新执政，便急于恢复贸易保护的政策。美国国会在1861年根据莫里尔法令提高了关税的税率。1864年，美国国会又将关税的平均税率进一步提高到47%。在南北战争之后的二十几年中，美国国会虽然对关税进行了几次调整，但关税的税率都未出现大幅度下降，一直维持在较高的水平。1890年，美国国会通过了《麦金利关税法》，把关税的平均税率由39%提高到49%的创纪录水平。1894年，重新执政的民主党促使美国国会通过了《威尔逊—戈尔曼关税法》，把关税的平均税率降到了39.9%。1897年，共和党人麦金利当选总统。同年，美国国会通过了《丁利关税法》，其关税税率高达57%，成为美国历史上关税税率最高的关税法，也是美国历史上实行时间最长的关税法，保持了12年之久。①

　　总的来看，美国联邦政府自建国到19世纪末的关税政策大致可划分为三个阶段。第一阶段是从美国建国到19世纪20年代，实行的是保护性关税的政策。从19世纪30年代至南北战争爆发之前为第二个阶段。在这一时期，由于南北矛盾的加剧，致使联邦政府在贸易保护主义（有利于北方资本主义工业的发展）和贸易自由主义（有利于南部奴隶种植园经济）之间不停地摇摆，而且日益偏向后者，因而关税保护逐渐减弱。第三阶段为19世纪60年代至19世纪末。在这一阶段，由于大部分时间是由代表工业资产阶级利益的共和党执政，故一直实行的是高关税的全面贸易保护主义政策。因此，我们可以认为美国政府基本上实行的是保护关税的政策。

　　联邦政府长期推行的关税保护政策，对于美国的工业发展和国家崛起起到了非常重要的作用。美国发展工业的条件是非常有利的：国土辽阔而且矿藏丰富，移民和人口自然增长使其拥有极为丰富的劳动力资源，并且有着非常广大的国内市场。不过，美国在建国之初，还曾是一个几乎没有任何工业的落后的农业国，而且英国的工业产品又源源不断的倾销进来。1807年，美国和英国的关系恶化，联邦政府对英国实行了禁运，断绝了与英国的贸易往来，这种状态一直持续到了1814年。此后，联邦政府曾经数次提高关税税率，基本上实行的都是全面的贸易保护政策。这种高关税的全面的贸易保护政策，给美国经济带来了两个方面的重要影响。第一，为

---

① 李世安：《一只看得见的手——美国政府对国家经济的干预》，当代中国出版社1996年版，第67-68页。

了摆脱在工业品方面对欧洲的依赖，以前靠进口的商品，现在必须由自己制造，于是制造日用轻工业品（如棉毛纺织品、铁器、玻璃、五金器具等）的工厂就在全国建立了起来，这样就推动了大国实现工业化的第一个阶段——进口替代阶段的开始。第二，由于同英国的贸易特别是进口贸易受到了严格的限制，反而有效地阻止了美国经济发展所急需的资金的外流，结果大部分的资本都转向了美国的国内工业，为美国的工业化提供了必要的资本积累。因此，联邦政府早期实行的保护关税的政策，有力地促进了美国工业体系的形成和国家的早期崛起。不仅如此，自南北战争开始，联邦政府实行的高关税的贸易保护政策进一步促进了美国工业的快速发展和国家的崛起。在1860年，美国的工业生产总值占世界工业生产总值的14%，排在英国（21%）、法国（16%）、德国（15%）的后面，列世界第四位；到1870年，美国的工业生产总值占世界工业生产总值的23%，仅次于英国（32%），列世界第二位；到了1889年，美国的工业生产总值就占了世界工业生产总值的30%，远远超过了英国而居世界首位。在同一时期，由于实行的是强烈的贸易保护政策，美国对外贸易占世界贸易总额的比重一直在8%～9%，与实行自由贸易的英国（20%以上）相差甚远。① 这一结果表明，巨大的国内市场能够为美国的新兴工业提供足够的发展空间，从而证明了联邦政府实行高关税的贸易保护政策以促进工业发展和国家崛起的做法是正确的。

当然，南北战争以后至19世纪末，联邦政府实行的高关税政策也给美国的农业带来了一些不利影响：一是针对美国实行的高关税的贸易保护政策，其他国家也开始对美国实行贸易保护的政策，因而加大了美国农产品出口的困难；二是高关税导致了工业制成品价格的上涨，这样就增加了农业生产的投入成本，并在一定程度上导致农民生活水平的下降。但是，由于美国国内市场很大，尤其是国内工业的迅速发展大大增加了对农产品的需求，所以，在1890年以后美国仍然是世界上第一大农业国。

总之，美国联邦政府长期实行的关税保护政策，对美国工业的形成和发展乃至于整个美国的崛起都起到了非常重要的作用。

---

① 樊亢、贺力平："试析美国加速实现工业化时期的经济发展"，《美国研究》，1988年第1期。

# 第五节　美国政府对移民和教育科技事业的鼓励和支持

## 一、联邦政府的移民政策及影响

在美国建国初期，联邦政府还是比较愿意接受外来移民的，但那时所接受的移民数量并不多。当时美国的领导人对要不要接受移民、接受什么样的移民、如何安置移民以及接受移民会对美国产生什么样的影响等问题还没有足够清醒和明确的认识。

虽然华盛顿发表过这样的名言："美国的怀抱不仅向富有而受人尊敬的来客开放，而且还向受到压迫和迫害的各个民族和宗教信徒开放。"① 但实际上，对于外来移民，华盛顿却还是抱有一种不信任感，特别是反对移民参与美国的政治和军事事务。华盛顿在1794年给亚当斯的一封信中明确阐明了他对移民问题的观点："关于移民，我认为除有用的技术工人和一些特定以及有专长的人以外，其他无须鼓励。整批的移民（我是指整批安置在一处）是否有利，作为一种政策是否合适，大可怀疑。因为迁移后，他们仍保留自己的语言、习惯、准则（或好或坏），但如与我们的人民杂居，他们及其后代将为我们的习惯、准则、法律所同化，简言之，很快即可成为一个民族。"②

1789年法国大革命以后，一大批法国人来到美国，包括自称为"世界公民的学者与绅士"和一些法国的雅各宾党人，还有1789年参与爱尔兰反抗英国统治失败的难民。这些人到达美国以后，积极地参与美国的政治活动。在当时执政的联邦党人看来，他们对美国社会形成了一种严重的威胁，因此必须用法律加以严惩。1798年，联邦党人执政的联邦政府就连续制定了《归化法》《国籍法》《处置敌对外侨法》《处理煽动叛乱法》多项

---

① Maldwyn A. Johes, American Immigration, Chicago, 1960, P79.
② 《华盛顿选集》，商务印书馆1983年版，第246页。

驱逐外侨、限制移民的法律。而后来担任美国第四届、第五届总统的民主共和党的领袖杰斐逊，对移民也持一种特别谨慎的态度，他担心的是欧洲移民可能会带来与美国政治制度不相容的专制主义的影响。①

在是否接受外来移民的问题上，汉密尔顿比美国当时的其他领导人有着更长远的眼光。他很早就主张要积极地吸引大批的移民来美国，并且充分认识到移民对于美国未来发展的重大意义。在《关于制造业的报告》中，汉密尔顿明确指出："打开每一条可能的外来移民之路，是美国利益之所在……扩大制造业将成为鼓励外国移民的最大动力。""移民不仅是扩充人口的重要来源，也可为国家提供有用的和充沛的劳动力。同样，对于发展制造业来说，也避免了与农业争夺劳动力、甚至也许可以成为对农业人口外流现象的一种补偿。"② 汉密尔顿的这种远见卓识，对美国联邦政府早期的移民政策产生了一定的影响，但当时美国所吸收的移民数量还是非常的少。

大约从 1830 年开始，国外移民逐渐成为美国人口增长的主要因素。1800—1810 年，美国人口增长的 96% 是来自人口的自然增长。而在 1850—1860 年的十年中，人口自然增长的比例下降到了 65.3%。在 1820 年，到达美国的国外移民只有 8 385 名。从 19 世纪 50 年代开始，来到美国的移民数量急剧增加，1850 年为 369 980 人，1855 年为 220 877 人，1860 年为 153 640 人，最高峰的 1854 年甚至达到了 427 833 人。③ 美国联邦政府所颁布的一系列土地法令特别是 1841 年的土地法令，对于国外移民来到美国有着巨大的吸引力，谁都希望能够拥有自己的一块土地（参见本章第三节）。随着 19 世纪 50 年代大量移民的涌入，使得 1820—1860 年来到美国的移民总人数达到了 500 万人。④

伴随着领土的迅速扩张，美国逐渐变成了一个国土辽阔但人口相对稀少的国家。1860 年，美国的国土面积超过了 770 万平方公里，但是其人口却只有 3 144.3 万。在美国，大量的闲置土地（特别是西部）都在等待着

---

① 邓蜀生：《美国移民政策的演变及动因》，《历史研究》，1989 年第 3 期。
② Robert Birely ed., Speeches and Documents in American History, Vol 1 (1776 – 1815), Oxford University Press, 1951, P181 – 182.
③ 吉·菲特、吉·里斯［美］：《美国经济史》，辽宁人民出版社 1981 年版，第 178 – 179 页。
④ 田方等编：《国外人口迁移》，知识出版社 1986 年出版，第 150 页。

劳动力去开发。与此同时，美国工业的迅速发展对劳动力的需求也进一步增大。南北战争爆发以后，大量青壮年应征入伍，大批的劳动力要从事军事工业，加上外来移民的急剧下降，导致矿业、钢铁冶炼、铁路等部门的劳动力短缺问题变得日益严重。当时，伊利诺伊州的煤矿主甚至直接向林肯总统发出呼吁，希望美国驻欧领事馆加紧招募比利时等国矿工移民美国。

面对劳动力的严重短缺，美国政府实施了吸引国外移民的一系列的有力措施。1862年5月20日，联邦政府颁布了著名的《宅地法》，其中明确规定：符合入籍条件的外国移民只要交10美元的登记费就可获得160英亩的土地，耕种5年后即归其所有。《宅地法》就像一块巨大的磁石，对那些渴望获得土地的外国人产生了巨大的吸引力。1864年，美国国会通过了《鼓励移民法》，制定了一些鼓励外国移民定居美国的条款，例如刚来美国尚未加入美国国籍者不能被强制服兵役。同时，联邦政府还成立了一个专管移民事务的移民局。在南北战争结束后，联邦政府还颁布了一些鼓励外国移民来美定居的土地法。例如，1873年的《木材种植法》规定：在宅地上安家的人可以另外申请160英亩地，如果4年之内在其中的40英亩种植了树木，那么160英亩地就归其所有了。实际上，这就是对《宅地法》的进一步放宽。1877年的《荒芜土地法》允许人们可以在大平原上临时拥有640英亩土地，每英亩先付25美分，只需要在3年内灌溉一定数量的土地，然后每英亩再支付地价1美元，就可以完全拥有这一大块土地了。

联邦政府鼓励外国移民移居美国的政策很快收到了效果。在1861—1910年，迁入美国的外国移民大约有2 300万，其中大部分来自欧洲。在这些移民中，男性的比例占到了60%，其中15—40岁的青壮年的占比达到了60%—70%。① 而且，在这些移民当中，有相当一部分是技术人员或者熟练工人。据统计，在1820—1860年的外来移民中，有技术工人87.2万人、手工业者40.7万人、矿工3.4万人、纺织工人1.15万人。② 迁居美国的大量移民，不仅满足了美国国内工、农业对劳动力的迅速增长的需求，而且还为美国带来了先进的技术和更大的活力，同时还进一步扩大了

---

① 李太斗："南北战争后美国经济跃进之剖析"，《湖北大学学报》，1986年第2期。
② 谢沃斯基、扬诺夫［苏］编：《美国近代史纲》，三联书店1977年版，第351页。

美国的国内市场规模。对于广大移民为美国的崛起所作出的贡献，马克思是这样评价的："正是欧洲移民，使北美能够进行大规模的农业生产，这种农业生产的竞争震撼着欧洲大小土地所有制的根基。此外，这种移民还使美国能够以巨大的力量和规模开发其丰富的工业资源，以至于很快就会摧毁西欧特别是英国迄今为止的工业垄断地位。这两种情况，对美国本身也起着革命作用。作为整个政治制度基础的农场主的中小型地产，正逐渐被大农场的竞争所征服；同时，在各工业区，人数众多的无产阶级和神话般的资本积聚开始发展起来。"①

总而言之，美国联邦政府自18世纪80年代开始，就不断颁布一些土地法令（这些法令基本上是有利于吸引国外移民的），在南北战争爆发以后更是采取了一系列强有力的措施（如《宅地法》的颁布）鼓励国外移民来到美国。据统计，在1820～1910年，美国大约吸收了2 800万的国外移民，极大地充实和改善了美国的人力资源状况，为其经济发展和国家崛起作出了重要的贡献。

需要说明的是，美国政府自1882年开始采取了限制移民的政策。由于篇幅有限，这里我们就不详加论述了。

## 二、政府对教育和科技事业的支持

教育对一个国家经济发展和社会进步的重要性，美国早期的一些领导人还是有着非常清醒认识的。美国总统杰斐逊曾这样写道："如果人类的生活如我们所希望和相信的那样应该一步一步地改善的话，教育应该是达到这个目的的主要手段。"② 他还说："除了教育以外，任何东西都不能促进一个国家的繁荣、强大和幸福。"③ 到了晚年，杰斐逊几乎把全部的心血倾注在创办弗吉尼亚大学上。他不仅亲自过问建校过程中的每项实际工作，还到英国牛津大学、剑桥大学和爱丁堡大学网罗一流的教授来校任教。在弗吉尼亚大学建成后，杰斐逊曾感慨地说："当我为革新公共教育

---

① 《马克思恩格斯选集》第1卷，人民出版社1972年版，第230页。
② 刘祚昌："杰斐逊与美国现代化"，《历史研究》，1994年第2期。
③ 刘祚昌："杰斐逊与美国现代化"，《历史研究》，1994年第2期。

而努力的时候,我是在履行一个医生的可厌的职责:向一个意识不到必须吃药的病人的咽喉中灌药。"① 美国总统麦迪逊卸任后也参加了1819年弗吉尼亚大学的创建,后来还担任了该校的校长。第二十五届、第二十七届总统克利夫兰在卸任以后也担任了普林斯顿大学的教师和董事,直至去世。

事实上,对教育的支持不仅来自个别领导人,整个美国政府历来都重视发展教育事业。早在邦联时期,邦联政府就曾经制定条例、规划学区,为发展公办教育而拨付土地作为办学的基金,并且鼓励私人和教会创办学校。联邦政府成立以后,更是大力地支持各个州兴办教育,从而使美国的教育事业有了较大的发展。到南北战争之前,美国的大学由开始的24所增加到了246所(不包括分校),并且还设立了研究生院(1858年)。② 但是,此时的私立高校数量远多于公立高校,而且其教学和科研水平也远远超出公立高校。为了鼓励促进公办学校的发展,美国国会于1862年通过了《莫里尔赠地学院法》。《莫里尔赠地学院法》规定:从联邦公有土地中,按国会中各州众、参议员的席位,每席分配3万英亩土地,由各州政府拍卖筹集资金,兴办至少一所设有农业和机械技术课程的学院。据估计,这类赠地学院(后来统统成为州立大学)到1872年猛增至70所,1880年达到85所。③ 1890年,国会又通过了《第二个莫里尔法》,在南方设立了17所为黑人开办的农业和机械技术学院。高等教育的迅速发展培养出了大批的高级人才,到1900年美国已有45 000名工程师,当年在校大学生达23万多人,全国平均每万名人口中大学生数量有31.4个大学生,而德国每万名人口中大学生数量为8.3个,法国为7.6个,英国只有6个。④ 同时,初、中等教育也迅速发展。1870年,有650万名5—16岁的儿童就读公立学校接受义务教育,到了1880年就激增到1 550万,就学率达72%。⑤

---

① 刘祚昌:"杰斐逊与美国现代化",《历史研究》,1994年第2期。
② 戴志先:"十九世纪的美国工业革命",《湖南师院学报》,1981年第1期。
③ 《美国经济历史经验百科小丛书》第1卷《科学、技术、能源》,中国对外翻译出版公司1986年版,第8页。
④ 戴志先:"十九世纪美国的工业革命",《湖南师院学报》,1981年第1期。
⑤ 卢瑟·利德基:《美国特性探索》,中国社会科学出版社1991年版,第266页。

1880年，全美公立中学共有约160所，到19世纪末却达到6 000多所。①另外，为满足工商业发展对职业劳动者的需求，从19世纪70年代开始，美国相继设立了工业、农业、商业等中等专业技术学校，从而促进了美国职业教育的发展。

在积极支持教育事业发展的同时，美国联邦政府还非常重视促进科学技术的进步。杰斐逊总统曾亲自担任美国哲学学会主席（1797—1815年），他倡导科学研究，注重科学实验，还在公务之余积极从事创造发明活动。在杰斐逊的影响下，美国科学工作者创办科学技术杂志，介绍国外的科研动态，并且推广工业技术知识。1840年，联邦政府将1816年创建的哥伦比亚鼓励艺术和科学研究所改组为国家"鼓励科学研究所"，开政府直接干预科学研究之先河。为进一步推动科学研究和完成政府批准的研究项目、实验项目，1863年成立了美国国家科学院。

联邦政府极为重视保护发明者的知识产权。1787年《美国宪法》第一条第八款明确规定，"为促进科学与工艺的进步，给予作家和发明家保证其作品和发明在限定期限内的专利权"。1790年美国国会通过了第一部专利法，确立了较为完备的专利制度。1870年，联邦政府又对专利法作了进一步的修改补充和完善，进一步扩大了专利权。更加完善的专利制度，大大激发了人们从事科学研究和发明创造的积极性，从而使更多的科学技术转变为生产力，加快了经济发展和国家崛起的进程。在19世纪后期，仅12 000项农业发明专利就使农业生产从备耕到收获的每个环节都实现了机械化或半机械化，②而全国近70万件各种专利的问世，更是有力地推动了美国的经济发展和崛起进程。

联邦政府还通过立法的手段来促进美国科技事业的发展。1862年的《莫里尔赠地学院法》不仅促进了教育发展，而且推动了美国农业科技的进步。1887年美国国会又颁布了《哈奇法》，规定每年拨给各州（包括相当于州的区）15 000美元，在各州建立农业实验站，进行因地制宜的农业科学研究与推广，并为各县配备农业技术推广人员。到1893年，美国全国的农业实验站已达56个，后来发展到66个。农业实验站的成立，不仅促

---

① Glenn Porter, Encyclopedia of American Economic History, Vol 3., New York, 1980, P1022.
② 张友伦等：《美国历史上的社会运动和政府改革》，天津教育出版社1990年版，第58页。

进了美国农业科学技术的进步，而且使美国农业产值迅速提高。

为促进科技的发展和进步，美国联邦政府极为重视从国外吸引科技人才和先进技术。美国的移民法中设有专门的条款，就是为那些有意愿移民美国的科技专家提供便利。同时，联邦政府颁布的专利法和版权法，对于那些拥有科学技术的知识性移民也具有强大的吸引力。另外，对于有实力的科技人才，美国联邦政府甚至会给予资金的援助，例如，天才惠特尼在引进标准化生产的过程中，就曾经获得了联邦政府的大量贷款。而标准化生产的引进，极大地推进了美国的工业化和国家崛起的进程。

正是得益于美国联邦政府的大力支持，19世纪的美国"才可以毫无愧色地说，它拥有了世界上第一流的科学技术和教育。"[①]

## 第六节 本章小结

美国作为一个历史很短的移民国家，能够由一个落后的农业国实现迅速崛起，并且超越英国而一举成为世界第一经济强国，这在很大程度上应归功于美国联邦政府。本章从五个方面论述了美国政府的作用，这五个方面体现了联邦政府对美国经济发展作出的主要贡献。

第一，1787年通过的《美国宪法》和1789年根据这一宪法成立的联邦政府，是美国历史上最伟大的制度创新。从此，一个长期稳定的、强有力却不专制的中央政府取代了以前松散的、软弱无力的邦联政府。在这以后的一个多世纪中，除南北战争以外，联邦政府保证了美国始终处于一种政治、社会高度稳定的状态，这就为美国的长期经济发展提供了很好的社会环境。而联邦政府之所以能成功地做到这一点，是因为它本身就是一种非常合理的制度安排：一方面，《美国宪法》赋予了它极高的权威性和较大的灵活性；另一方面，联邦政府本身的三权分立以及联邦政府与州政府、人民的分权不仅防止了专制权力的产生，而且有助于维护联邦政府的长期稳定和延续。同时，作为第一位美国总统，华盛顿将这一重大制度创新的构想变成了现实。他不仅成功地组建了美国历史上的第一个联邦政

---

① 张友伦等：《美国工业革命》，天津人民出版社1981年版，第85页。

府，而且始终坚持《美国宪法》的原则，从而为后来联邦政府的演变开创了一种正确的制度"路径"。正如本书第一章中提到的，宪法和政府是一个国家最根本性的和最重要的制度安排，因为它们决定了国家的经济、社会发展方向。就美国而言，《美国宪法》和联邦政府的成立为美国的长期经济发展提供了重要的制度前提和保证，并成为美国迈向现代化的起点。同时，美国作为大国首次成功地实行了民主共和制也是西方国家历史上一次重要的制度创新。

第二，汉密尔顿和杰斐逊关于建国道路的争论对于美国后来的经济发展产生了极为深刻的影响。对于当时刚成立的美国来说，是走汉密尔顿主张的"工商立国"道路，还是按照杰斐逊的观点把美国建成一个农业大国，是一个决定其前途和命运的重大问题。我们在前面说过，一个国家一旦选择了某种发展方向，则这种发展方向在后来的发展过程中会得到自我强化，也就是说，选择不同的发展道路必然导致截然不同的发展结果。这就是所谓的经济发展的"路径依赖"。所幸的是，最初的联邦政府选择了工业化的道路，否则的话，美国很可能成为一个农业大国，而不是发达的工业国家。在联邦政府的初期，通过实施汉密尔顿的财政政策，美国建立了较为完善的财政制度，并且通过金融改革大大地促进了银行、证券市场以及股份公司的发展。这就为美国市场经济的形成和后来的长期经济发展提供了很好的制度基础。杰斐逊的"农业立国"的主张虽然不太合时代的潮流，但他对农业的强调和支持有力地促进了美国农业的发展。而且，杰斐逊在1801年成为总统以后，尽管一直反对汉密尔顿的主张，但他还是基本上采取了促进工商业发展的政策。对此，他曾说过："在政府成立之初，曾有可能使之在正确原则基础上开始运行。然而，半为英国的半为汉密尔顿创造的契约毁灭了最初的希望。我们能够在15年内偿还他的债务，却永远摆脱不了他的财政金融制度。"① 这说明杰斐逊已经认识到汉密尔顿建立的财政金融制度是美国实现工业化所必需的，尽管他内心里很不喜欢这些制度。同时，杰斐逊的话也证明了我们在前面论述的一种理论观点，即制度也像经济发展一样，具有"路径依赖"的特点。所以说，选择工业化的发展道路，并建立起较为完善的财政金融制度是联邦政府为美国长期经济

---

① Merill Peterson, Thomas Jefferson and the New Nation, New York, 1928, P700.

发展作出的又一重大贡献。

第三，联邦政府为美国国内统一市场的形式和扩大作出了重要的贡献。一方面，联邦政府实行领土扩张政策，使美国的国土面积迅速扩大，拥有了极为丰富的资源，而且极大地拓展了美国的发展空间；另一方面，联邦政府推动的西进运动和对铁路建设的大力支持，有力地促进了美国国内统一市场的形成和迅速扩展。在这一过程中，除了在领土扩张方面以外，联邦政府并没有进行更多的直接干预，而是通过制定一些法律（如《宅地法》）和政策，来促进国内统一市场的形成、经济的发展和国家的崛起。在20世纪以前，联邦政府在美国国内基本上实行的是"自由放任"的经济政策，即鼓励市场的自由竞争而不是直接进行干预。美国正是通过这种自由资本主义市场经济的发展而成为世界第一经济大国的，而联邦政府的作用则是促进市场的不断完善和保证市场的有序运行以及弥补市场的不足（如对铁路的支持）。这样，美国的发展经验就支持了我们在本书第一章中提出的关于经济发展过程中政府与市场关系的观点：政府不应是经济发展的直接提供者，而应是市场的合作者和促进者；政府的作用不是代替市场，而是补充市场；政府应该建立支持而不是反对市场的制度。

第四，与美国国内实行的"自由放任"政策完全不同的是，美国政府从建国开始到19世纪末基本上实行的都是保护关税的对外贸易政策。这与斯密和李嘉图等人主张的"自由贸易"政策背道而驰，但与李斯特的贸易保护理论是完全一致的。事实上，李斯特的很多经济思想是他在侨居美国期间（1825—1832年）形成的。熊彼特认为，李斯特的贸易保护理论显然是受了汉密尔顿的影响。① 如前所述，汉密尔顿在1791年向国会提交的《关于制造业的报告》中就曾经指出，由于制造业国在技术、资金、市场方面都具有优势，因而落后的农业国要想发展制造业就必须依靠政府的保护，并提出了11条保护制造业的措施，其中就将征收保护关税作为首条措施。尽管汉密尔顿并不是经济理论家，但他实行保护关税的主张却一直被后来的各届政府所奉行。长期的保护关税政策对美国工业体系的形成、发展和国家崛起都起到了非常重要的作用。

第五，联邦政府对美国经济发展的一个重要贡献就是对人力资本积累

---

① Joseph Alois Schumpeter, History of Economic Analysis, Oxford University Press, 1986, P505.

和科学技术进步的大力支持。联邦政府不仅通过领土扩张为美国"争"得了大量的物质资本（土地和自然资源当然可以看作是经济发展所必需的物质资本），而且通过吸收大批较高素质的移民并支持教育的发展使美国的人力资源条件大大提高。同时，联邦政府在促进科技进步方面也发挥了重要作用，这样，联邦政府就为美国的经济发展创造了很好的人力、物力和技术条件。

# 第四章 创造发展"奇迹"的日本政府

在"明治维新"以前的江户时代,德川幕府(又称"江户幕府")长期实行"锁国政策",致使日本的经济发展极为缓慢。据统计,1820—1870年日本人均GDP的年均复合增长率仅为0.10%,而美国和英国分别为1.30%和1.25%。① 因此,日本直到明治维新初期一直是一个非常落后的农业国,根本无法与英、美这样的先进国家相比。在1870年,英国的GDP为993.18亿美元,美国为981.29亿美元,而日本只有255.05亿美元;同年,英国的人均GDP为3 164美元,美国为2 459美元,日本仅为741美元。从就业结构来看,在1870年,英国从事农林渔业的劳动力占总就业人数的比例为22.7%,美国为50.0%,而日本却高达70.1%。另外,当时日本劳动力的素质和劳动生产率也远远落后于英、美两国。在1870年,英国就业者人均受教育年数为4.44年,美国为3.92年,日本则仅为1.50年;同年,英国就业者每工作小时GDP为2.64美元,美国为2.30美元,而日本仅有0.46美元。最后,由于长期实行锁国政策,日本的出口也极其落后。以1870年为例,英国的商品出口总额为122.37亿美元,美国为24.95亿美元,而日本则仅仅只有5 100万美元。② 由此可见,与当时经济发达的英、美两国相比,日本是多么的落后。

自明治维新开始,在明治政府强有力的领导下,日本经济出现了较高速度的增长。到了1936年,日本的GDP增加到了1 515.14亿美元,大大缩小了与英国的差距(英国的GDP为2 912.97亿美元),但仍远远落后于美国的7 992.59亿美元。但是,由日本军国主义政府发动的侵华战争和太平洋战争最终给日本经济以致命的打击。到了1945年,日本的GDP一下

---

① 麦迪森:《世界经济二百年回顾》,改革出版社1997年版,第174页。
② 麦迪森:《世界经济二百年回顾》,改革出版社1997年版,第172–173页。

子降到了 987.11 亿美元，相当于退回到了 1919 年的水平（971.26 亿美元），而英国 1945 年的 GDP 却增加到了 3 313.47 亿美元，美国更是猛增至 16 466.90 亿美元。也就是说，在第二次世界大战结束时，日本的 GDP 只相当于英国的 30%、美国的 6%。同年，日本的人均 GDP 也由战前 1936 年的 2 159 美元下降到了 1 295 美元，分别相当于英国（6 737 美元）的 19.2% 和美国（11 722 美元）的 10.7%。[1]

第二次世界大战结束以后，日本经济迅速恢复，并且取得了长期的高速增长。1950—1973 年，美国和英国的 GDP 年均复合增长率分别为 3.92% 和 3.00%，而日本则高达 9.25%。[2] 到了 1973 年，日本的 GDP 已达到了 11 971.52 亿美元，远远超过了英国（6 740.61 亿美元），成为仅次于美国和苏联的世界第三经济大国。同时，日本还在很多方面超过了英国：1973 年日本的就业者人均受教育年数为 12.09 年，而英国为 11.66 年；同年日本的商品出口总额为 951.05 亿美元，超过了英国的 946.70 亿美元。此时的日本已经成为一个现代化的工业强国，其农林渔业、工业和服务业的就业占比分别为 13.4%、37.2% 和 49.4%。[3]

在日本自明治维新开始迅速崛起，接着走向侵略战争并自食其果，后来又重新实现高速增长并成为世界经济强国的过程中，日本政府始终发挥了至关重要的作用。下面，我们就从明治维新开始论述日本政府在长期经济发展过程中的作用。

## 第一节　明治政府：现代发展的启动者

### 一、明治时代的开始

从 1633 年开始，德川幕府就实行了"锁国政策"，即禁止对外交通和

---

[1] 麦迪森：《世界经济二百年回顾》，改革出版社 1997 年版，第 126、137 页。
[2] 麦迪森：《世界经济二百年回顾》，改革出版社 1997 年版，第 174 页。
[3] 麦迪森：《世界经济二百年回顾》，改革出版社 1997 年版，第 172－173 页。

贸易。1854年，在美国坚船利炮的威胁之下，日本被迫重新打开国门。德川幕府相继同美、英、法、俄等国签订了多项不平等条约，从而导致日本国内的民族矛盾和阶级矛盾进一步激化。此后，日本不断出现农民起义和市民暴动，反对幕府统治和外国侵略、要求实行改革的"尊王攘夷""尊王倒幕"的运动迅速展开。1866年，萨摩、长州两藩在资产阶级化的下级武士领导下结成联盟，展开倒幕运动。1867年11月，幕府将军德川庆喜被迫还政于天皇（奉还大政），但仍然企图保留实权。1868年1月，倒幕派发动了政变，天皇发布"王政复古大命令"，宣布废除幕府。在京都，倒幕军击败了幕府军，不久又攻占了江户（今东京），彻底推翻了德川幕府。掌握了全国政权的睦仁天皇，宣布改元明治。

新成立的明治政府实行了重大的政治体制变革。首先是1869年实行了"奉还版籍"，把"藩王"变成了"藩知事"（地方官员），接着在1871年又开始实行"废藩置县"，从而摧毁了所有的封建政权，结束了封建割据的局面。通过这些变革，明治政府完全把持了国家的兵马和租税大权，实现了集政、军、财三权于一身的维新目标。

与此同时，明治政府还推出了一系列的改革措施，主要包括：（1）1868年废止关卡，允许个人自由移居；（2）1869年1月，允许农民及市民拥有土地，奠定了私有财产制度的基础；（3）1869年7月，废止士农工商的身份差别，允许平民拥有姓氏；（4）1871年10月，允许农民自由选择种植作物的种类；（5）1871—1872年，解散商业、工业方面的垄断性同业组合；（6）1872年，废除土地买卖的禁令；（7）1872年10月，废除对农民的旧规制，如进行米的买卖等制约和身份制，允许商业经营。[①] 这样，明治政府就为日本资本主义市场经济的形成创造了较好的制度条件。

## 二、岩仓使团

为了能够尽快地脱亚入欧，明治政府决定全面向西方学习。明治政府不仅派出了大批的官员和留学生赴西方国家学习，而且大量招聘外国专家

---

① 逄金玉："日本市场经济建立的历史"，《中国社会科学院研究生院学报》，1996年第4期。

和技术人员来日本工作，以便更好地汲取西方的成功经验。1869 年，担任明治政府政治顾问的美籍传教士弗贝克向明治政府提出了组团巡视欧美考察西欧文明的建议。为适应国内新的形势的需要，明治政府的一些重要首脑人物如岩仓具视、木户孝允、大久保利通等都表示要出国考察学习。1871 年 8 月，日本废藩置县以后，国内出现的新局面更迫切地要求全面学习和移植西方资本主义制度。因此，原计划组织一个小规模的使节团变成了一个庞大的使节团，网罗了一大批明治政府的高官。1871 年 11 月，自横滨出港的使节团以岩仓具视为特命全权大使，木户孝允、大久保利通、伊藤博文、山口尚之为副使，共有政府要员 50 多人和留学生 50 多人参加，使节团所要考察的国家有美国、英国、法国、德国、俄国、意大利等共计 15 个之多。使节团于 1873 年 9 月归国，历时近两年。[①]

通过近两年的考察，岩仓使团的成员们对西方资本主义国家有了更全面的了解和更深刻的体会，也为日本应选择一条什么样的发展道路提供了一些新的思想认识。大体而言，苍岩使团所获得的新认识包括这样几个方面：第一，"富国"是治国之本，而要实现国家富强的根本途径是大力发展工商业；第二，日本的政治体制急需改革，应当健全法制，并实行集权主义统治；第三，要想从根本上改变日本的落后面貌，不仅要实行经济和政治方面的改革，还要移风易俗，改革教育；第四，只有国力充实，才能保证国家的独立和发展。[②] 这些认识对于日本的殖产兴业政策、政府政体的形成以及教育的发展都产生了深刻的影响。

事实上，岩仓使团对日本近代发展的最为重要的和现实的影响是它促进了日本的"内治优先"基本国策的确立。在明治维新初期，政府就提出了"富国强兵""殖产兴业""文明开化"三大口号。但是，就当时日本的情况而言，"强兵"与"富国""殖产兴业"之间存在着难以调和的矛盾。在岩仓使团出国考察期间，留守政府没有遵守使团出国时双方订立的"其间尽可能不作新的改革"的约定，制定并颁布了新的征兵、教育和地税制度，等等。应该说，这些改革措施还是适应了废藩置县以后日本资本主义要求进一步发展的趋势，但是，留守政府对于经济发展不太重视，不

---

① 李文："明治时期日本官僚集团的自我更新"，《日本学刊》，1998 年第 2 期。
② 孙承："岩仓使团与日本近代化"，《历史研究》，1983 年第 6 期。

仅未能推出较为适宜的经济政策，反而强制实行了一些不适当的措施，使人民力不能堪。结果，各地接连发生起义，再加上士族中对政府的不满情绪日益强烈，使新政府的统治出现了危机。在这种情况下，留守政府中以西乡隆盛为首的一批官员主张立即出兵征韩，以转移士族阶层对政府改革的不满，并由此提高士族的政治地位。对于这一主张，从西方考察归来的岩仓具视等人坚决反对。他们根据在国外所获得的知识和对国内外形势的判断，提出应当优先搞好内政的意见，即所谓的"内治优先"论。连以前强烈鼓吹征韩论的木户孝允在考察归国后也一变而力主内治优先，即日本应当通过节俭理财增强国力，暂缓外征。大久保利通则在认真分析了国内外的形势以后，提出了反对征韩的七条理由：（1）新政府基础尚未确立，自1871年以来各地骚乱不断发生；（2）政府财政困难，债台高筑；（3）新政府的改革事业尚未成功，恐因战争而中途而废；（4）征韩将使进出口不平衡加剧；（5）征韩将使觊觎日本已久的俄国乘虚南下；（6）恐使日本的主要债权国英国进而操纵日本内政；（7）方今之急是修改不平等条约，恢复国家的独立。① 当然，"内治优先"论者决非和平主义者，他们都怀有侵略他国的野心，只是考虑到国内的政治、经济条件尚不完备才反对征韩的。事实上，日本政府在1874年就出兵侵占了我国的宝岛台湾。

关于是否出兵征韩的争论，最终导致了明治6年10月的政变：以西乡隆盛为首的主张征韩的一批官员被迫退出了政府，而"内治优先"论者（主要是岩仓使团的成员）掌握了政权。这样，在明治政府中就形成了以大久保利通为实际领袖，旨在按照西方模式发展资本主义的领导核心。

在取得政权以后，"内治优先"论者立即进行了一场重要的制度创新，即设置了由大久保利通担任内务卿的内务省。内务省的主要职责是维护国内治安和保护民间产业发展，这实际上就是承担了明治政府推行集权化措施和发展资本主义的重大任务。与此同时，大久保利通还任用了留守政府中最有资本主义经验的实务官僚，并由同是主张内治优先的大隈重信和在出使期间与自己意见相同的伊藤博文分掌大藏和工部二省。这样，内务、大藏、工部三省联成一体，在明治政府中占据了主导地位，形成了大久保利通政权的核心。这就为贯彻"内治优先"的原则、实行殖产兴业政策提

---

① 孙承："岩仓使团与日本近代化"，《历史研究》，1983年第6期。

供了强有力的制度保证。

1877年，不满于明治政府的反动士族谋反，推举西乡隆盛为首领，发动了西南战争。在明治政府的武力镇压下，反动士族很快被消灭，西乡隆盛被迫自杀。同年，强烈主张抑制独裁政治，实行宪政的木户孝允也因病去世。这样，反对大久保利通一派的两个主要政治力量就同时消失了，从而为大久保利通政府实行集权统治并以此实现"自上而下的工业化"路线提供了政治保证。从此，通过发展工业来建设一个强大国家的理念就在明治政府中牢固地树立起来了。就连一贯要求在政府预算中首先照顾己方要求的陆军省，也在1878年的预算要求报告中这样写道："至于内务、工部两省劝励农工商业，或又如电信、铁道等事业动工，创立之际一时需要许多款额，但唯数年之后可期待有偿却之法……独陆军之费用全然相反，恰如往水火之中投入一般，纵令经过几多年月亦无丝毫偿却之理。"[①] 可见，在"强兵"与"殖产兴业"之间，甚至连陆军省都已经承认了后者的优先地位。

## 三、明治政府的自我完善

明治政府之所以能够领导日本走向现代化，主要是因为它本身是一个强有力的政府，而且始终在不断地自我完善。

首先，明治政府的士族领导集团是一个年轻而充满活力、富有较强领导能力且锐意进取的集体。这个集团的骨干分子大多很年轻，如大久保利通、山县有朋、大隈重信、伊藤博文等人在担当重任时大都在30—40岁，因此他们很少有保守思想，富有青春活力。同时，他们中的许多人都具有在藩厅中从政的经历，具有较强的管理能力，另一些人则曾出国留学，掌握了西方的先进知识。他们的勇气和才能在倒幕运动中得到了历练，积累了更多的经验，并树立起了自己的威望。而且，作为出身于职业军人的领袖，他们更加深刻地认识到，在西方列强对殖民地展开激烈争夺的时代，如果不能进行脱胎换骨般的自我改造和奋发图强，日本就很有可能沦落为西方列强的殖民地。因此，他们很少受传统旧观念的束缚，坚决反对世袭

---

① 周颂伦："近代日本的立国理论"，《世界史》，1993年第6期。

门阀制度，重视知识和才能，并且勇于进行改革和创新。正是由于有了这样一个富有进取精神的强有力的领导核心，明治政府才能够有计划、有步骤地制定和实施各种推动日本经济发展的政策，并且创设各种适应新形势的制度。同时，需要指出的是，这个以军人为主体的领导核心也是一个十足的功利主义者和霸权主义者，迅速由攘夷论者转变为开国论者和对外侵略扩张等事实都充分地说明了这一点。

其次，明治政府善于向先进的西方国家学习。前面提到的岩仓使团就是一个突出的例子。在明治时代，大辅以上的政府高级官员半数以上有亲身周游欧美的经历。同时，为"求知识于世界"，士族领导集团还通过支付高薪为政府各部门聘用大批外国专家（仅 1874 年就聘用了 523 名）。如工部省聘请的负责铁道事业的专家柯根尔（W. W. Cyrgull）的月薪高达 2 000 日元，另一名负责铁路事业的专家博伊尔（R. V. Boyle）的月薪为 1 250 日元，大藏省造币局雇用的金德（T. W. Kinder）的月薪为 1 045 日元，月薪在 800 日元以上的外国专家比比皆是。而当时明治政府中太政大臣三条实美的月薪才为 800 日元，右大臣岩仓具视的月薪仅为 600 日元。①

再次，明治政府较好地团结了各种政治力量。明治政府建立以后，其领导核心集团非常注意避免再度激化同原与维新政府为敌的各种势力之间的矛盾，并努力把他们转化为建设国家的力量。因此，明治政府任用了大批原来的幕府官员。例如，在明治 7 年，就任于大藏省的官员共 94 人，其中幕府官吏出身的就有 32 人。甚至一些曾与明治政府长期对抗的幕府重臣也得到重用。② 这样，明治政府通过任用原"朝敌"中的有用人才不仅增强了其行政管理能力，而且提高了政治威望和社会号召力，从而能够调动社会的全部力量来促进国家的经济发展。

最后，明治政府能够按照"量才用人"的原则吸收大批的优秀人才。大久保利通在其执政期间就非常注意把通晓"洋学"和在地方改革方面卓有成效的官员提拔到中央政府里来。因此，一大批具有近代资产阶级思想、长于实际业务的学者、技术官僚和军事官僚在明治政府中担任了重要职务，从而使明治政府中官员的构成发生了有利于进一步改革的明显变

---

① 李文："明治时期日本官僚集团的自我更新"，《日本学刊》，1998 年第 2 期。
② 李文："明治时期日本官僚集团的自我更新"，《日本学刊》，1998 年第 2 期。

化，因而更能胜任日本这一历史转折时期的重任。同时，明治政府非常注重动用年轻的优秀人才。1887—1893 年，东京帝国大学的毕业生无须通过考试便会被政府主动录用，且就任伊始月薪就高达 450—600 日元，在当时仅稍低于参议和卿的月薪（约 500—800 日元）。在明治 26 年（1893 年），明治政府颁布了"文官任用令"，宣布自明治 27 年开始实施"高等文官考试制度"。从此，在新官员录用方面，能力主义的标准成为一种正式的制度安排，从而使有才华的平民子弟在通过发奋努力取得官职方面真正获得了与华族、士族同等的机会。高等文官考试制度的实施，使明治政府的官员结构发生了两项重大变化：一是平民出身的官员人数迅速增加。统计资料表明，明治 27 年共有 6 名应试者通过了高文考试，其中士族 2 人、平民 4 人；明治 44 年共有 139 人通过了考试，其中华族、士族 44 人，占 31.7%，平民 95 人，占 68.3%。高根正昭的研究表明，在日本近代的政治精英群体中，1860 年平民出身者占比为 0，1890 年为 23%，1920 年则达到了 40%。二是受过大学教育、掌握西方知识的新式官员在政府中所占的比率快速上升。这样，通过实行高等文官考试制度，大批充满活力的优秀人才进入了明治政府，从而使明治政府能够持续拥有一支较高水平的、能够肩负起领导、推动日本经济发展重任的官员队伍。①

## 四、明治政体的形成

明治维新以后，日本建立了太政官制度。明治政府向国内外宣布："天下权力总归太政官，使政令无出二途之患。太政官权力分为立法、行政、司法三权，使之无偏重之患。"② 这似乎是对西方资产阶级政权中的三权分立政体的一种模仿，但事实上却并非如此。日本所谓的三权分立，始终都是停留在形式上的，几乎没有任何的实际意义。随着时间的推移，立法部门就变成了一个咨询机构，而行政权也就越来越朝着统治权的方向发展。但是，行政权的载体也不再像过去的天皇或者幕府将军那样，落实到某一个具体的个人身上，而是变成了一个群体，即一个称为"太正官"的

---

① 李文："明治时期日本官僚集团的自我更新"，《日本学刊》，1998 年第 2 期。
② 引自武寅："论明治宪法体制的内在结构"，《历史研究》，1996 年第 3 期。

组织机构。虽然在表面上"太政官"将统治权委以天皇，把太政官与天皇之间的关系称为辅弼与亲政的关系，但是他们内心非常清楚，维新的根本使命既不可能是真正的天皇专制方式，更不可能是天皇以外的其他任何个人的专制统治。因此，作为事实上的权力载体，太政官面临着施政规范化与结构合理化的问题。

在设置内务省以后，内治优先派便开始关注政府政体的改革问题。在应该建立什么样的政体问题上，明治政府内部出现了两种对立的主张。以大隈重信为首的一派，主张建立类似英国模式的相对民主的政府。而以岩仓具视、大久保利通、伊藤博文等岩仓使团主要成员为代表的一派，则主张建立较为专制的德国模式的政府。因为岩仓具视等人通过对西方国家政体考察以后认为，德国的模式比较符合日本的国情。当时，日本的自由民权运动日益高涨，大隈重信派则与之接近，准备筹划、组织统一的自由主义政党。这种局势给明治政府造成了极大的压力。为摆脱危局，岩仓具视等人利用天皇的权威发动了"明治十四年政变"，罢免了大隈重信一派成员的官职，并以诏书的形式宣布将以1890年为期召开国会，公布宪法。接着，在明治十五年（1882年），明治政府派伊藤博文赴欧洲考察各国宪法，实际上是以考察德国宪法为重点。1883年伊藤博文归国以后，明治政府进一步确定了要制订类似于《德意志帝国宪法》的宪法。

1889年2月，明治政府颁布了《明治宪法》。该宪法共7章76条，主要内容为：（1）日本帝国"由万世一系之天皇统治之"，天皇"总揽统治权"。（2）帝国议会分贵族院和众议院，贵族院由皇族、华族和敕选议员组成，众议院由公选议员组成；帝国议会拥有"协赞"立法权和预算审议权。（3）内阁由天皇任命的总理大臣和国务大臣组成，只对天皇负责，而不对议会负责；内阁拥有国家的最高行政权。（4）司法权以天皇名义由裁判所行使，裁判官非依刑法之宣告或惩戒之处分不能免职。（5）国民在法律允许的范围内，有言论、出版、集会、结社等自由，有服兵役和纳税的义务。①

从制度的角度来看，明治宪法可以说是一种多元的权力结构：一是天皇拥有绝对且无限的权威，并且拥有独立的对军队的统帅权，但其他的实

---

① 《西方七国辞典》（《日本卷》），湖北人民出版社1997年版，第847页。

际权力却很有限；二是内阁拥有最高的行政权，但它是由天皇任命并对天皇负责，同时在一定程度上受到帝国议会的制约；三是帝国议会尽管不是国家最高权力机关，但是可以通过行政立法权和预算审议权对内阁产生一定的影响，而内阁则可以通过命令议会暂停活动来对议会进行限制。①

《明治宪法》的这种纵横交错的权力制衡机制及其结构特点体现了制宪者对宪法的一个基本构想，即宪法能够随着形势的发展而进行自我调节。正如《明治宪法》的起草方针所表述的那样："宪法只涉及有关帝国政治的大纲目，其条文应该简单明了，并且能够顺应将来国运的发展而伸缩自如。"②

这样，《明治宪法》本身就具有一种自我矛盾的特征：一方面，其内容的核心是主权在君主义，出发点是实行集权政治；另一方面，它也确认了立宪主义和议会两院制体制，这就使政党内阁的产生和资产阶级民主运动的发展成为可能。《明治宪法》的这种制度安排对日本后来的政体演变产生了重大的影响。从此，民主与专制的斗争始终没有停息。1900 年政党内阁的出现、大正时代（1912—1926 年）的民主运动和 1924—1932 年的"宪政之常道"（即实现了多数党交替组阁的政党政治），就反映了当时日本社会对实现宪政和民主的强烈要求。但是，由于本身实行的是一种集权专制的统治，因而使得官僚专制的势力逐渐成为明治政府中的主要力量。同时，《明治宪法》所赋予天皇的至高无上的权威，也常常被专制势力用来作为镇压宪政和民主运动的有力武器。另外，非常重要的一点是，《明治宪法》规定了军事统帅权由天皇独立掌握，议会和内阁都不得干涉；相反，军部却有权掣肘内阁，因为内阁中的陆、海相必须由陆、海军推荐现役大、中将担任。这样的制度安排，就为后来日本法西斯主义的兴起并夺取政府权力埋下了隐患。

总的来说，《明治宪法》的制订是日本近代史上一次最为重要的制度变迁，它标志着明治政府的集权专制政体的形成。通过这种集权的专制统治，明治政府充分调动国内的各种资源，成功地实现了工业化和国家的崛起。但是，它所选择的"富国强兵"的发展路径以及发动的一系列非正义

---

① 武寅："论明治宪法体制的内在结构"，《历史研究》，1996 年第 3 期。
② 武寅："论明治宪法体制的内在结构"，《历史研究》，1996 年第 3 期。

战争（1874 年侵占中国台湾、1894 年发动"甲午战争"、1904—1905 年发起日俄战争），将日本引向了一条倾向于对外侵略的畸形的强国之路。特别值得人们深思的是，日本是按照德国的模式制订了《明治宪法》，并在第二次世界大战中与德国结成了法西斯同盟，而德国还是第一次世界大战的发起者。由此可见，宪法作为一个国家的根本性的制度安排，不仅会对该国的经济发展产生重大的影响，而且可能会影响到整个世界的发展进程。

## 第二节　明治政府的主要经济政策

### 一、"殖产兴业"政策

明治政府成立后，把殖产兴业作为发展经济、实现国家崛起的一项重要政策。为了更好地实行殖产兴业政策，明治政府于 1870 年设立了工部省。工部省的主要任务是"劝奖百工，并掌管采矿、制铁、灯塔、铁道、电讯等业务。"① 其重点放在由国家资本经营的与军事密切相关的重工业方面。

为了贯彻落实殖产兴业政策，民治政府推出了欢迎模范工厂制度。明治政府借鉴、移植了欧美的近代工厂制度，开始大规模的兴办官营模范工厂，希望能够带动国内资本和公众来兴办更多的现代工厂。经过近十年的努力，明治政府组建了一批对日本的国民经济具有战略意义的骨干企业。政府先后开发建设的矿山有佐渡金矿、生野银矿、釜石铁矿、阿仁铜矿、高岛煤矿和三池煤矿等。同时，在接管幕府和藩营工业的基础上，明治政府大力发展机器制造业、造船业和冶金业，组建了东京、大阪炮兵工厂和横须架、筑地海军工厂。另外，明治政府还大力发展纺织业，创办了富冈缫丝厂、千住织呢厂、新町纺织厂等。② 这些官营模范企业的组建，为日

---

① 守屋典郎［日］：《日本经济史》，三联书店 1963 年版，第 62 页。
② 车维汉："日本明治政府处理官营企业述论"，《日本研究》，1995 年第 4 期。

本的工业发展奠定了一定的基础，同时在一定程度上引进和传播了先进的科学技术，并且为民间创办近代企业提供了样板。

但是，随着时间的推移，这些官营企业日益显示出种种弊端。首先，对官营企业的大量投资致使明治政府的财政难以负担；其次，由于供需都由政府包办，导致官营企业缺乏风险意识和经营能力的弱化；再次，官营企业盲目引进设备，且产品没有竞争力；最后，官营企业往往官企不分，管理落后。① 所以大多数官营企业连年亏损，在经营上已陷入困境。

同官营企业颓势日渐的情形相反，明治政府所劝奖的民营企业却充满活力，并取得了很好的经营业绩，这就促使明治政府开始由"官营民助"政策向"民营官助"政策转变。

事实上，大久保利通在随岩仓使团出国考察归来不久，就在1874年提出的《殖产兴业建议书》中指出，国家的富强在于私人资本主义工商业的发展，因而政府应当保护和扶植私人资本主义的发展。在日本目前"人民智识未开""不能通时势之变，营有益之业"，即国内缺乏兴办近代产业的知识和资金的情况下，更需要政府来加以扶植。因此，他提出要把保护劝奖政策作为"今日行政之基干"。②

明治政府成立后，百业待兴，政府开支浩繁。当时，政府除依靠货币地租及发行公债外，还发行了大量不兑换纸币，因而通货膨胀压力不断增大。1877年西南战争爆发后，政府财政捉襟见肘，于是又增加了纸币的发行量。这就使通货膨胀在1880年达到了顶点，并开始危及明治政府的统治。在这种情况下，明治政府不得不放弃对企业的包办政策，开始着手处理官营企业。

从1880年11月至1896年9月，明治政府对官营企业进行了处理，其中向民间转售了二十多家较大型企业，广泛涉及矿山、冶金、机械制造、化工、纺织等工业部门。

在处理官营企业的过程上，明治政府主要采取了以下做法：③

第一，对部分骨干和战略性企业仍然坚持官营方针，不作为处理对

---

① 车维汉："日本明治政府处理官营企业述论"，《日本研究》，1995年第4期。
② 孙承："岩仓使团与日本近代化"，《历史研究》，1983年第6期。
③ 车维汉："日本明治政府处理官营企业述论"，《日本研究》，1995年第4期。

象。当时被明治政府保留的企业,除铁路、电信等方面以外,还有大阪炮兵工厂、东京炮兵工厂、横须贺海军工厂、兵工厂等。另外,在处理了部分官营企业后不久,明治政府又于1897年建立了官营性质的八幡制铁厂。该厂1906年的生铁产量达10万吨,占日本生铁总产量的71%,从而一举扭转了日本生铁依赖进口的被动局面。此后,该厂也一直在日本钢铁工业中居于主导地位。由此也不难看出明治政府对"强兵"的重视。

第二,对于亏损型的官营企业,不惜廉价处理,有的还附以分年付款的优厚条件。例如品川玻璃制造厂的政府投资为29万余日元,其处理价格仅为7.9万余日元,且允许在55年内分期付款;纹龟制糖厂的政府投资为25.8万余日元,而处理价仅为994日元;富冈缫丝厂的政府投资额为31万日元,其处理价为12万余日元。

第三,对于盈利型的官营企业,采取投标处理的方式。例如,明治政府有意对盈利的三池煤矿标出了400万日元的高标,这一价格高出了当初政府投资额的5倍还有余,因而令人们大吃一惊。最后,三井标出了455.5万日元的高价,击败了标价455.27万日元的三菱,最终认购了三池煤矿。

第四,将企业优先处理给那些有志于发展近代工业且较有经验和能力的认购者,以便尽快改善企业的经营状况,并使之发展壮大。

处理官营企业的做法表明,明治政府已对"殖产兴业"政策进行了重大调整,即由"官办民助"为主变为"民办官助"为主,或者说是由政府的直接干预转向了更多地依靠市场的力量。同时,这些官营企业的处理也有助于民间工业的发展,因为民间资本家以很低的价格就获得了虽经营不善但仍然较具规模的企业,从而跨越了漫长的资本积累过程,并且可以从官营企业以前的经营中汲取不少的教训。

在处理官营企业的同时,明治政府一直都在支持民间企业的发展。一方面,政府向一些私人大企业提供足够的银行贷款,而且还给一些私人经营的大公司(如三菱共同运输公司、日本邮船公司等)以巨额的补助金。另一方面,明治政府非常注重扶助和发展中小企业。明治二十九年,政府成立了指导中小企业技术改进的领导机构——农商务省的工务局,并从中央到地方普遍建立了技术改进指导所或讲习所,同时,还建立了从中央到地方的工业试验所和工业讲习所。另外,政府还制定了经费补助制度、府县工业技师制度、机械购入制度等。在政府的大力扶助下，中小企业发展迅速，成为日本经济发展中一支重要的力量。直到 20 世纪 20～30 年代，据日本官方统计：小企业中的工人人数占工人总数的 39%，中等企业的工人人数占 36%，大企业的工人人数只占 25%；从产值来看：小企业占 39%，中等企业占 35%，大企业占 26%。①

## 二、建立银行制度

在江户时代，由于各藩都发行各自的"藩札"作为货币，造成"藩札"种类繁多，再加上私札、外国货币以及乘着混乱制造的假币，导致货币制度极为混乱。明治初期，政府对货币制度进行了改革，但其成果仅停留于统一货币、十进制的使用和改变货币单位方面，而在建立稳定的货币秩序方面并没有取得成功。

1877 年，日本发生了西南战争。为了支付巨额的军费，明治政府大量发行新货币，进一步加剧通货膨胀。如果听任通货膨胀发展下去，必然会引起明治政府的财政危机，从而阻碍近代工业的建立和发展。因此，抑制通货膨胀成为明治政府的首要任务。

为抑制通货膨胀，就必须建立可兑换的货币制度，而建立货币制度的核心在于设立中央银行。为此，明治政府于 1882 年通过了《日本银行条例》，并于同年 10 月建立了日本银行（中央银行）。《日本银行条例》对日本银行的规定概要如下：（1）采用股份制形式，资本金为 1 000 万日元，其中 500 万日元由政府出资；（2）主要业务为票据贴现、以公债为担保的贷款、贵金属的买卖、存款，禁止持有股票和以不动产股票为担保的贷款；（3）代理国库；（4）发行可兑换银行券；（5）银行设总裁、副总裁各一名和理事四名，总裁由天皇任命，副总裁奏请天皇任命；（6）大藏大臣向日本银行派遣监理官，监督银行事务。②从这一条例中可以看出，明治政府对日本银行的建立是极为重视的，并且对其进行严格监管，以促进银行制度的形成和完善，从而为贯彻殖产兴业政策实现工业化目标提供更

---

① 引自刘天纯："论日本近代产业革命的政策和措施"，《历史研究》，1979 年第 7 期。
② 童适平："明治时期日本银行制度的建立和政府的监管"，《日本研究》，1997 年第 4 期。

多的资金。事实上，这一条例构筑了日本现代中央银行的基本框架，并对日本的金融制度和金融结构产生了重大的影响。

在日本银行建立后不久，明治政府为了统一流通中的货币，于1883年对国立银行条例（1872年制订）进行了根本性的修改，规定国立银行营业权的有效期为20年，届时国立银行必须转变为普通银行，否则停止营业。同时对国立银行发行的货币也采取逐步回收的方式，让其退出流通。国立银行条例的修改使各国立银行的营业方针发生了重大的改变。它们开始努力吸收民间存款，为以后转变为普通银行打下基础，并且在吸收存款的同时增加了贷款。1885—1889年，各国立银行的贷款总额增加了117%。① 这样，银行就发挥了加速资本积聚和集中的作用，从而为日本的经济发展提供了更多的资金。

随着1897年《货币法》的公布和实施，明治政府正式确定了金本位制，由此，现代货币制度框架在日本已基本形成。到1899年，明治政府纸币和国立银行纸币完全停止流通，货币统一宣告完成。从此，日本的经济发展就有了较为完备的货币制度保障。

另外，明治政府还通过特别立法建立了一些特殊银行。特殊银行大致可分成三类：第一类是从事国际金融业务的银行，有横滨正金银行；第二类是为发展工农业生产提供资金的银行，有日本劝业银行、农工银行、北海道拓殖银行和日本兴业银行；第三类是为殖民主义服务的银行，即朝鲜银行和台湾银行。其中第二类银行主要是向产业发展提供长期资金，且一直存续至今，在日本的金融体系中占有极其重要的地位。例如，根据《日本兴业银行法》于1902年建立的日本兴业银行的主要业务是，以有价证券为担保，为工业发展提供长期资金。它的建立改变了由于没有长期投资性银行而由商业银行从事长期投资的局面。日俄战争以后，日本兴业银行为日本重工业的发展作出了重要贡献。

## 三、农业发展政策

明治维新以前，日本80%以上的人口是农民，他们没有土地，只能租

---

① 井上清：《日本近代史》，中译本上册，商务印书馆1959年版，第149页。

种封建领主的土地。农民除了要缴纳占收成60%—80%的实物地租外，还要缴纳十几种杂税并履行各种义务，同时农民也缺乏足够的自由活动的权力，只能被牢牢地禁锢在农业和家庭手工业相结合的极为狭小的范围内。因而，在明治维新前，日本农村一直处于一种封建的自然经济状态。

为了改变这种局面，促进农业的发展从而为工业提供更多的积累，明治政府进行了一系列的制度改革。

1871年6月，太政官发布公告：今后全国水旱田一律用货币交税。这一改革，不仅免去了过去运输粮食的损耗和劳苦，而且政府的财政收入也不再受市场米价波动的影响，同时促进了国内商品经济的发展。1871年秋，明治政府取消了对于农业生产的各种限制，允许农民根据自己的意愿自由地种植各种植物，完全解除了德川幕府时期水旱田不得种植桑、烟叶、甘蔗等经济作物的禁令。1872年，明治政府明令解除了1643年以来德川幕府制定的永世不得买卖土地的禁令，允许一切人自由买卖土地。同年，政府发布了大量土地和颁发土地执照的法令，确认土地的所有权，对于无主的土地，则一律收归国有。1872年下半年，明治政府又实行了几项重大的改革：一是废除封建幕府时期制定的农民为驿站配备驿马的规定及其他一切课役，以减轻农民负担；二是废除过去不许农民经商的禁令，准许农民自由从事商业；三是禁止人身买卖行为。①

上述这些改革措施，为明治政府进行地税改革创造了有利条件。于是，明治政府于1873年7月颁布了《地税改革条例》，把幕府时期一直实行的物纳年贡制（与收获量相应的实物纳税制）改为以地价作为标准的货币纳税制，其目的是为了确保政府财政收入的稳定。其方法是：（1）在土地调查的基础上，根据土地的耕作权和入会权确定土地所有者和地价，发给地券；（2）根据地价的3%征收地税（1877年后改为2.5%）；（3）地税用货币缴纳，由土地所有者支付；（4）决定地价每5年改订1次（实际上一直维持了原地价）。②

明治政府所进行的地税改革产生了以下几个方面的影响。首先，地税

---

① 王铭："试论明治维新时期的地税改革"，《辽宁大学学报》，1998年第2期。
② 逄金玉："日本市场经济建立的历史"，《中国社会科学院研究生院学报》，1996年第4期。

改革使明治政府的财政收入大大增加。1869年1—10月地税收入为330万日元，占政府财政收入的10%；1869年10月至1870年9月，地税收入为821万日元，占财政收入的40%；1870年10月至1871年9月，地税收入为1134万日元，占财政收入的51%。实行地税改革的1873年，地税收入占财政收入的比重增至70%；1874年和1875年又增加到了78%和80%。[①]

这样，地税就成为明治政府财政收入的主要来源，使政府能够更好地实行殖产兴业政策。同时它还为日本资本主义工业的发展提供了大量的自由劳动力。新地税的实行加重了农民的负担，大批农民因交不起地税而拍卖或抵押土地。已获人身自由而又失去土地的农民或变成租种地主土地的佃农，或流入城市成为工业生产中的雇佣劳动者。地税改革还培植了新生地主阶层，使地主阶级的阵营不断扩大，并且还以货币缴纳地税的方式推动了日本农业资本主义化的进程。

在通过地税改革直接榨取农业剩余产品的同时，明治政府还把促进农业生产作为增加农业剩余的更积极、更可靠和更长远的措施。在这方面，明治政府采取的主要措施有：

第一，大力推广种籽—肥料生产技术。在明治初期，政府企图像引进先进工业技术那样，直接引进西方的机械技术来改造本国农业，但大多数农业机械技术的引进都以失败告终。后来明治政府认识到，日本土地缺乏，农场规模小而劳动力丰富的情况与西方国家的资源禀赋特点正好相反，因而不宜普遍采用机械技术。于是，明治政府从19世纪80年代开始，推行了节约土地型的种籽—肥料增产战略，即选育当地的优良品种，总结、改进、推广老农的生产经验和技术，同时增加有机肥和化肥的施用量。事实证明，明治政府通过汲取失败的教训而重新确定的这种生物技术型的农业发展战略是很正确的，因为它极大地改善了日本的农业生产。

第二，兴修农田水利。在德川幕府时期，日本已经建立了水稻生产的农田水利系统，种植水稻的水田基本上都能得到灌溉，但是也存在着明显的问题：一是灌溉水源不足，而且缺乏足够的排水设施。对此，明治政府采取了行政、财政、金融等多种措施，大兴农田水利建设。1898年，明治

---

① 王铭："试论明治维新时期的地税改革"，《辽宁大学学报》，1998年第2期。

政府颁布了《耕地重划法》，规定各地区只要有 2/3 以上的土地所有者拥有 2/3 以上的耕地面积，就要被迫加入土地改良计划，并给土地改良协会以法人身份，从而使它可以从水利银行和地区工农银行得到低息贷款。中央和地方政府都通过农业协会对土地改良计划的实施给予财政补助。①

在明治政府多种政策的作用下，日本在工业化早期的农业生产保持了稳定、高速的增长。这不仅满足了人口增长和农业劳动力向工业转移所产生的对粮食的巨大需求，保持了粮食价格的稳定，而且还能够通过出口生丝、粮食换取大量的外汇，成功地解决了粮食问题对早期工业化发展的制约。

## 四、明治政府的教育改革

明治政府的领导者们很早就认识到教育对于资本主义经济发展的重要意义。木户孝允在 1868 年就曾指出，普及学校教育是为谋求"国家富强"的"今日之一大急务"。两年后，岩仓具视又指出："使国家进入文明，走向富强，不言而喻，在于启发人智。"② 在出国考察期间，岩仓使团把考察西方教育作为一项极为重要的任务。经过考察他们认识到，要想实现"富国强兵""殖产兴业"的目标，使日本迅速崛起，就必须培养出大量的有用人才，因而对原有的教育制度和教育内容进行根本性的改革，就势在必行了。幕府时代封建儒家的教养和"惟神之道"，是与"富国强兵"和"殖产兴业"目标完全背道而驰的，因此必须进行彻底的改革。

为使教育适应经济发展和国家崛起的需要，明治政府于 1871 年 7 月设立了文部省，统辖全国的教育事业。11 月，为了建立仿效欧美的全国划一的学校制度，明治政府开始进行调查研究，着手改革旧的教育制度。1872 年 9 月，文部省颁布了教育的改革法令——《学制》，规定将全国划分为 8 个大学区，每个大学区分为 32 个中学区，每个中学区分为 210 个小学区，计划设立 8 所大学、256 所中学、53 760 所小学。

在颁布《学制》的前一天，明治政府专门发布了《学制布告》，指出

---

① 李微、冯海发："日本工业化不同阶段的农业政策探析"，《世界历史》，1991 年第 6 期。
② 朱守仁："明治政府的教育改革和日本资本主义工业化"，《历史研究》，1978 年第 6 期。

了过去教育的弊端和进行教育制度改革的必要性，并且强调，为了造就人才，要求做到"邑无不学之户，家无不学之人，为人之父兄者……须使其子弟从事于学"。① 同时，《学制布告》提出了日本资产阶级的近代教育观，指明教育是个人立身治产昌业之本，主张教育机会均等，强调学问必须是实业原生之学，否定了"修身、齐家、治国，平天下"的封建教育思想。《学制布告》还宣布要废除为封建社会服务的"藩校""寺子屋"（私塾）等旧的教育机构，并建立日本近代学校教育制度的基础。

当《学制》付诸实施时，文部省确定了首先大力举办小学、振兴初等教育的方针。因此，在《学制》颁布后一个月又公布了《小学教则》。《小学教则》最重要的特色就是重视对学生进行近代科学知识的教育，规定数学等科学知识的教育占总授课时数的一半左右。因而，与江户时代相比，日本的教育面貌为之一新。以后虽几经变化，但重视科学教育的基本方针始终没有多大变化。这样，通过加强小学的科学技术知识的教育，并不断完善中学、专门学校和大学教育，明治政府就逐渐摸索出了一条培养科学技术人才的合理途径。

为了迅速地培养大批教员，文部省又加快了师范学校的建立。1872年9月，在东京开设的师范学校开始授课。到1874年，在大阪、宫城、爱知、广岛、长崎、新泻等城市设立了师范学校，同年在东京也设立了女子师范学校。此外，各地也以师范学校、讲习所、传习所、养习所等名称，设立各种培养教员的机构，以便迅速地培养师资。

明治政府还非常重视高等教育的发展。在1877年4月，明治政府将大学南校（原开成学校）和大学东校（原医学校）合并成立了东京大学，设法、理、文、医四个学部。明治政府对东京大学大力扶植，仅1880年，东京大学就用掉了文部省总经费支出额的40.49%。② 为了加快大学的发展，明治政府还积极引进国外的高级人才来日任教。岩仓使团在国外考察期间就注意物色和聘请外国技术专家来日工作。例如由伊藤博文倡导，在泰耶尔等9名外国专家帮助下兴办的以近代科学为基础的日本工部大学校，

---

① 朱守仁："明治政府的教育改革和日本资本主义工业化"，《历史研究》，1978年第6期。
② 朱守仁："明治政府的教育改革和日本资本主义工业化"，《历史研究》，1978年第6期。

就为日本的工科教育奠定了基础。① 对于来日任教的外国教师，明治政府给予了优厚的待遇。例如，东京大学建立时，外籍教师的薪俸就占了整个学校预算的 1/3 以上。② 与此同时，明治政府还非常注重向西方派遣留学生的工作。岩仓使团在国外期间特意调查了日本留学生的情况。经过调查，伊藤博文认为，原来的留学生规则不合理，浪费了国家的大量钱财却不能培养优秀的人才。岩仓使团归国后，文部省于 1874—1875 年又制定了新的留学生制度，并使前往西方留学的人数剧增。③

1886 年，日本内阁制定了《帝国大学令》《小学校令》《中学校令》《师范学校令》四部比较完整的教育法令，进一步改革了教育制度，规定了各种学校制度的标准，并确定义务教育制度，从而为日本教育事业的发展打下了良好的基础。

在明治政府的大力推动下，日本的教育事业迅速发展。一方面，初等教育迅速普及。当时日本的小学分高等、寻常二等，各修 4 年。义务教育制度明确规定，父母让其子女念完 4 年寻常小学（后改为 6 年）是一种义务。结果小学的就学率（男女平均）从 1873 年的 28.1% 和 1880 年的 41.1% 猛增至 1907 年的 97.4% 和 1911 年的 98.2%。④ 另一方面，高等教育为日本培养了大批的高级科技人才。东京大学从成立到 1892 年，仅理学部就培养了 140 名毕业生。东京大学（工学系）、工部大学校、帝国大学工科大学也共培养了 441 名毕业生。这批高级科技人员，在 1889 年前后陆续接替了外籍教师和技术人员的工作，成为当时的科技骨干。⑤

需要指出的是，明治政府为了更有效地推行专制主义统治，于 1890 年颁布了《教育敕语》，把学校教育、社会教育和家庭教育的道德标准纳入天皇专制主义和军国主义的轨道。这无疑是明治政府教育改革方面的一大退步，同时也是日后日本法西斯主义得以盛行的根源之一。

---

① 孙承："岩仓使团与日本近代化"，《历史研究》，1983 年第 6 期。
② 朱守仁："明治政府的教育改革和日本资本主义工业化"，《历史研究》，1978 年第 6 期。
③ 孙承："岩仓使团与日本近代化"，《历史研究》，1983 年第 6 期。
④ 朱守仁："明治政府的教育改革和日本资本主义工业化"，《历史研究》，1978 年第 6 期。
⑤ 孙承："岩仓使团与日本近代化"，《历史研究》，1983 年第 6 期。

## 第三节 战后恢复时期的制度改革

### 一、战后日本的基本状况

马克思曾经指出:"人们自己创造自己的历史,但是他们并不是随心所欲地创造,并不是在他们自己选定的条件下创造,而是在直接碰到的、既定的、从过去继承下来的条件下创造。"① 明治政府虽然将日本引上了现代经济发展的道路,但《明治宪法》本身的重大缺陷及明治政府对外侵略的"示范"作用最终使法西斯分子掌握了政府的权力。但是,由日本法西斯政府发起的侵华战争和太平洋战争不仅没有实现其称霸亚洲的妄想,相反使日本自明治维新以来的经济发展成就几乎毁于一旦。据后来成立的经济安定总部编写的《太平洋战争损失报告书》记载,日本的国有资产因战争而造成的损失,按停战时的价格计算,总额为 992 亿日元(按 1970 年的价格换算约为 12 万亿日元),把武器、飞机、舰艇类除外,仅和平用途的国家财富即损失 653 亿日元(按 1970 年的价格换算约为 8 万亿日元)。同 1944 年相比,战争使国家财富损失约 35%,使和平用途的国家财富损失了 25.4%。另外,据推算,因战争而遭受的人员损失,仅军人和随军的文职人员就多达 199 万人,一般国民约为 69 万人,共计约 268 万人。②

在战争末期,由于遭到美国空军的轰炸,包括广岛、长崎两市遭到原子弹轰炸在内,日本有 119 个城市变成一片废墟。战火烧毁的住房(包括半烧、半毁的)共达 220 万户,大约有 900 多万人无家可归。同时,城市及其周围的工厂、道路、桥梁、港湾设施、船舶等,全遭破坏,荒废殆尽。其中,船舶在战争中的损失最为严重,战前日本船舶的吨位数为 630 万吨,到停战时已锐减至 153 万吨,而且大部分是不能持久使用的战时粗制滥造的劣等船。在这种情况下,不管国内物资怎样缺乏,日本也没有能

---

① 《马克思恩格斯选集》第 1 卷,人民出版社 1995 年版,第 603 页。
② 内野达郎[日]:《战后日本经济史》,新华出版社 1982 年版,第 16 页。

力靠自己的力量从海外运进物资。①

更为严重的是，1945年是日本有史以来的大荒年。由于遭受冻灾、风灾和水灾，再加上战时农田的荒芜，1945年日本的粮食产量下降到平常年景的2/3，因而发生了巨大的粮食危机，甚至风传饿死了一千万人。平民百姓为了摆脱饥饿，只好到黑市上购买食物。但是，恶性通货膨胀却异常凶猛。从日本战败的当天起到第二年2月中旬，日本银行的纸币发行量增长了一倍，零售物价上涨了二倍，黑市价格高出官定价格三十倍。许多百姓处于食不果腹，衣不遮体的艰难状态。② 如果以战前（1934—1936年的平均值）国民每人平均物资供应量指数为100的话，那么这一指数在1946—1950年分别为57、64、67、71、80。③

战争的破坏和战后恶劣的经济环境，使日本战后初期的生产力和消费水平急剧下降。在1946年和1947年，日本实际GNP只相当于战前（1934—1936年的平均值，下同）的62%和65%，人均GNP只相当于战前的55%和56%，人均实际个人消费仅为战前的57%和60%，而1947年的出口数量则只有战前水平的7%。④ 正是在这种极其困难的情况下，日本开始了恢复经济的工作。战后的日本政府在美国占领军的领导和指挥下，进行了一系列的民主化改革。

## 二、政治制度和经济制度的改革

### （一）《日本国宪法》的制订

1946年11月，日本政府按照美国占领军的指令颁布了《日本国宪法》。这一新的宪法从根本上否定了1889年的《明治宪法》，成为日本政治民主化的重要标志。

新的宪法首先保证了日本不再会发动战争。在新宪法的前言中这样写道："为了我们和我们的子孙，确保由于各国人民的和平合作而得来的成

---

① 内野达郎［日］：《战后日本经济史》，新华出版社1982年版，第15-16页。
② 有泽广巳［日］主编：《日本的崛起——昭和经济史》，黑龙江人民出版社1987年版，第438页。
③ 内野达郎［日］：《战后日本经济史》，新华出版社1982年版，第20页。
④ 内野达郎［日］：《战后日本经济史》，新华出版社1982年版，第19页。

果以及使我们全国获得自由而带来的泽惠,决心根绝因政府的行为而再次引起战祸。"① 同时,《日本国宪法》第 9 条规定,日本"永远放弃作为国家主权发动的战争、武力威胁或使用武力作为解决国际争端的手段。为达到此目的,不保持陆海空军及其他战争力量,不承认国家的交战权。"② 但是,日本政府却不顾宪法的规定,在美国的支持下于 1954 年颁布了《防卫厅设置法》和《自卫队法》,建立了陆、海、空自卫队,并使其重新武装合法化。近年来,日本国内甚至是政府要员中的军国主义思想又大有抬头之势,对此,我们应该加以严厉的抨击并保持高度的警惕。

《日本国宪法》规定日本实行以立法、行政、司法三权分立为基础的国会内阁制,保留天皇,但天皇仅仅作为日本国和日本国民整体的"象征",不具有"国政的权力"。这就与明治宪法所确定的近乎天皇专制的政府体制有了根本的区别。

《日本国宪法》的一个最突出的特点就是赋予了国会(由众议院和参议院组成)极大的权力。首先,《日本国宪法》第 41 条规定,"国会是国家的最高权力机关,是国家唯一的立法机关"。③ 其次,国会对内阁的组成有很大的决定权。宪法规定,内阁总理大臣由国会议员提名,且内阁中半数以上国务大臣必须在国会议员中选任,同时第 69 条规定,"内阁在众议院通过不信任案或信任案遭到否决时,如十日内不解散众议院必须总辞职"。④ 最后,议会把握了国家的财政大权。根据《日本国宪法》规定,租税、国家费用的支出或国债的决定权都在国会,国会还有权对内阁编制的每一年度的预算(包括皇室的一切费用)和国家的收支决算进行审议和审查,内阁必须每年至少一次向国会及国民报告国家的财政状况。这样,国会就拥有了国家最重要的两种权力:立法权和财政权。而国会中众、参两院的议员是由国民选举产生的,因而使政府的法律、法规和经济政策能够体现社会各方面的利益,从而有助于维护社会的稳定。同时,由国会通过的法律、法令和政策具有很高的严肃性、权威性和很强的约束力,哪怕是总理大臣也无权改变,这样就可以防止政府对经济的过多行政干预,从而

---

① 《西方七国辞典》(日本卷),湖北人民出版社 1997 年版,第 1002 页。
② 《西方七国辞典》(日本卷),湖北人民出版社 1997 年版,第 1002 页。
③ 《西方七国辞典》(日本卷),湖北人民出版社 1997 年版,第 1003 页。
④ 《西方七国辞典》(日本卷),湖北人民出版社 1997 年版,第 1004 页。

充分发挥市场机制的作用。因此,这种制度安排就使民主和法制达到了统一,为日本的经济发展创造了一个稳定的、有序的社会环境。

《日本国宪法》规定内阁拥有的权力是行政权,而且内阁必须对国会负责。同时还规定内阁总理大臣及其他国务大臣必须是文职人员,以防止再度出现军人干预政府的可能。新宪法还对内阁的权力进行了明确的限定,即内阁应诚实地执行法律,并且"为实施本宪法及法律的规定而制定政令。但在此种政令中,除法律特别授权者外,不得制定罚则"。① 这样就杜绝了政府对经济的随意行政干预的可能性。

新宪法还明确规定了司法的独立性,从而真正体现了立法、行政、司法三权分立的原则。拥有独立权力的司法系统(最高法院和下级法院)不受行政干预的情况下,可以更好地贯彻、执行国会制定的各种法律、法规,保证市场机制良好、有序地运行。

新宪法在赋予人民民主权利方面也有了较大的进步。新宪法的前言中这样写道:"国政源于国民的严肃信托,其权威来自国民,其权力由国民的代表行使,其福利由国民享受。这是人类普遍的原理,本宪法即以此原理为根据。"② 新宪法规定人民享有较多的民主权利,例如,生命、财产和人身自由的权利,在法律面前一律平等的权利,成人的普选权,集会、结社、言论、出版以及其他一切表现的自由等等权利。新宪法所赋予人民的较广泛的政治民主权利,对于维护战后日本社会的长期稳定发挥了重要作用。在授予国民权利的同时,新宪法也规定了国民应承担的义务,如按照法律规定纳税,并且还专门强调"全体国民,按照法律规定,都有使受其保护的子女接受普通教育的义务。义务教育为免费教育"。③ 由此可见战后日本政府对教育的重视。

总之,《日本国宪法》的制定是日本近代史上继《明治宪法》之后又一次具有重大意义的制度变迁。就《日本国宪法》对日本战后的经济发展而言,一方面,它赋予了人民较多的民主权利,从而为经济发展创造了一种长期稳定的社会环境,另一方面,它强调了国会在制定法律方面的权

---

① 《西方七国辞典》(日本卷),湖北人民出版社 1997 年版,第 1004 页。
② 《西方七国辞典》(日本卷),湖北人民出版社 1997 年版,第 1002 页。
③ 《西方七国辞典》(日本卷),湖北人民出版社 1997 年版,第 1002 页。

威,并且限制了政府对经济活动的行政干预,使战后的日本真正成为了一个法制的社会,因而保证了市场机制的良好运行,有力地促进了经济的高速发展。

(二) 解散财阀

财阀是第二次世界大战前日本军国主义的经济支柱。战后,美国政府认为财阀是日本实行资产阶级民主制度的障碍,因而美国占领军进驻日本伊始便向日本政府下达了解散财阀的种种指令,其中包括解散财阀的持股公司、剥夺财阀家庭对企业的控制权,分散股票所有权等。美国占领当局指定以三井、三菱、住友、安田财阀的总公司为主的 83 家公司为持股公司,冻结了他们的资产,指定三井、三菱等十大财阀的 56 名主要成员为财阀家庭,规定持股公司和财阀家庭的全部股票必须在市场上出售,持股公司移交股票后全部解散。美国占领当局还下令解散三井物产公司和三菱商事公司,并命令财阀家族辞去财阀所属主要公司领导职务,而且与战争有牵连的 2 200 名经济界人士也被解除职务。为了防止财阀复活,日本政府于 1947 年 4 月颁布了与美国的《反托拉斯法》相仿的《禁止垄断法》,并成立了公正交易委员会。为把大垄断企业分割成较小的企业,日本政府于 1947 年 12 月又公布了《排除经济力量过度集中法》,并指定 325 家公司应予解散。[1]

但是,随着美苏冷战的加剧,美国政府的对日占领政策由"非军事化"转变为"促进日本经济自立",因而解散财阀的工作在后期相当缓和。指定解散的公司陆续减至 18 家,且实际解散的只有 11 家。[2] 但是,尽管如此,解散财阀作为战后日本经济民主化改革的三大支柱之一,仍然对日本的经济发展产生了积极的影响。一方面,遭到打击的财阀逐步演变为大垄断企业集团,这些企业集团中的各企业是独立法人,它们相互持股,以平等互利的原则结合在一起,企业在法人所有的基础上由经营者支配,民主性较强。这与封建性较强的财阀家庭统治体制有了根本性的区别。而且,在所有权与经营权相分离的条件下,一批年富力强的企业家走上了企业的领导岗位,从而给日本经济带来了新的生机和活力。另一方面,一些

---

[1] 《西方七国辞典》(日本卷),湖北人民出版社 1997 年版,第 872 页。
[2] 《西方七国辞典》(日本卷),湖北人民出版社 1997 年版,第 872 页。

原有的大公司分解成许多小公司，形成了以股份有限公司为主体的企业体制，在一定程度上促进了企业间的自由竞争。

### （三）农地改革

1946年10月，经国会审议通过，日本政府颁布了《农场调整法修正案》和《建立自耕农特别措施法》，规定在村不耕地主只能保留1町步（合99.2亩）以下的土地，在村耕作地主保留的土地不得超过3町步，不在此限的土地全部由有佃农参加的农地委员会按规定价格收买，然后卖给佃农。当时，从地主那里收买的价格为每畈（1/10町步）978日元，卖给佃农的价格为每畈757日元。后来由于通货膨胀加剧，地主的土地实际上近乎被没收并转让给佃农。①

农地改革进行得极为迅速，而且相当彻底。到1949年9月，187万公顷的佃耕地（相当于总佃耕地的81%）和24万公顷的放牧地被开放，所剩佃耕地降到仅占总耕地面积的9%。从农户的变化来看，自耕农由1947年的36.5%增加到57.1%，自耕兼佃耕农由36.9%减少到35%，佃农由26.6%减少到7.9%。② 这样，经过农地改革，日本的大部分农户成为自耕农或近似自耕农的自耕兼佃耕农。

农地改革也是战后日本经济民主化改革的三大支柱之一。农地改革消灭了日本地主阶级，不仅对农村社会，而且对整个日本的政治、经济都产生了重大的影响。简单而言，农地改革的直接意义在于：保证了农村的社会稳定，战前的那种佃农纠纷没有了，而且很长时期没有发生过农民运动。更为重要的是，战前的租佃制使农民缺乏生产积极性，并且进行大量消耗地力的掠夺式经营。农地改革所形成的自耕农体制极大地调动了农民的生产积极性，农民对农业的投资猛增，从而开辟了20世纪50年代以后日本粮食增产和农业技术革新的道路。因此，从某种意义上讲，"战后日本资本主义的起死回生，是建筑在农地改革的基础上也不为过分"。③

---

① 《西方七国辞典》（日本卷），湖北人民出版社1997年版，第872页。
② 有泽广巳主编［日］：《日本的崛起——昭和经济史》，黑龙江人民出版社1987年版，第477页。
③ 有泽广巳主编［日］：《日本的崛起——昭和经济史》，黑龙江人民出版社1987年版，第478页。

## （四）劳动改革

与西方资本主义国家相比，战前的日本工人由于封建主义的束缚和军国主义的统治，既无政治权利，又无较好的劳动条件，而且工资极为低下，生活状况非常悲惨。战后初期，工人群众强烈要求改革这种社会现状。

美国占领当局认为，保障工人权利并让工人得到一定的物质利益，既可防止工人转向军国主义，又可取得工人对西方民主制度的支持，因此指令日本政府进行劳动民主化改革。1945—1947 年，日本政府根据美国政府的意图，先后颁布了《工会法》《劳动关系调整法》《劳动标准法》三项法律。其中，《工会法》在日本破天荒地承认工人有建立工会的自由和团结争议权，因而成为战后日本经济民主的重要基础；《劳动关系调整法》规定了解决劳资争议的方法、程序以及对争议的限制等；《劳动标准法》废除了封建式的劳动条件，禁止强制劳动，规定了 11 小时工作制和休假原则，并规定了对妇女和儿童劳动就业的限制以及对工伤事故的补偿等。这样，"劳动三法"的制定，基本上确立了保证战后日本工人地位有所提高和经济生活相对稳定的劳动制度。

《工会法》实施以后，日本的工会组织迅速扩展到全国，参加工会组织的工人急剧增加。在不到三个月的时间里，工会会员数由原来的 38 万人猛增至 300 万人，至 1948 年底，工会会员数已达 670 万人。[①] 而且，与大多数西方国家以不同产业为基础建立产业工会不同的是，日本实行的是以企业为单位的工会组织形式，这有利于在企业内部通过协商解决劳资纠纷。从 1955 年开始，日本各工会每年从 3 月起采取统一行动向经营者方面提出增加工资及其他要求，称为"春季斗争"（简称"春斗"）。一方面，由于工人们每年都有机会通过正常的方式使他们的要求得到部分满足，因而他们就不会把每一次谈判都看作"最后的斗争"而全力以赴地战斗。另一方面，企业经营者们为了企业的正常经营和今后的发展，也愿意作出适当的妥协。因而，工人在谈判中很少使用真正的罢工手段，而是象征性地进行几小时或一、两天的罢工。所以，尽管日本工会每年的"春斗"规模

---

① 《西方七国辞典》（日本卷），湖北人民出版社 1997 年版，第 872 页。

很大，但罢工损失的工作日数却远低于其他一些发达国家。例如，在1977—1979年，日本因劳资纠纷而损失的总工作日数为381万人天，每个参加者平均罢工2.1天；而美国的这两个数字分别为10 574万人天和19.7天，英国为4 902万人天和7.3天，联邦德国为479万人天和8.0天。① 这样，年复一年的"春斗"使全社会视劳资斗争为寻常之事，从而大大降低了劳工运动对社会的震动。同时，工人通过参加"春斗"，一般都能够实现增加实际工资的目的。这无疑有助于扩大日本的国内消费市场，促进生产的进一步发展。

## 第四节 经济安定总部和战后日本经济的恢复

### 一、经济安定总部

在战争结束的初期，美国占领当局将其政策重点放在了非军事化和民主化上，推迟了日本经济的复兴和稳定。而吃尽了战时统制苦头的日本政府，对于重建战后统制完全丧失了信心。在这种情况下，日本的通货膨胀日益加剧，而生产力却在不断下降。于是，美国占领当局指令日本政府建立一个不受国内一切政治变动干扰而独立的专门的经济机构，以便综合且强有力地规划经济政策并组织实施。

按照美国占领当局的意图，日本政府于1946年8月成立了经济安定总部（简称"安总"）。安总的任务是：规划和制定重要的经济政策，并负责对经济进行综合调整，实际上起着战后统制总管的作用。在安总中有两名大臣任职：一个是安总总裁，由内阁总理大臣兼任；另一个是实际主管的安总总务长官（通常称之为"安总长官"），由一名国务大臣兼任。由内阁总理大臣兼任安总总裁，是为了使之成为一个地位高于内阁各省的经济管理机构，并且能够向各省大臣发布必要的命令。安总除拥有编制经济计划、制定重要经济政策及综合调整权力之外，还掌握了公共事业费的编制

---

① 罗安义：《变化中的稳定的日本社会》，四川人民出版社1988年版，第346页。

权,甚至有权指示和命令检察官和警察官严格执行经济统制法令,并且取缔违法行为,因而被称为"令人闻风丧胆的安总"。除了拥有对国内的这些强大权力以外,安总还起着和美国占领当局之间进行政策调整的渠道作用。

1947年5月,根据美国占领当局的意见,日本政府进一步加强和充实了安总。新设4名副长官,新安总的机构由原来的5个部扩大为1个官房和10个局,下设48个课,工作人员也从成立时的316人增加到2 000人。而且,通过这次改革,还将各省负责经济行政的基本规划工作,连同参与这项工作的职员一起,移交给安总集中管理,这样就大大增加了安总对经济的统制权力。

1947年6月1日,日本成立了片山内阁。片山哲组阁后,立即对安总机构人员进行了大改组。和田博雄就任安总长官,安总的副长官和局长级干部都启用有影响的民间人士,局长次长以下的重要职务都由各省派出的优秀人才担任。一批著名的经济学家也在安总中担任了重要职务。例如,原盟军总部经济科学局顾问、经济学博士都留重人担任了综合调整委员会委员长(是负责调整政策决定,并同盟军总部进行交涉的最高职位),稻叶秀三任官房次长,下村治任物价政策课课长,大川一司任生活消费课课长,大来佐武郎任调查课课长。这样,安总就成为一个人才济济的机构,而且改变了以前日本官厅都是由一部分懂得法律知识的官员总揽一切大权的局面,并使经济学家在日本政府中的作用和地位逐渐提高,这样就使日本政府的经济决策能够建立在可靠的统计数据和科学的经济分析的基础之上。例如,由都留重人领导编写的日本第一份经济白皮书,打破了以往日本政府一贯采用的"不可使知之,只可使由之"的行政管理方式,用统计数字把经济的实际情况如实地、有分析地介绍给广大国民,从而使许多人感觉到政府经济行政民主化的新举措,因而也愿意在政府执行经济政策时积极地合作。

总的来说,安总是以筹划、制定基本经济政策和进行综合调整为职能的机构,同时又是战后统制经济的中枢部门,尽管它建立了遍及物资、价格、资金、贸易、运输等方面的编制网,但它的最大历史使命还是对贫乏的资源进行重点分配,以设法恢复生产,同时抑制通货膨胀。事实上,安总较好地完成了这一历史重任,它所推行的"倾斜式生产方式"对日本经济的恢复作出了重要贡献。

1948年以后,由于美国加强了对日本经济的直接干预,安总的决策作用逐渐下降,并演变为调查研究和拟定经济计划、平衡各部门经济、为总理大臣提供咨询的非决策性机构,但对经济政策仍有较大的影响力。1952年3月,原来预定只存在2年,实际上却持续存在了6年的安总被撤销,接替其主要职能的是经济审议厅,后改称经济企划厅。

## 二、"倾斜生产方式"的采用

如前所述,战后日本的经济形势异常严峻,因而恢复经济成为日本政府最为急迫的任务。但是,作为工业生产的基本原料煤炭和钢铁的极为缺乏成为阻碍日本恢复经济的最大障碍。1946年,日本的煤炭产量只有战前(1934—1936年平均)的53%,而钢产量则仅为战前的10%。[①]

为了从根本上扭转这种局面,日本政府于1946年11月专门成立了煤炭特别委员会。由东京大学教授有泽广巳担任主任。12月,有泽广巳发表《挽救日本经济破产的办法》一文,提出了"倾斜(重点)生产方式"。所谓倾斜生产方式,按照有泽广巳的解释,"就是把一切经济政策集中地倾斜于我们手中唯一能够自己处理的基础素材——煤炭的生产上,形成以煤炭为中心的暂时经济,即向煤炭生产倾斜的经济……尽快提高基础部门的生产,以之为杠杆创造出提高生产水平的契机。"[②]

这一设想提出以后,很快得到了吉田首相和内阁的支持。同时,由于阻碍煤矿增产的最大问题是钢材不足,因此经济安定总部将煤炭和钢铁同时列为"倾斜生产方式"的内容。这样,安总推行的倾斜生产方式就是一切经济政策的重点都集中转向增产煤炭,生产出来的煤炭重点用于增产钢铁,所增产的钢铁、钢材又转而用于增产煤炭。煤炭不足,通过进口重油加以补充,并使重点增产煤炭的效果逐渐地在各产业上体现出来。为了推行倾斜式生产方式,安总采取了一些有力措施。

第一,优先分配资金。1946年10月,日本政府拨款100亿日元,建

---

[①] 内野达郎[日]:《战后日本经济史》,新华出版社1982年版,第19页。
[②] 张健:"'经济安定本部'与战后日本经济的调整和恢复",《日本研究》,1988年第2期。

立"复兴金融资金"（简称"复金"），决定采用"倾斜生产方式"后，于1947年正式建立了"复兴金融公库"。1946年共发放"复金"5.99亿日元，其中煤炭业获得1.03亿日元，占17%。1947年共发放"复金"53.48亿日元，其中煤炭业得到18.84亿日元。1948年共发放"复金"72.05亿日元，其中煤炭业获得27.65亿日元，占38%。在发放"复金"贷款的同时，日本政府还通过"价格差额补助金"制度优先向煤炭业提供补贴。1946年发放价格差额补助金90.1亿日元，其中煤炭业就获得了64.8亿日元，占71.9%。1947年扩大了发放范围，共发放225.11亿日元，其中煤炭业得到了99.57亿日元，占44%，仍居各业之首。①

第二，优先分配物资，促进煤炭和钢铁工业的共同发展。当时，日本的原材料极端缺乏，对于一般生产部门只能供应其最低需要量的20%—30%。而对于煤炭和钢铁工业，日本政府则不仅尽量保证供应，而且强调两者之间保证相互供应。例如，1946年第4季度煤炭生产需用钢铁52.5万吨，实际供应43万吨，达需用量的81.5%；钢铁生产需用煤炭2.5万吨，实际供应2.2万吨，达需用量的89.1%。1947年煤炭生产需用钢铁243万吨，实际供应227万吨，达需用量的93.3%；钢铁生产需用煤炭7.1万吨，实际供应5.5万吨，达需用量的82.3%。②

第三，对煤炭工人采取安抚的政策。第二次世界大战以后，日本的工人运动迅速发展。日本政府和美国占领军在加强镇压一般工人运动的同时，对煤炭工人却采取了安抚的政策。例如，政府配给机关与煤矿直接挂钩，以保证煤矿工人的主食、副食和其他生活用品的配给。1947年为煤炭工人建筑4万套住宅，并成立"运输建立本部"，以保证住宅建设的完成。此外，还提出了提高煤矿工人的劳动生产率和技术水平、防止煤矿灾害、加强安全等措施。

从1946年底开始，由安总推行的"倾斜生产方式"共实行了两年多，取得了良好的成效。1946年，日本的煤炭和钢铁产量分别为2 038.2万吨和55.7万吨；1947年，煤炭和钢铁产量分别增加到了2 723.4万吨和95.2万吨；到1948年，煤炭和钢铁产量进一步增至3 372.6万吨和171.5万

---

① 张健："'经济安定本部'与战后日本经济的调整和恢复"，《日本研究》，1988年第2期。
② 张健："'经济安定本部'与战后日本经济的调整和恢复"，《日本研究》，1988年第2期。

吨。煤炭和钢铁产量的迅速增加大大地加快了日本经济的恢复进程。1947年日本工业生产（不包括公用事业）的年增长率为21.4%，到1948年就猛升至44.5%。①

## 三、道奇计划

"倾斜生产方式"的实行使煤炭和钢铁产量迅速上升，并在较大程度上推动了工业生产的恢复。但是，大量"复金"贷款的发行却使本来就存在的通货膨胀变得更加严重。

1948年底，美国经济形势开始恶化，美国政府尽量削减对日本的援助，同时强烈希望日本尽早实现经济独立。但是，日本政府在抑制通货膨胀、早日实现经济稳定方面并未作出认真的努力。在这种情况下，美国政府和占领军当局采取了不通过日本政府而以美国政府直接命令的形式，于1948年12月由美国国务院和陆军部发表联合声明，提出"稳定日本经济9项原则"。简单而言，这9项原则是：（1）实行平衡预算；（2）改革税制；（3）限制信贷；（4）稳定工资；（5）扩大、加强价格统制；（6）改善外贸管理方式；（7）对出口工业的原料供应实行重点分配；（8）增加国产原料和工业品的生产；（9）提高粮食征集工作效率。② 为实行这9项经济原则以结束日本的通货膨胀，停战后在西德的货币改革中发挥过重要作用的底特律银行董事长约瑟夫·道奇，于1949年2月以美国总统特令公使的身份被派到日本。道奇到日本后，便指示日本政府在编制1949年的财政预算时进行果断的彻底的改革：（1）编制超平衡预算——不仅各年度预算要保持财政收支平衡，而且要大幅度地偿还过去发行的国债，从而编制成实际上相当严格的通货紧缩型的盈余预算；（2）果断地削减政府在财政方面一直支出的各种补贴，如差价补贴、损失补贴等；（3）复兴金融公库停止发放一切贷款，并从国家一般帐户中偿还过去发行的复兴金融公库债券；（4）确定日元对美元的单一汇率（后来定为1美元兑换360日元），停止日本政府历来通过多元汇率下的"贸易资金特别账户"在进出口方面支出

---

① 张健："'经济安定本部'与战后日本经济的调整和恢复"，《日本研究》，1988年第2期。
② 小林义雄［日］：《战后日本经济史》，商务印书馆1992年版，第33页。

的"秘密贸易补贴";(5)以(向国民)出售美国对日援助物资的货款建立非常明晰的"美援对等资金特别账户",以这项对等资金为基金,并把它作为重要工业设备投资资金、调整外汇供求资金,恰当地加以运用。①

以上就是由当时的东京大学教授大内兵卫命名而流传至今的"道奇计划"的主要内容。在美国占领当局的强令之下,道奇计划得以全面地实行,也使得战后日本一直持续的通货膨胀得以根除。例如,日本银行的货币发行量,在1946年时增加了大约50%,1947年大约增加了90%,1948年还增加了40%左右,而在1949年,日本银行的货币发行量却减少了0.4%。同时,把公定价格和黑市物价综合起来算出来的有效物价指数,总平均在1949年内大体没有变化。消费资料公定价格下降了10%,其黑市价格下降了1/3。战后猖獗一时的黑市,实际上已趋于消失。从这时开始,战争时期和战后实行的配给统制、价格统制相继放宽并逐渐废除。②基本上实现稳定的日本经济也由此开始向自由经济过渡。

但是,在执行道奇计划的过程中,由于紧缩货币和加强税收,致使大量中小企业倒闭,失业人数不断增加,广大工人和农民的生活陷入困境。同时,由于有效需求不足,日本国内的货物大量积压。在这种情况下,日本政府要求放宽通货紧缩政策,但是没有获得道奇的同意。因而,当时的日本经济面临着大萧条的危机。就在这个时候,朝鲜战争爆发了。大量集中的紧急军事订货(所谓"特需")向日本涌来。据统计,从朝鲜战争爆发到1953年和1955年,日本获得的广义上的特需累计,分别达到24亿美元和36亿美元。这样就大大促进了日本经济的恢复。在1951年,日本的实际GNP就达到了战前的水平。③

## 第五节　有利于经济发展的日本国家公务员制度

第二次世界大战以前日本实行的文官制度基本上是一种具有浓重封建

---

① 小林义雄［日］:《战后日本经济史》,商务印书馆1992年版,第70-71页。
② 小林义雄［日］:《战后日本经济史》,商务印书馆1992年版,第72-73页。
③ 小林义雄［日］:《战后日本经济史》,商务印书馆1992年版,第86页。

色彩的行政官僚制度。第二次世界大战结束以后，随着日本大规模民主改革运动的推进，尽快建立现代资本主义的国家公务员制度以取代旧的文官制度已成为对日本政府的必然客观要求。

在美国政府的严格督促和指导下，日本政府于1947年10月颁布了关于日本国家公务员制度的根本法——《国家公务员法》。接着，日本政府又相继于1948年7月颁布了《国家行政组织法》，1949年1月颁布了《教育公务员特例法》，1950年4月颁布了《关于一般职员的工资法律》，1950年5月颁布了《关于国家公务员职阶制的法律》，1950年12月公布了《地方公务员法》等一系列有关公务员制度的法律。

通过这些法律的颁布和实施，战后日本国家公务员制度逐渐形成并不断完善。概括而言，战后日本国家公务员制度具有以下几个特点：

第一，通过行政立法，限制政府定员。日本政府的官员和职员人数都有专门法律作出明确限定。如《内阁法》规定，内阁成员不得超过21人，总理大臣只设秘书官3人，其他大臣只设秘书官1人；《国家行政组织法》规定，政府机构各部门只设长官1人，政务次官、事务次官各1人；《行政机关职员定员法》也对中央政府职员的最高数额作了具体规定。同时，日本政府的官吏层次也比较简单。中央政府内只设大臣、局长、课长三层；在特殊情况下才在局与课之间设部一级。都、道、府、县的地方政府，由知事和副知事1—3人领导。通过法律这种严格的制度安排，使日本政府具有了机构精简、办事高效的特点。例如，在1981年，日本平均每千人拥有的国家公务员（包括中央政府和地方政府）人数为34.5人，英国为48.4人，联邦德国为50.1人，美国为64.1人，法国则达66.6人。这样就避免了政府机构庞杂，人浮于事的弊端，减少了对社会经济活动的不必要干预，从而有利于市场的良好运行和经济的发展。

第二，通过考试来选用国家公务员。在日本，除最高行政官员和地方高级行政官员由国民间接选举或直接选举产生外，其他各级官员的使用都必须经过严格的公开考试，择优录取。日本《国家公务员法》规定："职员的任用，都应根据本法律和人事院规则，根据本人的考试成绩、工作成绩以及其他能力的实证来进行。"[①] 对于参加国家公务员考试的人员只有学

---

① 徐平："战后日本国家公务员制度试析"，《日本研究》，1988年第1期。

历资格限制，而没有身份的限制。从 1949 年到 1980 年 3 月末，日本录用国家公务员的考试共有 518 次，应试者达 728 万人，合格者 71 万人，录用者仅 32 万人。任用公务员考试分高级、中级和初级三种。其中，高级考试的竞争最为激烈，合格率仅为 2%，实际录用率只有 0.7%。这样，通过公平的竞争考试，日本政府就把社会上优秀的人才吸收了进来，从而保证了整个国家公务员队伍的高素质。这对于经济发展来说无疑是非常有利的。

第三，对国家公务员进行科学的"职务分类"，并进行严格的"勤务考评"。所谓职务分类，是指将国家公务员按其管理事务的性质分为若干职责、职系，然后再按其管理事务的难易、责任的大小、事务的具体内容、需要的教育程度与技术水准等，分为若干职级，并对每一职级公务员的职责、权限进行明确而具体的规定。不仅如此，为了调动国家公务员的责任心、进取心和创造性，日本政府还从政绩、能力和心理方面对公务员进行较为全面的、公正的考评，被称为"勤务考评"。"勤务考评"的结论一般分为 A、B、C、D、E 共 5 级。被评为 A 级者，可以越级加薪，评为 B、C、D 级者，可以正常晋级，E 级为劣，一般不能提级，严重过失者，则降级或免职。"勤务考评"制度的实行为合理使用人才，充分调动国家公务员的责任心和进取心，从而提高政府机构的工作质量和工作效率，提供了一种可靠的保证。

第四，重视对国家公务员的培训。为提高国家公务员队伍的素质和工作能力，日本政府十分重视对国家公务员的培训工作，并把它作为一项战略任务，以法律的形式予以保证。日本《国家公务员法》明确规定："有关政府机关领导为发挥和提高职员才干应制定和努力实行职员进修等计划"，进修的实施则由专门机构负责督促。为此，日本政府还专门设立了"国家公务员进修中心"用以培训公务员。通过实行公务员培训制度，使日本的国家公务员能够具备较高的素质、较强的工作能力和丰富的专业知识，从而使日本政府机构一直保持着很高的行政工作效率。

第五，运用法律手段保证国家公务员制度的正常运行。日本的《人事法》是仅次于国家宪法的又一根本大法，它明确规定了国家公务员的范围、法律地位、权利、责任、义务以及执行国家公务的规则等。同时，人事管理和监督机构一般高于其他部门，具有很高的权威性。例如，日本的人事院就是对国家公务员进行严格管理的专门机构，它直接对内阁负责，并对内阁保持相对的独立性。另外，日本的《人事法》规定，日本国家公务员只对法律负责，行使权力、执行公务均受法律制约。其行为如果超出法律授权范围，或违反法律规定，便构成渎职行为，要受到法律的追究。而国家公务员的应有权利也受到法律的保护。这样就使国家公务员制度实现了法制化，保证了国家公务员制度有序、高效地运行。

第六，实行"一般职国家公务员"的"政治中立"。日本国家公务员有"特别职"和"一般职"之分。"特别职"国家公务员包括内阁总理大臣、国务大臣、人事官及检察官、内阁官房长官及总务长官、大臣及特别职长官的秘书官、裁判官及裁判所职员、国会职员、国会议员、国会议员的秘书以及防卫厅的职员等。① 除特别职以外的大多数公务员，均属一般职国家公务员。日本《国家公务员法》规定，禁止"一般职国家公务员"的政治行为，如不可进行政治性捐款、参加竞选、担任政党或其他政治团体的职务，以及公开发表有损于政府的政见等。通过实行这一制度，使日本政府一直保持着长期的稳定。尽管第二次世界大战以后日本内阁的更换极为频繁，却从未进行过政府官员的大换班。长期稳定的政府保证了经济政策的稳定性和连续性，同时也有助于日本社会保持长期的稳定，从而为日本的长期经济发展创造了有利的条件。

## 第六节　促进市场有效运行的战后日本政府

如前所述，在战后初期，为了在各种资源极为短缺的情况下尽快地恢复经济，日本政府成立了经济安定总部，对经济进行全面的统制。随着"道奇计划"的实施和国内经济恢复稳定，日本经济便开始转变为自由的资本主义市场经济。从此，日本政府对经济的参与（包括其举世瞩目的产业政策的制定和实施），不是简单地行使政府的权力，而是尽可能地做到与市场机制的协调配合。因此，日本政府对经济的干预不仅没有形成对市场机制的干扰和破坏，反而在一定程度上促进了市场机制的良好运行。

下面，我们简要地论述一下战后日本政府是如何促进市场有效运行的。

---

① 徐平："战后日本国家公务员制度试析"，《日本研究》，1988年第1期。

## 一、小规模的政府收支

一个国家的政府收支在其国民经济中所占的比重,是衡量该政府对经济干预程度的一个综合性指标。这一比重越大,就意味着政府干预破坏市场机制的可能性越大。

与其他西方发达国家相比,战后的日本政府可算得上是一个真正的"廉价政府",因而对市场的破坏程度较小。

首先,日本的租税负担率是非常低的。租税是日本政府财政收入的最主要来源,但政府本身无权随意增加租税。《日本国宪法》第84条明文规定:"新课租税,或变更现行租税,必须有法律或法律规定之条件作依据。"[①] 而制定法律的权力仅属于国会。在1980年,日本的租税负担率(国税加上地方税占国民收入的比率)为22.8%,而美国、英国、法国和联邦德国分别为28.0%、40.8%、32.1%和31.6%。同一年,日本的租税和税外负担占国民收入的比率为31.1%,而美国、英国、法国和联邦德国分别为38.9%、49.0%、55.2%和52.7%。[②] 租税和税外负担较轻,就意味着日本的国民收入中有更大的份额归个人和企业支配,从而使市场机制在决定收入分配和资源配置中能够发挥更大的作用。事实上,日本国民的高储蓄率和企业的高投资水平已充分地说明了这一点。

其次,日本政府不仅支出规模较小,而且政府支出中政府资本形成(即投资)所占的比率很高。在1979年和1984年,日本政府的总支出占国内总支出的比率分别为27.2%和27.3%,而美国为29.1%和32.3%(1983年),联邦德国为39.8%和39.3%,英国为34.9%和39.0%,法国为40.4%和45.8%。在日本的政府支出中,政府消费(即政府经常采购的物质资料、服务设施)所占的比重很小。例如,在1980年,日本的政府消费总额占国民总支出的比率仅为9.8%,而美国、英国和加拿大分别为17.4%、20.3%和19.2%。相反,政府资本形成在日本政府支出中却占有很大的比重。在1980年,日本的政府资本形成占国民总支出的比率为10.0%,而美国、英国和加

---

① 《西方七国辞典》(日本卷),湖北人民出版社1997年版,第1 004页。
② 南亮进[日]:《日本的经济发展》,对外贸易教育出版社1989年版,第314页。

拿大分别为 2.6%、5.9% 和 3.0%。① 这表明，不仅日本政府的活动在其国民经济中所占的比重要低于其他一些发达国家，而且日本政府将更大比率的支出用在了生产性投资而不是政府消费方面。

## 二、促进市场的公平竞争

早在 1947 年，日本政府就颁布了《禁止垄断法》，并且专门成立了独立于内阁的"公正交易委员会"，专门负责执行这一法律以及为确保公正交易而制定的其他法律。在日本战后几十年的经济发展过程中，公正交易委员会对维护日本的市场竞争秩序发挥了积极的作用。

日本政府还采用扶植中小企业的政策来防止大企业对中小企业的不公平对待，以促进企业的公平竞争。作为一个法治国家，日本政府制定了一系列的法律来扶植和保护中小企业，如《中小企业基本法》《中小企业现代化促进法》《中小企业信用保险法》《中小企业协同组合法》《不当竞争防止法》《商工会议所法》等。同时，日本政府还通过专门为中小企业设定的部门，例如商工会议所、全国中小企业团体中央会、中小企业振兴事业团、中小企业调查协会、全国商工联合会等，以及地方的通产局对中小企业进行管理和指导。此外，日本政府还设置了专为中小企业贷款的金融公库。多年来，政府金融机构中两家主要的向中小企业提供贷款的机构——中小企业金融公库和国民金融公库——的合计贷款额都一直远高于政府通过日本开发银行提供给大企业的贷款数额。

由于日本政府对市场竞争机制的大力维护和积极促进，日本国内各企业间始终处于一种非常激烈的，但又较为公平合理的竞争状态之中。这就有力地促进了日本企业的技术水平和产品质量的提高，从而为其在国际竞争中取得优势地位打下了良好的基础。

## 三、日本政府的产业政策——共同选择

日本政府经济政策的制订过程可以说是通产省内部、不同政府部门之

---

① 南亮进 [日]：《日本的经济发展》，对外贸易教育出版社 1989 年版，第 315 页。

间、甚至整个社会不同利益集团之间相互达成共识、共同选择的过程。其著名的产业政策的制订就是一个典型的例子。

在度过了战后的经济恢复期以后,日本政府的产业政策一般是由六大主体经过斗争与妥协而得到的各方共同认可的产物。这六大主体是:(1)政府各省厅中与每一具体产业对应的专业局(日本称为原局),它们一般以这一具体产业(国家一级)整体利益代表的身份出现,通常是某一具体政策的主要提出者;(2)省厅中负责协调功能的各综合局(日本称为调整局),它们一般以国家整体利益的代表的身份出现;(3)各种业界经济团体,它们是以不同行业或整个产业界企业利益的直接代表的身份出现;(4)政府成立的半官方机构——各种审议会和调查会,它们一般是由企业界著名的经营者、学术界著名的学者、大学教授组成,因此被认为代表各方面从国家整体利益出发的机构;(5)大的企业集团;(6)大银行。①

实际上,最后由通产省确定的产业政策是日本政府与民间企业界经过相互斗争与妥协而达成共识的一种结果,也可以说是双方在国家利益与企业利益之间找到的一种共同点。如果没有双方相互间的协调,任何一方都不可能决定政策。而且,当政府官员与企业界发生不可调和的意见分歧时,作出让步的通常是通产省而不是企业界。另外,从政策的制订和改动方面讲,有相当一部分最初是由企业界提出的,即使是由政府官员提出的"政策",也必须得到企业界的认同,否则很难通过。因此,从一定意义上讲,日本的产业政策与其说是日本政府的政策,不如说是企业的政策,在政策形成中处于支配地位的是企业家而不是政府官员。②

## 四、日本政府与企业的关系

由于第二次世界大战几乎使日本明治维新后几十年的工业化成就损失殆尽,战后的日本政府为了尽快地发展经济,对民间企业实行的是扶植和保护的政策。一方面,政府通过减免税负、财政补贴、金融资助、行政指

---

① 中国经济体制改革研究所赴日考察团:《日本模式的启示》,四川人民出版社1988年版,第20-21页。
② 张维迎、程晓农:"日本政府的经济行为",载《日本模式的启示》,四川人民出版社1988年版,第185页。

导等措施来扶植企业的发展,另一方面又通过出口限制、保护性关税、外汇管制等手段来保护国内的幼稚产业免遭国外强大竞争对手的冲击。在实行这种政策的过程中,日本政府始终采取鼓励市场竞争的方针,以促进企业改进技术和提高效率。而且,日本政府在20世纪60年代初实行了贸易自由化,将已具备一定实力的日本企业推上了激烈的国际竞争舞台。

日本政府对企业的另一种非常重要的帮助就是向企业提供了大量的有用信息。日本政府是日本最大的"信息公司",它不仅向企业提供有关国内外经济发展一般态势的信息,而且提供一些专业性很强的技术性资料。在日本的政府部门,几乎找不到一本印着"机密"字样的统计资料。诸如大使馆这样的驻外机构,同时也是经济技术情报机构,它们不仅广泛收集有关各国的政策和法律信息,尤其是那些可能对日本经济产生影响的信息,而且搜集有实用价值的商业情报,并且把这些商业情报送到有关企业手中。可以说,日本企业能全面走向世界市场,在一定程度上得益于日本政府提供的信息服务。[①]

但是,日本政府对企业并不进行直接的干预。正如上面所讲到的,日本政府在制订产业政策的过程中非常重视企业界的利益和意见,甚至连日本政府制订的经济计划也并不是政府真正要实施的计划,而只是政府向企业表明今后的奋斗目标。计划内容主要包括对诸如经济增长率、物价水平、国际收支等一些指标作出预测,其目的在于为民间企业提供一个参考资料,以便它们能更好地从事经营活动。关于经济计划的性质,日本在1960年发表的著名的"国民收入倍增计划"中是这样论述的:"在此计划中,尊重民间的经济自主立场,允许其通过自由企业和市场结构追求经济的合理经营,根据其创新和运筹进行自主活动。关于民间部门的这一计划,具有预计未来情况的性质,希望民间企业以此计划所估计的国民经济将来的趋势和以各种情报为基础,制订企业的长期计划,改变过分依赖政府的态度,建立独立的责任体制。"[②] 由此可以看出,日本政府赋予了民间企业充分的自由经营的权利。而20世纪60年代末发生的"三菱事件"更

---

① 张维迎、程晓农:"日本政府的经济行为",载《日本模式的启示》,四川人民出版社1988年版,第196页。

② 张维迎、程晓农:"日本政府的经济行为",载《日本模式的启示》,四川人民出版社1988年版,第181-182页。

能说明日本政府与企业的关系。当时,通产省希望三菱与五十铃合并,但三菱断然拒绝了通产省行政指导,而与克雷斯勒签订了合作协议,从而使通产省全面重组整个汽车工业的计划受到严重挫折。结果,当时的通产大臣赶紧发表声明,说和从前的"政府主导型"经济不同,通产省将不会插手介入现在的"民间主导型"经济。这一事件无疑起到了促进日本汽车产业走向自由化的重大作用,并被舆论界渲染为"企业家独立的宣言"。[①]

日本政府与企业间的这种关系是由于企业对政府有着"硬"的约束。一方面,政府是由政治家领导的,政治家的竞选经费不是来自财政预算,而是来自企业募捐,因此,最有希望当选的政治家就是最能为企业服务的政治家。另一方面,日本政府官员有退休后转到企业中任职的惯例,这也促使他们在政府工作期间努力多做一些有利于企业的事情。[②]

## 第七节 本章小结

明治维新是日本现代化的起点。明治政府所选择的经济发展道路和它确立的制度框架对日本近代的经济和社会发展都产生了极其深刻的影响。

明治政府具有一些鲜明的特点:第一,积极地向西方先进国家学习,像岩仓使团这样包括大批政府高官在国外考察近两年的举措,在世界近代史上是极为罕见的。第二,广泛地吸收各种优秀人才,不断地自我完善,使政府拥有了一支较高素质的、能适应日本经济高速发展的官僚队伍。第三,坚定地贯彻"殖产兴业""富国强兵"的方针,并且通过强有力的专制手段调动各种资源来实现这种目标。第四,具有很强的务实精神并且勇于改革,"内治优先"、设立内务省、对官营企业的处理以及教育改革都有力地证明了这一点。正是由于具备了这些特点,明治政府才成功地将日本这一原本极为落后的农业国家推上了现代工业化的轨道。同时,明治政府所实行的一些经济政策,如殖产兴业政策、建立银行制度、地税改革和选

---

① 张阿妹:"日本产业政策的形成机制",载《日本模式的启示》,四川人民出版社1988年版,第165页。

② 张维迎、程晓农:"日本政府的经济行为",载《日本模式的启示》,四川人民出版社1988年版,第199页。

择生物技术型的农业发展战略以及对教育制度的改革等，都为日本的长期经济发展作出了重要的贡献。因此，我们认为，就国内方面而言，明治政府为日本选择了一条较为合理的、快捷的经济发展道路，而且为之创立了一个良好的开端以及创造了一系列有利的条件。

但是，在努力实现"殖产兴业"和"富国"目标的同时，明治政府却一味地追求"强兵"并且发动了一系列的侵略战争，希望以此获得进一步的发展，这实际上是为日本选择了一条非正义的、极其危险的、对外侵略的"发展"道路。不仅如此，明治政府不但没有能够实现"文明开化"的目标，相反却通过明治宪法建立了专制的"明治体制"。这样就使日本的政治体制大大落后于其社会经济高速发展的进程，从而引起后来的政治动荡和社会混乱，并最终导致了法西斯主义的上台和走向自取灭亡的罪恶战争。因此，明治政府依照普鲁士模式建立起来的国家基本政治制度可以说是一种完全错误的和失败的选择。尽管从短期而言，这种选择加强了明治政府的专制力量从而有利于经济的迅速发展，但它最终却将日本引向了毁灭。这就再一次有力地证明我们在第一章中所提出的观点：由于具有"路径"依赖的特点，一个国家的政府最初选择的经济发展道路和基本制度对该国后来的经济发展有着极其深远的影响。

第二次世界大战结束以后，美国为了彻底消除日本的军国主义和军事潜力，指令日本政府进行了大规模的政治和经济民主主义改革。这些改革在客观上为日本资本主义市场经济的迅速发展创造了非常有利的制度环境和前提条件。日本从此成为一个较民主的法制化国家，这对于市场机制的有效运行是极为有利的。正是由于这种制度上的根本改变，战后的日本才走上了一条完全不同于战前的高速经济发展道路。

同时，战后的日本政府也有许多成功的经验是值得借鉴的。其中最重要的一条是，日本政府不直接地干预经济，而是努力促进市场机制更好地运行，例如对自由竞争的大力维护、向企业提供各种政策支持和信息服务、在制订产业政策过程中高度重视企业的意见等。另外，日本政府严格按照法律办事，实行公平竞争的公务员制度以及与企业结成伙伴关系等做法，使其始终保持着很高的工作效率。这也支持了我们在第一章中提出的关于提高政府有效性和能力的观点。

以上我们主要从制度变迁特别是日本政府本身的演变过程讨论了日本

政府在长期经济发展过程中的作用，同时也对它的一些经济政策进行了简要的分析。当然，战后日本政府的许多具体经济政策，例如不同时期的产业政策、重视科技和教育事业、金融体制与政策金融、支持农业发展、大力促进出口等，都对战后日本的经济发展作出了重要贡献。但是，由于篇幅有限，而且这方面的研究也非常多，所以我们在这里就不再进行讨论。

# 第五章　中国的崛起：为人民服务的中国政府

## 第一节　新中国：中央人民政府的成立

### 一、半封建、半殖民地的旧中国：未能建立权威的中央政府

1911年，随着辛亥革命的爆发，大清王朝退出了历史舞台。从此，中国结束了几千年的封建统治，进入了民国时代。但是，虽然摆脱了漫长的封建时代，中国却没有迅速成为一个独立的、统一的国家，而是进入了半封建、半殖民地的落后状态。

辛亥革命之后，伟大的革命先行者孙中山先生没有能够建立起一个真正的中华民国。相反，袁世凯不仅窃取了民国总统的宝座，而且野心进一步膨胀，竟然悍然称帝。最后，在全国人民的强烈谴责和声讨声中，仅仅当了几十天"皇帝"的袁世凯不得不宣布退位，旋即抱憾离世。自此，中国进入了一个军阀混战、"诸侯"割据的时期：一是袁世凯死后，北洋军阀分裂成皖系（以段祺瑞为首）、直系（以冯国璋、曹锟、吴佩孚为首）和奉系（以张作霖为首）三大派系，并曾先后获得对中央政府的控制权；二是云南、广西、贵州、四川等地一些手握重兵的军事将领，也纷纷拥兵自固，各据一方，成为地方军阀。为争夺统治权、抢夺地盘，北洋军阀之间、地方军阀之间多次爆发战争，如直皖战争、粤桂战争、直奉战争等，使本来就已贫穷、落后的中国陷入了更深的痛苦和灾难之中。

1919年爆发的"五四"运动极大地推动了马克思主义在中国的传播，

使中国的革命形势迅速发展，中国共产党于1921年在上海成立。其后，孙中山先生在对前面多次革命的失败进行深刻的反思和总结后，对国民党进行了全面的改造，同时，在共产国际的帮助下，实现了国民党和中国共产党的合作，并且实行了"联俄、联共、扶助农工"的政策。国共合作很快取得了一系列重大的革命成果：1924年建立了黄埔军校；1924—1925年扫荡了广东的反动势力；1926年7月开始北伐，很快就彻底击溃吴佩孚、孙传芳两大军阀势力，占领了湖南、湖北和江西，随后又相继占领了福建、浙江、安徽和江苏，完全控制了长江下游的江南地区，使旧军阀遭到严重的打击。但是，就在这革命形势一片大好的情况下，以蒋介石为首的国民党反动势力却背叛了革命，发动了"四·一二"反革命政变，开始疯狂镇压工农运动，大肆屠杀共产党人。大革命宣告失败。

大革命失败后，中国的政局处于极度的混乱之中。除了新旧军阀的对立，国民党本身也分成许多派系。在政治上，蒋介石、汪精卫、胡汉民、西山会议派等各成一个派别。在军事上，蒋介石、唐生智、李宗仁、李济深、冯玉祥、阎锡山各自拥有一支武装力量。军阀武装和政客集团相互结合，争斗十分激烈。在1927年10月至1930年10月的三年时间里，国民党新军阀之间爆发了多次大规模的战争，如李唐（李宗仁与唐生智）战争、蒋桂（蒋介石与桂系）战争、蒋冯（蒋介石与冯玉祥）战争、第二次蒋桂战争、中原大战（蒋介石与阎锡山、冯玉祥、李宗仁）。经过这几次军阀混战，蒋介石最终确立了在国民党中的领导地位。

在取得了中原大战的胜利以后，蒋介石立即调动部队对中央红军进行了第一、二次"围剿"，但均以失败告终。1931年，日本策划了"9.18"事变，侵占了中国东北。但是，蒋介石置全国人民抗日的强烈要求于不顾，相继对中央红军展开了第三、四次"围剿"，又都被红军击败。1934年春，蒋介石又调动大量军队对红军开始进行第五次"围剿"。由于当时犯有"左倾"错误的中央领导人推行军事教条主义，致使第五次反"围剿"失败，红军被迫长征。1935年10月，经过万里长征，红军到达陕北吴起镇，开始以陕北为中国革命的大本营。1936年12月，张学良、杨虎城两将军发动的"西安事变"得到和平解决，促成了第二次国共合作和团结抗日。

1937年7月7日，日本挑起了"卢沟桥事变"，发动了全面侵华战争。国民党的另一个领袖人物汪精卫公开投降了日本，在南京成立了伪"国民政府"并自任主席，同时也有一些政客和军官投降了日本，成为汉奸和伪军。但是，面对国家的危亡，绝大多数中国人选择了团结一致、共同抗日。中国共产党领导的红军改编为国民革命军第八路军和新四军，全力投入抗日战争。很多与国民党中央政府有着各种矛盾和利益冲突的地方军阀，也纷纷不计前嫌，将全部军力用以抗击日寇。经过八年的艰苦抗战，中国终于取得了抗日战争的全面胜利。经过重庆谈判，国共双方签订了《双十协定》，并且召开了政治协商会议。但是，蒋介石却自认为实力强大，公然撕毁了协定，发动了内战。结果，不到三年时间，政治腐败、经济崩溃、军心涣散的国民党政权就被日益强大的人民解放军彻底击垮，被迫逃往台湾。

总之，从辛亥革命到新中国成立之前的30多年间，半封建、半殖民地的中国经历了北洋政府时期的旧军阀战争、国民党与旧军阀之间的战争、国民党新军阀之间的战争、国民党军队"围剿"与红军反"围剿"的战争、抗日战争、全国解放战争，始终未能建成一个统一、和平的国家，而且也没有能够组建一个强有力且稳定的中央政府。在这种情况下，中国的崛起怎么可能实现呢？

## 二、中央人民政府的成立[①]

1949年9月21—30日，中国人民政治协商会议第一届全体会议在北平（今北京）召开。出席这次会议的有中国共产党和各民主党派、各民族、各人民团体，各地区和人民解放军的代表、候补代表、国外华侨民主人士及特邀代表共662人。这届政治协商会议是一个全国人民大团结的会议，具有代表全国人民的性质，它获得了全国人民的信任和拥护。因此，中国人民政治协商会议宣布自己执行全国人民代表大会的职权。毛泽东主持了这次会议，并致开幕词。他庄严宣告："占人类总数1/4的中国人从此站立起来了。"会议经过充分讨论，全体一致通过了《中国人民政治协

---

① 本部分内容主要参考了《中共党史导读》（上册），中共广播电视出版社1991年版，第1 017-1 020页；《中共党史导读》（下册），中共广播电视出版社1991年版，第1 047-1 052页。

商会议组织法》《中华人民共和国中央人民政府组织法》和《中国人民政治协商会议共同纲领》。《中国人民政治协商会议共同纲领》规定："中华人民共和国的国家政权属于人民。人民行使国家政权的机关为各级人民代表大会和各级人民政府。各级人民代表大会由人民用普选方法产生之。各级人民代表大会选举各级人民政府。各级人民代表大会闭会期间，各级人民政府为行使各级政权的机关。国家最高政权机关为全国人民代表大会。全国人民代表大会闭会期间，中央人民政府为行使国家政权的最高机关。"《中央人民政府组织法》规定："中华人民共和国政府是基于民主集中制原则的人民代表大会制的政府。"会议选举毛泽东为中央人民政府主席，朱德、刘少奇、宋庆龄、李济深、张澜、高岗为副主席，并选举陈毅等56人为中央人民政府委员会委员。会议决定了国旗、国歌和采用公元纪年，并决议定都北平，将北平改名为北京。会议还选举了毛泽东为中国人民政治协商会议全国委员会主席，周恩来、李济深、沈钧儒、郭沫若、陈叔通为副主席。会议最后通过了"中国人民大团结万岁"的大会宣言。1954年全国人民代表大会第一次全体会议召开以后，人民政协不再代行全国人民代表大会的职权，而是作为中国最广泛的爱国统一战线组织，继续在国家组织生活和其他方面发挥它的重要作用。

1949年10月1日下午2时，中央人民政府委员会第一次全体会议通过决议：宣布中华人民共和国中央人民政府成立。当天下午3时，隆重举行了新中国开国大典。毛泽东主席亲自升起了第一面五星红旗，宣读了《中华人民共和国中央人民政府公告》，向全世界庄严宣告"中华人民共和国中央人民政府成立"，并严正声明"本政府为代表中华人民共和国全国人民唯一合法政府。凡愿遵守平等、互利及相互尊重领土主权等原则的任何外国政府均愿与之建立外交关系。"

为尽快建立中央人民政府的机构，根据《中国人民政治协商会议共同纲领》和《中华人民共和国中央人民政府组织法》，1949年10月19日，中央人民政府委员会举行第三次会议，讨论通过了政务院及其所属各委员会、各部、会、院、署、行负责人的任命。会议任命董必武、陈云、郭沫若、黄炎培为政务院副总理，李维汉为政务院秘书长，任命董必武为政务院政治法律委员会主任，陈云为财政经济委员会主任，郭沫若为文化教育委员会主任，谭平山为人民监察委员会主任。并且，还任命了政务院各部、会、院、署、行的负责人。同时，这次会议决定，组成中国人民革命军事委员会，毛泽东为主席，朱德、刘少奇、周恩来、彭德怀、程潜为副主席，徐向前为总参谋长，聂荣臻为副总参谋长，贺龙、刘伯承等24人为委员。

在建立了中央人民政府的机构以后，1950年1月，中央人民政府政务院制定了省、市、县人民政府组织通则，作为建设各级人民政权的法规。到1950年9月，全国已有1个大行政区（东北）和1个中央直属的自治区（内蒙古）的人民政府，4个大行政区的军管会，28个省人民政府，9个相当于省的行政区人民行政公署，12个中央和大行政区直辖的市人民政府，67个省辖的市人民政府，2 087个县人民政府。

## 三、抗美援朝战争：较量美国的中国政府

1950年6月25日，我国东北近邻朝鲜南北双方爆发了内战。6月27日，美国总统杜鲁门命令美国海空部队出兵入侵朝鲜，同时令第七舰队开赴台湾海峡，阻止中国人民解放台湾。随后，美国操纵联合国安全理事会通过了侵略朝鲜的非法决议，组成了以美国为主、15个仆从国家加入的所谓联合国军。在朝鲜人民军奋勇作战、节节胜利，解放大部分南朝鲜地区的情况下，麦克阿瑟指挥7万多的美军，在300多艘军舰、500多架飞机的掩护、支援下，由海上出兵，突然于9月15日在仁川大举登陆，切断了朝鲜人民军的后路。同时，在正面战线的美、李军队也于9月16日发起反攻，使朝鲜人民军陷入腹背受敌的不利境地，损失惨重，不得不全面退却。美、李军乘势迅速向北推进，朝鲜人民民主共和国处于危机之中，我国的安全也受到严重威胁。

面对严峻的形势，周恩来总理于9月30日代表中国政府警告美帝国主义："中国人民决不能容忍外国的侵略，也不能听任帝国主义者对自己的邻人肆行侵略而置之不理。""中国人民热爱和平，但是为了保卫和平，从不也永不害怕反抗侵略战争。"10月3日，周恩来委托印度政府转达中国对美国的警告：如果美军越过三八线，中国将出兵援助朝鲜。但是，美国无视我国的严正警告，肆无忌惮地继续扩大侵略战争：美、李军不仅越过三八线，占领了平壤，还把战火一直烧到我国边界鸭绿江边。美国甚至还

派空军侵入我国东北境内,滥施轰炸扫射,在海上炮击我国商船。美国人狂妄叫嚣:"在历史上,鸭绿江并不是中、朝两国截然划分的、不可逾越的障碍。"这充分暴露了美帝国主义妄图用侵略战争,吞并朝鲜,进而侵占中国,扼杀新生的中华人民共和国的狂妄野心。①

对于刚成立的新中国政府来说,美国对朝鲜的大肆入侵无疑是一场极为严峻的考验和挑战。当时,规模空前的解放战争刚刚结束,国民党残部已逃往并占据了台湾,西藏还未解放,而且国内还有大量的土匪尚未肃清。② 同时,长期的战争致使我国本就非常落后的工业严重受损,根本无法为一场大规模的战争提供有效的支持。况且,我们所面对的是世界上最强大的工业化国家——美国,而且它拥有在第二次世界大战中击败日本和德国的实力超强的军队。就连当时综合国力和军事力量远胜于我国的社会主义强国苏联,在经过反复权衡后,还是决定不出兵援助朝鲜。

在这种情况下,新中国政府本着无产阶级国际主义和爱国主义的精神,应朝鲜民主主义人民共和国的请求,决定组成中国人民志愿军,进行"抗美援朝、保家卫国"的斗争。1950年10月19日,在司令员兼政治委员彭德怀的率领下,中国人民志愿军跨过鸭绿江,开赴朝鲜作战。到1951年6月,经过五次大的战役,志愿军歼敌近19.67万人(其中美军8.8万人),把美、李军从鸭绿江边赶回到三八线附近,从根本上扭转了朝鲜战局,使敌人被迫由战略进攻转为战略防御。其后,志愿军又成功地击溃了美、李军发动的"夏季攻势"和"秋季攻势",歼敌25万余人,并且粉碎了敌人发动的"绞杀战"和"细菌战"。1953年5月,志愿军发动了强大的夏季反击战役,突破了敌人的防御阵地,歼敌12.3万人,收复240平方公里的土地。在这种情况下,美国感觉大势已去,败局无法挽回,不得不罢战言和。1953年7月27日,朝鲜停战协定在板门店签署,朝鲜战争结束。③

抗美援朝战争的胜利,证明了新中国政府成为一个强有力的政府。首先,它展现了一个大国政府勇于承担国际责任并且忠实履行自己的诺言:

---

① 《中共党史导读》(下册),中共广播电视出版社1991年版,第1 076页。
② 事实上,到1952年,我国清剿土匪的斗争才完全结束,共歼灭武装匪徒240余万人。
③ 《中共党史导读》(下册),中共广播电视出版社1991年版,第1 082、1 084页。

如果美国敢于越过三八线，中国就出兵援朝，并且最终击败了不可一世的美军。同时，抗美援朝战争的胜利，为我国赢得了此后60多年和平的经济建设时间，有力地巩固了新中国政府在国内的威望和统治地位。它还让美国清醒地认识到一个强有力的社会主义新政权的崛起：在后来的越南战争中，美国政府就是因为中国政府的警告而未敢将战争进一步扩大；美国政府在19世纪70年代初主动与中国政府建交，其中的原因可能就是多年前与中国在朝鲜的"不打不相识"。在国际上，抗美援朝战争的胜利大大提升了新中国政府的国际地位和影响力。许多第三世界国家纷纷把中国政府视为与美国为首的帝国主义列强抗衡的领头人。从某种意义上讲，中国后来成功地重返联合国并成为常任理事国，与中国取得抗美援朝战争的胜利是有着一定联系的。

## 四、改革开放以后的政府改革

十年"文化大革命"，给我国的国民经济造成极大损害的同时，也对政府产生了严重的冲击，导致政府不仅不能履行其正常的职能，而且几乎接近于崩溃的边缘。粉碎"四人帮"以后，党的十一届三中全会的召开，使我国的政治体制改革出现了历史性的转机。1980年2月，为改变权力过于集中于少数人甚至个人的状况，党的十一届五中全会决定，重新设立中央书记处，作为中央政治局和它的常务委员会领导下的经常工作机构。中央书记处的设立，使中共中央形成了中央书记处、中央政治局和中央政治局常委3个层次的领导体制，能起到分权的作用。1980年8月，在中央政治局扩大会议上，邓小平代表中共中央政治局常委作了《党和国家领导制度的改革》的重要讲话。邓小平指出，这次中央政治局常委建议的国务院领导成员的变动，将是改革政府领导制度的第一步。调整国务院领导成员应遵循四条原则：权力不宜过于集中；兼职、副职不宜过多；着手解决党政不分、以党代政的问题；从长远着想，解决好交接班的问题。①

1982年1月11日和13日，中共中央政治局召开会议，讨论中央机构精简问题。邓小平在会上作了《精简机构是一场革命》的重要讲话。随

---

① 《中共党史导读》（下册），中共广播电视出版社1991年版，第2 060－2 062页。

之，中共中央和国务院的机构改革迅速展开。到 1982 年 6 月 28 日，改革第一阶段顺利结束。经改革，国务院所属部委、直属机构和办公机构，由 100 个裁并为 60 个，工作人员编制缩减 1/3 左右。据 38 个部委的统计，除兼职的部长、主任外，正副部长、正副主任由原来的 505 人减至 167 人，减少 67%。在新组成的领导班子中，新选拔的中青年干部占 32%，平均年龄由 64 岁降至 58 岁。同时，国务院本身的领导体制也进行了改革，副总理由 13 人减为 2 人，新设国务委员 10 人，改善和加强了国务院日常领导机构。中共中央直属单位，局级机构减少 11%，工作人员总编制缩减 17.3%，各部委的正、副职数减少了 15.7%。在新组成的领导班子中，新选拔的中青年干部占 66%，平均年龄由 64 岁降到 60 岁。[①] 此外，这次改革还解决了领导干部终身制的问题，如省部级干部正职 65 岁退休，副职 60 岁退休。这次改革不仅大大改善了政府的组织结构，提高了工作效率，而且还为后来的改革打下了较好的基础。

1988 年的改革，国务院部委机构减少到 41 个，工作机构数继续减少到 68 个，编制减少 9 700 多个。由于当时我国的经济体制已经开始转轨，物资部门和流通部门开始通过双轨制改革逐步进入市场化阶段，这样就为政府机构精简和职能转变提供了空间。在这次改革中，中央开始把机构改革与政府职能转变联系起来，重点是实现政企分开，弱化政府的微观管理职能，强化综合管理职能，精简专业部门，强化宏观调控部门。

1992 年，我国正式确立要建立社会主义市场经济。因而，政府机构改革的核心目标变为如何转变政府职能。不过，由于市场经济建设刚刚起步，政府职能的转变难以迅速到位。因此，1993 年政府机构精简的成效不大。例如，国务院工作部门从 86 个减少到 59 个，但到 1997 年又增加到 72 个，精简的人数也出现了反弹。导致这一问题的主要原因是行政机关由内部人员控制的问题：行政机关自己就可以确定机构设置与职能变更以及人员编制，而不受立法机关的制约，即没有外部的约束力量。

1998 年的政府机构改革，可以说是大体走出了精简与膨胀的循环怪圈。其关键是着眼于市场经济建设的需要，精简了很多与计划经济相关的经济部门。这些经济部门转变为国家经贸委下属的 9 个局，到 2001 年，7

---

① 《中共党史导读》（下册），中共广播电视出版社 1991 年版，第 2 064－2 066 页。

个局被撤销，国家煤炭生产局改称国家安全生产局，只有国家烟草专卖局依然保留。中央各部委、办、直属局公务员从1997年的3.4万人减少到1.7万人，国务院人员编制总数减少了47.5%。不过，中央财政支出并未因此而减少，反而增加了20%。此外，一些市场监管机构得到了强化，级别有所提高，如国家工商行政管理总局、新闻出版总署、国家质量监督检验检疫总局（由国家质量技术监督局和国家出入境检验检疫局合并而成），成为正部级单位。而一些部门也增设了司局级单位，比如外贸部建立了世界贸易组织司，还成立了中国政府世贸组织通报咨询局、进出口公平贸易局等。

2003年召开的十届全国人大一次会议通过了国务院机构改革方案。该方案主要包括七大举措：（1）设立国务院国有资产监督管理委员会，以深化国有资产管理体制改革；（2）将国家发展计划委员会改组为国家发展和改革委员会，以完善宏观调控体系；（3）设立中国银行业监督管理委员会，以健全金融监管体制；（4）组建商务部，以继续推进流通管理体制改革；（5）组建国家食品药品监督管理局、将国家安全生产监督管理局升格为国务院直属机构，以加强食品安全和安全生产监管体制建设；（6）将国家计划生育委员会更名为国家人口和计划生育委员会，以加强人口发展战略研究；（7）撤销国家经济贸易委员会、对外贸易经济合作部。应该说，这次政府机构改革的重点没有放在机构数量和人员规模上，而是通过机构调整，为建设适应市场经济需要的政府体制奠定组织基础。[①]

回顾这五次政府机构改革可以发现，虽然每次改革都会出现精简—膨胀的循环，但改革依然取得了较大的进展。随着改革的进行，政府机构的数量和人员编制一直呈下降的趋势。更为重要的是，政府机构的职能发生了很大的变化。政府逐渐放弃了物资分配权、物价控制权、企业经营管理权，减少了对经济的直接干预，而把工作重点转移到保证市场良好运行和实现宏观经济稳定方面。而且，政府的运作方式发生了很大的变化，依法治国、依法行政已经成为政府运作的基本要求。可以说，正是通过不断的改革，让政府在中国由传统的计划经济向现代市场经济转轨的过程中不仅

---

① 毛寿龙："中国政府体制改革的过去和未来"，http://www.ChinaMPAonline.com，2004年8月27日。

保持着长期的高度稳定,而且其本身的执政能力和对宏观经济的调控能力也得到了加强。这就为改革开放以来我国经济的快速发展和国家的崛起提供了重要的制度保证。

## 第二节 选择发展道路:以工业化实现国家的崛起

### 一、新中国成立之初的国民经济状况

新中国成立之初,战争硝烟尚未散尽的中国可谓满目疮痍,是一个名副其实的落后的农业大国,工业基础极为薄弱,工业生产能力相当糟糕。那时,我国甚至连一些最基本的日常用品都不能自己生产,而要靠"洋人"生产。例如,当时人们习惯把布匹称为"洋"布,把雨伞称为"洋"伞,把铁钉称为"洋"钉,把煤油称为"洋"油,把镜子称为"西洋"镜,等等。可见我国当时的工业水平是多么落后。

在帝国主义、封建主义和官僚资本主义的三重压迫下,我国工业的落后状况表现在以下10个方面:(1)在工农业总产值中,机器大工业产值的比重低;(2)在全部工业中,机器大工业的比重也低;(3)在机器大工业中,生产资料工业比重低,消费资料工业比重高,东南沿海工业比重高,内地工业比重低;(4)在机器大工业中,机械化的程度很低;(5)除了帝国主义和官僚资本主义的工业不说,中国民族资本主义工业的集中程度也很低,并趋于下降;(6)工业产品的技术水平低;(7)职工文化技术水平低;(8)工业企业经营管理水平低;(9)经济效益很低,表现为劳动生产率低、生产成本高、盈利率低;(10)工业生产水平低。[①]

半殖民地半封建社会时期的中国主要工业产品的产量,特别是重工业产品产量,即便是最高的年份也是很少的。但就是这样一个很低的水平,到1949年,除了个别产品以外,还大大下降了。例如,在1949年,原煤的产量为0.32亿吨,为最高年产量的51.6%;原油产量为12万吨,是最

---

① 汪海波主编:《新中国工业经济史》,经济管理出版社2007年版,第5-8页。

高年产量的 37.5%；发电量为 43 亿度，是最高年产量的 71.7%；钢产量为 15.8 万吨，是最高年产量的 17.1%；生铁产量为 25 万吨，是最高年产量的 13.9%；水泥产量为 66 万吨，是最高年产量的 28.8%；硫酸产量为 4 万吨，是最高年产量的 22.2%；金属切割机床产量为 0.16 万台，是最高年产量的 29.6%；纱产量为 32.7 万吨，是最高年产量的 73.5%；布产量为 18.9 亿米，是最高年产量的 67.7%；原盐产量为 299 万吨，是最高年产量的 76.3%。与资本主义最发达的美国和不发达的国家印度的比较更能够说明问题。在 1949 年，美国的原煤、原油、发电量、钢、生铁、水泥、硫酸、金属切割机床、纱、布、原盐的产量分别是中国的 13.63、2 074.33、80.26、447.72、199.28、54.45、259.25、72.5、5.24、4.05 和 4.73 倍，印度的原煤、原油、发电量、钢、生铁、水泥、硫酸、纱、布、原盐的产量分别是中国的 1、2.08、1.14、8.67、6.56、2.82、2.5、1.88、1.83 和 0.68 倍。① 这表明，新中国成立时我国的工业生产水平根本无法与美国相比，即使与不发达的印度相比也有一定的差距。

## 二、工业化实现国家崛起的起点：国民经济的恢复

1949 年 3 月，中国共产党在西柏坡举行了第七届中央委员会第二次全体会议。毛泽东代表党中央在全会上作了报告。报告明确提出，全国胜利以后在经济建设方面的总目标是，使中国稳步地由农业国转变为工业国，把中国建设成为一个伟大的社会主义国家。这表明，在新中国成立之前，中共中央就已经为新中国确立了社会主义工业化的发展道路。

### （一）平抑物价、统一财经

1949 年，人民解放战争在全国范围内取得了决定性的胜利。但是，这一年国家的经济形势却不容乐观，尤其是通货膨胀非常严重。在 1949 年 4 月至 1952 年 2 月不到三年的时间里，就出现了 4 次大规模的涨价潮，物价急剧上涨。

造成物价上涨的一个重要因素是，由财政赤字引起的货币发行量的增

---

① 汪海波主编：《新中国工业经济史》，经济管理出版社 2007 年版，第 9 - 10 页。

大。1949年的财政赤字来自这样几个方面：一是解放战争仍在进行之中，军费支出依然庞大；二是对包括原国民党公教人员在内的知识分子实行"包下来"的政策，使得财政支出急剧增加；三是战争使国民经济受到严重破坏，导致了税收的减少。为解决巨大的财政赤字，不得不依靠货币来弥补，从而推动了物价的上涨。

但是，除了货币超发以外，引起当时物价飞涨还有另外一个重要的原因：投机资本为追逐暴利，乘机囤积居奇、哄抬物价。投机资本的活跃，不仅扰乱了金融秩序，破坏了市场稳定，而且直接导致物价的剧烈波动。对此，人民政府在采取有力的措施加强金融管理和市场管理的同时，还实行了一次"打击投机、平抑物价"的重大行动。

1949年11月，新中国出现了速度最快、时间最长、投机最猖獗的一次物价上涨。对此，人民政府在全国范围内调运和集中大量的粮食和棉纱等重要物资，从11月25日开始，在全国各大城市同时大量抛售，11月26日物价就开始下跌。经过10天的连续抛售，物价大幅度下降，涨价风终被抑平。同时，投机资本由于措手不及而损失惨重，受到了毁灭性的打击。

1950年3月3日，政务院通过并颁布了《关于统一国家财政经济工作的决定》，决定的主要内容是：统一国家财政收支、统一现金管理、统一物资调度。从财政、金融、贸易三个方面同时进军，其目的都是为了集中全国财力和物力，以争取财政收支平衡、现金吐纳平衡和物资调度平衡。

人民政府通过一系列有力的措施和办法，使国家的财政金融状况都有了很大的改善。据统计，1950年3月份财政赤字比1月份减少了80.2%，比2月份减少了71.8%，4月份即出现了收支接近平衡的局面。1950年5月国家银行存款总额比同年2月增加了4倍。5月以后，银行存款总额经常在市场流通货币量的3倍以上。这样，国家银行的现金吐纳不仅达到平衡，而且出现了顺差。自此，新中国金融市场就走向正常、走向稳定。在贸易方面，各地国营贸易公司的批发商品价格业务范围和物资调度，由中央人民政府贸易部统一掌握和指挥，地方不得干预。部队、机关不得经营商业。这样，国家能够把重要物资，如粮食、纱、布、工业原料和器材等，从分散状态集中起来，以便调剂市场的供求，保证主要市场对主要物资的需要，为战胜投机、稳定物价提供物资保证。财政收支、现金吐纳和物资供求三个方面平衡的实现，使市场物价的稳定成为可能。从1950年4

月开始，市场物价趋于稳定。以 1950 年 3 月全国批发物价总指数为 100，4 月指数下降至 75.1，5 月降到 69.2，之后物价从下降趋于稳定。至此，投机资本的冒险活动被彻底击破，国民党政府留下的恶性通货膨胀的"后遗症"已被消除，十多年来广大人民饱受通胀之苦的不幸局面宣告结束。[①] 这就为建立新的经济秩序、恢复国民经济、启动国家工业化创造了有利的条件。

### （二）没收官僚资本主义工业企业

抗日战争胜利后，官僚资本主义工业在半殖民地半封建社会时期中国的工业中占有垄断的地位。据计算，1947 年官僚资本主义工业企业生产的工业产品占国民党统治区全部工业产品的比重很高，其中电为 78%，煤为 80%，石油和有色金属为 100%，钢铁为 98%，机械为 72%，水泥为 67%，烧碱为 65%，硫酸为 80%，盐酸为 45%，化学肥料为 67%，纺锭为 60%，机制纸为 50%，机制糖为 90%，漂白粉为 41%，出口植物油为 70%。[②]

所谓没收官僚资本主义工业企业，主要是指没收由国民党各级政府（包括中央政府、省政府和县市政府）经营的工业企业（包括国民党政府在抗日战争以后接收的日、德、意帝国主义在中国的工业企业）以及由国民党大官僚经营的工业企业。至于由小官僚和地主经营的工业企业，以及官僚资本主义工业企业中的民族资本的股份，都不在没收之列。

没收官僚资本主义工业企业的工作，是伴随着解放战争在全国的不断胜利而逐步展开的。据统计，到 1949 年，被人民政府没收的官僚资本的工矿企业有：控制全国资源和重工业生产的国民党政府资源委员会管辖的企业，垄断全国纺织工业的中国纺织建设公司，国民党兵工系统和军事后勤系统所办工业，国民党政府交通、粮食等部门所属企业，宋孔家族和其他大官僚的商办企业，"CC"系统的"党营"企业，以及各省地方官僚资本系统所属的企业。共计工业企业 2 858 个、职工 129 万人，其中发电厂 138 个，采煤、采油企业 120 个，铁锰矿 15 个，有色金属矿 83 个，炼钢厂 19

---

① 《中共党史导读》（下），中国广播电视出版社 1991 年版，第 1 064—1 066 页。
② 陈真编：《中国近代工业资料》第 4 辑，三联书店 1961 年版，第 1 445—1 446 页。

个，金属加工厂 505 个，化学加工厂 107 个，造纸厂 48 个，纺织厂 241 个，食品企业 844 个。通过没收官僚资本主义工业企业，社会主义国有工业前所未有地扩大起来，使得社会主义国家所有制经济掌握了国民经济的命脉，为我国国民经济的恢复、发展和改造奠定了重要的基础。据统计，1949 年，社会主义国有工业产值占全国工业总产值的 26.2%，占全国大工业产值的 41.3%，国有工业拥有全国电力产量的 58%，原煤产量的 68%，生铁产量的 92%，钢产量的 97%，水泥产量的 68% 以及棉纱产量的 53%。①

### （三）国民经济的恢复

为了尽快恢复国民经济，新中国政府采取了一系列有力的措施和办法，如平抑物价和统一财经、没收官僚资本主义工业企业、对国有工业实行集中统一管理、对国有工业企业进行民主改革和生产改革、调整民族资本主义工业、开展"五反"运动；等等。到 1952 年，我国在恢复国民经济方面已经取得了巨大的成就。

首先，工业生产全面恢复，产量和生产能力迅速提升。按当年价格计算，1949—1952 年，我国的工业总产值分别为：140 亿元、191 亿元、264 亿元和 349 亿元。按可比价格计算，1949—1952 年，我国工业总产值年均增长率分别为：36.4%、38.2% 和 29.9%，1952 年比 1949 年增长 1.45 倍，平均每年增长 34.8%。② 一些主要工业产品的产量更是实现了大幅度的增长：在 1952 年，原煤、原油、发电量、钢、生铁、水泥、硫酸、金属切割机床、纱、布和原盐的产量分别为 1949 年产量的 206.3%、366.7%、169.8%、854.4%、772.0%、433.3%、475.0%、856.3%、200.6%、202.6% 和 165.6%。③ 而且，我国工业的生产能力也得到了很大的提升，到 1952 已经能够生产很多解放前不能生产的重要工业产品，如冶金设备、发电设备、大型机床、机车、民用钢质船舶、缝纫机等。

其次，工业结构明显优化。一是现代工业的比重增大。按 1952 年的价

---

① 汪海波主编：《新中国工业经济史》，经济管理出版社 2007 年版，第 36-37 页。
② 《中国统计年鉴（1983）》，中国统计出版社 1983 年版，第 16-18 页。
③ 《中国统计年鉴（1984）》，中国统计出版社 1984 年版，第 249 页。

格计算，1949 年现代工业总产值为 79.1 亿元，占全部工业总产值的比重为 56.4%。到 1952 年，现代工业总产值增加到 220.5 亿元，占全部工业总产值的比重上升到 64.2%。① 二是重工业在工业中的比重增大。1949—1952 年，按当年价格计算，重工业产值由 37 亿元增加到 124 亿元，按可比价格计算，则增长了 2.3 倍，其占工业总产值的比重由 26.4% 上升至 35.5%。②

最后，工业经济效益明显提高。一是劳动生产率不断提高。按 1980 年不变价格计算，国家所有制独立核算工业企业全员劳动生产率在 1949 年为 3 016 元，1952 年上升至 4 184 元，增长了 38.7%，平均每年增长 11.5%。③ 二是物资消耗比重下降。1949—1952 年，工业生产的物资消耗逐年下降。例如，发电标准煤耗率由 1.020 公斤/度下降到 0.727 公斤/度，减少了 28.7%；每件纱用棉量由 205.85 公斤下降到 198.97 公斤，减少了 3.3%。④

国民经济的全面、快速恢复，为我国实行计划经济、加快工业化进程创造了有利的条件。

## 三、五年计划：社会主义工业化的重要手段

在国民经济得到较好恢复的情况下，我国开始实行类似苏联的计划经济体制。1952 年，中央人民政府决定成立国家计划委员会，制定国民经济第一个五年发展计划。在成立之初，国家计划委员会是独立于政务院的一个规格很高的部门：主席为高岗（中央人民政府副主席），副主席为邓子恢，委员有陈云、李富春、邓小平、薄一波等。1954 年 8 月，"高岗、饶漱石"反党联盟被清除后，李富春出任国家计划委员会党组书记。1954 年 9 月，第一届全国人民代表大会在北京召开，决定取消政务院成立国务院。根据国务院组织法的规定，国务院下设国家计划委员会，李富春被任命为国务院副总理兼国家计委主任。

---

① 《伟大的十年》，人民出版社 1959 年版，第 80 页。
② 《中国统计年鉴（1983）》，中国统计出版社 1983 年版，第 525 页。
③ 《中国统计年鉴（1983）》，中国统计出版社 1983 年版，第 297 页。
④ 《中国统计年鉴（1983）》，中国统计出版社 1983 年版，第 97 页。

党和国家规定的第一个五年计划（简称"一五"计划）的基本任务，概括地说就是：集中主要力量进行以苏联帮助我国设计的 156 个建设单位为中心的、由限额以上的 694 个建设单位组成的工业建设，建立我国的社会主义工业化的初步基础；发展部分集体所有制的农村生产合作社，并发展手工业生产合作社，建立对于农业和手工业的社会主义改造的初步基础；基本上把资本主义工商业分别地纳入各种形式的国家资本主义的轨道，建立对于私营工商业的社会主义改造的基础。①

在实行"一五"计划的 1953—1957 年，我国工业实现了快速的增长，取得了很大的发展成就。②

第一，社会主义性质的或基本上是社会主义性质的工业在全部工业中居于统治地位。1952—1957 年，社会主义国家所有制工业产值占工业总产值的比重由 41.5% 上升到 53.8%，社会主义集体所有制工业产值的比重由 3.3% 上升到 19%，基本上是社会主义性质的公私合营工业产值的比重由 4% 上升到 26.3%，资本主义私营工业产值的比重由 30.6% 下降到 0.1%，个体工业产值的比重由 20.6% 下降到 0.8%。③

第二，工业总产值超过农业总产值，在工农业总产值中占了大部分。1952—1957 年，工业总产值占工农业总产值的比重由 46.9% 上升到 56.7%，农业总产值的比重由 53.1% 下降到 43.3%。④

第三，工业中现代工业和重工业明显上升。1952—1957 年，现代工业产值占工业总产值的比重由 64.2% 上升到 70.9%；⑤主要制造生产资料的重工业在全部工业中的比重由 37.3% 上升到 45%，主要生产消费品的轻工业的比重则由 62.7% 下降至 55%。⑥

第四，主要工业产品产量迅速增长。1957 年，原煤、原油、发电量、钢、生铁、水泥、木材、硫酸、金属切割机床、机车、民用船舶、内燃

---

① 《中华人民共和国发展经济的第一个五年计划》（1953—1957），人民出版社 1955 年版，第 18 - 19 页。
② 汪海波主编：《新中国工业经济史》，经济管理出版社 2007 年版，第 146 - 150 页。
③ 《中国统计年鉴（1984）》，中国统计出版社 1984 年版，第 194 页。
④ 汪海波主编：《新中国工业经济史》，经济管理出版社 2007 年版，第 27 页。
⑤ 《中国统计年鉴（1984）》，中国统计出版社 1984 年版，第 194 页。
⑥ 《伟大的十年》，人民出版社 1959 年版，第 80 页。

机、原盐的产量分别比 1952 年增长 96%、235%、166%、296%、208%、140%、149%、233%、104%、735%、338%、2 100% 和 67%。①

第五，工业生产技术水平、技术力量和工人技术装备水平有了显著提高。在 1957 年，全国工业工程技术人员达到 17.5 万人，比 1952 年增长了两倍。② 在 1957 年，我国已经能够设计一些比较大型的、技术复杂的工程，如年产 240 万吨的煤矿、100 万千瓦的水电站（1952 年为 1.2 万千瓦）、65 万千瓦的大电站（1952 年为 1 万千瓦）、年产 150 万吨的钢铁联合企业、年产 7.4 万吨的重型机器厂、日产 120 吨的造纸厂和日处理 2 000 吨甘蔗的制糖厂。③ 1957 年，每一个工人平均生产使用的固定资产、动力机械总能力和电力比 1952 年分别提高了 49.1%、79.2% 和 80.4%。④

总之，通过"一五"计划的实施，新中国工业实现了快速的起步发展，建立了社会主义工业化的初步基础。

此后，尽管出现了"大跃进"（1958—1960 年）和"文化大革命"（1966—1976 年）的严重干扰和冲击，但是，国民经济发展的"五年计划"（以及我们现在所说的国民经济发展"五年规划"）在我国工业发展、逐步实现工业化的长期进程中，仍然发挥了非常重要的作用。

## 四、改革开放：工业化和国家崛起的推进器⑤

1976 年，随着"四人帮"的粉碎，长达十年的"文化大革命"终于结束了。我国工业生产虽然取得了较快的增长，但主要是恢复性质的，而且一些"左"的政策还在继续推行。根据党的十一届三中全会（1978 年 12 月召开）的精神，在 1979 年 4 月召开的中央工作会议上，中央提出了对整个国民经济实行"调整、改革、整顿、提高"的方针。调整，就是要

---

① 《工业发展国民经济的第一个五年（1953 年到 1957 年）计划执行结果的公报》，中国统计出版社 1959 年版，第 4-5 页。
② 《伟大的十年》，人民出版社 1959 年版，第 8 页。
③ 《中国统计年鉴（1984）》，中国统计出版社 1984 年版，第 67 页。
④ 《中国统计年鉴（1984）》，中国统计出版社 1984 年版，第 98 页。
⑤ 本部分内容主要参考了汪海波主编：《新中国工业经济史》，经济管理出版社 2007 年版，第 327、347-363 页。

针对林彪、"四人帮"长期干扰破坏所造成的国民经济严重失调的状况，自觉调整比例关系，使农、轻、重和工业各部门能够比较协调地发展，使积累和消费之间保持合理的比例。改革，就是要对现行的经济管理体制坚决地、有步骤地实行全面改革。整顿，就是要把现有企业特别是一部分管理混乱的企业坚决整顿好。提高，就是要大大提高生产水平、技术水平和经营管理水平。而且，就经济体制改革问题，这次中央工作会议提出几条原则性的意见：第一，以计划经济为主，同时充分重视市场调节的辅助作用；第二，扩大企业自主权，并且把企业经营好坏同职工的物质利益挂起钩来；第三，按照统一领导、分级管理的原则，明确中央和地方的管理权限；第四，精简行政机构，更好地运用经济手段来管理经济。

1979年7月13日，国务院下达了《关于扩大国营工业企业经营管理自主权的若干规定》《关于国营企业实行利润留成的规定》（1980年1月进行了修订）《关于开征国营工业企业固定资产税的暂行规定》《关于提高国营工业企业固定资产折旧率和改进折旧费使用办法的暂行规定》《关于国营工业企业实行流动资金全额信贷的暂行规定》五个改革管理体制的文件。这五个文件下达以后，全国有26个省、市、自治区在1590家工业企业进行了试点。到1980年底，除西藏外，各省、市、自治区参加试点的国营工业企业已达到6000多家，占全国预算内工业企业总数的15%，产值占60%，利润占70%。这些试点取得了较好的成效，实现了增产增收，国家和企业都增加了收入。从1981年开始，为进一步扩大工业企业自主权，国务院决定全面推行工业经济责任制。1981—1982年，从国营工业企业到集体所有制工业企业，从大、中型企业到小型企业，从盈利企业到亏损企业，从单个企业到整个行业，普遍推行了工业经济责任制。在县属以上国营企业中，实行工业经济责任制的企业占80%，并且取得了较好的效果。1983年，国务院决定对国营企业进行利改税的改革。在利改税的第一步，财政部出台《关于国营企业利改税试行办法》规定，凡是有盈利的国营大中型企业，均根据实现利润，按55%的税率交纳所得税。企业交纳所得税后的利润，一部分上缴国家，一部分按照国家核定的留利水平留给企业。到1983年底，实行利改税的国营工业企业共有26500户，为盈利企业总户数的94.2%。自1984年10月1日起，中央决定试行第二步利改税：将国营企业应当上缴国家财政的利润改为按11个税种向国家缴税，也就是由

"利税并存"逐步过渡到完全的"以税代利",税后利润归企业自己安排使用。实行第二步利改税的主要办法是:国营大中型企业按55%的比例税率缴纳所得税,然后再根据企业的不同情况征收调节税。为进一步扩大企业自主权,1984年5月10日,国务院颁布了《关于扩大国营工业企业自主权的暂行规定》,从10个方面扩大了企业的权力,分别为生产经营计划、产品销售、产品价格、物资选购、资金使用、资产处置、机构设置、人事劳动管理、工资奖金、联合经营。

1984年10月召开的党的十二届三中全会作出的《关于经济体制改革的决定》指出,增强企业活力,特别是增强全民所有制大、中型企业的活力,是经济体制改革的中心环节。围绕这个中心环节,主要应解决好两个方面的关系问题,即确立国家和全民所有制企业之间的关系,扩大企业自主权;确立职工和企业之间的正确关系,保证劳动者在企业中的主人翁地位。要使企业真正成为相对独立的经济实体,成为自主经营、自负盈亏的社会主义商品生产者和经营者,具有自我改造和自我发展的能力,成为具有一定权利和义务的法人。1985年9月,国务院批准了国家经委、国家体改委《关于增强大中型国营工业企业活力若干问题的暂行规定》,进一步明确了增强大中型国营工业企业活力的政策措施,在为大中型工业企业创造良好的外部条件方面,主要进行了以下几个方面的改革:第一,适当缩小指令性计划;第二,对经济效益好、调节税率高的先进企业,有计划、有步骤地减免调节税;第三,改进物资供应和产品销售办法;第四,发展企业之间的横向联系;第五,给予部分大型企业直接对外经营权;第六,鼓励企业开展一业为主,多种经营;第七,清理、整顿公司;第八,部门和城市都要实行政企职责分开,简政放权,都要为企业创造良好的生产经营环境,搞好规划、协调、服务、监督,加强行业指导和管理,定期对企业进行经济、技术评价,通过提供信息,引导和帮助企业改善经营管理。这些规定的贯彻执行,有力地促进了大中型国营工业企业活力的提高。

1992年,我国政府正式确立了建立社会主义市场经济的目标,改革开放的步伐进一步加快。一方面,国有企业的改革逐渐深化,由减员增效到股份制改造,再到建立现代企业制度,国有企业在活力不断增强的过程中日益发展壮大。同时,随着市场经济的不断完善,民营企业、外资企业、合资企业都得到了空前的发展。另一方面,从加入关贸总协定到正式加入世界贸易组织（WTO），中国政府扩大对外开放的选择使中国真正融入世界经济当中。面对国际经济舞台上的激烈竞争，中国的工业企业不仅没有被击垮，反而发展成一个新的"世界工厂"——"中国制造"得到了越来越多国家的关注和认可。可以说，正是在改革开放的推进下，中国工业企业取得了快速的发展，成功地实现了国家的工业化。

## 第三节　中国崛起过程中的主要"涉农"制度[①]

20 世纪 50 年代，我国选择重工业优先发展战略，遇到了资本严重不足的严峻挑战。在当时的经济结构和状态条件下，政府所能选择的就是强制转移农业剩余以用于工业的发展。为此，我国政府不仅通过农村的社会主义改造建立了人民公社制度，而且运用农产品统购统销和工农业产品价格"剪刀差"将大量农业剩余转移到工业部门。政府构建的这三项"涉农"制度，使我国克服了工业化初期投资不足的难题，在较短时期内建立起了独立完整的民族工业体系。但从长期来看，这三项"涉农"制度一定程度上阻碍了我国农业和农村的发展。

### 一、农业集体化与人民公社制度的确立

土地改革以后，我国农村的小农经济规模狭小、效率低下，抗御自然灾害的能力薄弱，且易于发生两极分化。为克服小农经济的局限性和防止两极分化，中央人民政府发出了实行农业互助合作的号召，鼓励各地农民根据具体情况，在自愿互利的基础上，成立互助组和初级农业合作社（以下简称"初级社"）。从互助组到初级社，尽管在农业生产的组织形式上发生了很大变化，但就其本质而言，仍属于私有制范畴，而不属于集体经济范畴。因此，只有建立高级农业合作社（以下简称"高级社"），取消土地报酬，实行集体所有，才符合社会主义改造的方向。

---

[①] 本节内容主要参考彭新万：《我国"三农"制度变迁中政府作用研究（1949—2007）》，中国财政经济出版社 2009 年版。

从初级社到高级社的转变是十分迅速的。1955年10月以前,农业社会主义改造的重点主要还是放在发展初级社方面,高级社只是作为试点。但是,从1956年初开始,初级社还没来得及巩固,"并社升级"就使高级社进入了大发展阶段。到1956年12月底,高级社数量达到54万个,入社农户已超过1亿户,占农户总数的87.8%。① 高级社废除了土地私有制,使土地由农民所有转变为农业合作社集体所有。这意味着农民土地私有制改造的成功和农村集体土地所有制的确立,农村土地制度完全具有了社会主义的性质。

1958年,在全国开始实施"大跃进"的背景下,中共中央讨论、通过了《关于在农村建立人民公社问题的决议》。农业集体化进一步加快,原来的高级社被强制合并为"人民公社"。从1958年8月末到11月初,不到三个月,全国共建起人民公社23 384个,加入农户112 174 651户,占总农户的90.4%,每社平均479.7户。②

1962年9月,中国共产党八届十中全会上通过了《农村人民公社工作条例(修正草案)》(即"农业六十条"),明确规定:"农村人民公社是政社合一的组织,是我国社会主义社会在农村中的基层单位,又是我国社会主义政权在农村的基层单位"。③ 同时,确立了人民公社"三级所有,队为基础"的新体制。

人民公社的组织制度和管理体制有三个明显特征:其一,公社是"政社合一"的"单位制"管理体制。公社将农业生产、农村发展和农民生活全部纳入其管理和管辖范围,形成了以公有制和高度计划经济为基础,将政治、经济、社会、意识形态和资源分配与再分配,社员个人生产、生活等全部包括在内的"一大二公"的管理体制。其二,公社权力向党组织高度集中。不仅公社所有权力向党委集中,大队权力向党支部集中,党支部向公社党委集中,公社党委又向县委集中。与此同时,各级党组织的权力向分管的领导集中,党支部向支部书记集中,党委向党委书记集中,形成

---

① 国家统计局:《我国的国民经济建设和人民生活》,中国统计出版社1958年版,第183—184页。

② 陈吉元:《中国农村社会经济变迁(1949—1989)》,山西经济出版社1993年版,第302页。

③ 黄道霞主编:《建国以来农业合作化史料汇编》,中共党史出版社1992年版,第732页。

了公社党委和党委书记的绝对权力。其三，公社实现了国家对乡村的"一体化"管理。国家通过公社、公社内部各级党组织和党委书记、党支部书记等，将其意志、方针政策深入贯彻到每个农户、社员。①

人民公社通过土地的集体所有制、集体的生产和分配，通过"三级所有、队为基础"所控制的各方面资源，实现对农民的集中管理和控制，同时制止了可能出现的土地兼并和两极分化，防止了流民的产生，达到了稳定农村的目的。更为重要的一点是，人民公社的建立和粮食统购统销制度的实行，在很大程度上保证了农村资源和农业剩余可以源源不断流向工业部门，从而加快了我国工业化的进程。

## 二、农业剩余转移：农产品统购统销

1949—1953年，中国粮食市场实行的是自由购销的流通制度。到了1953年下半年，两个原因促使中央作出了粮食统购统销的决策：一是粮食增产，但粮食供求矛盾不减反增②，这是实行统购统销制度的直接原因；二是工业化的资本积累以及对农业进行社会主义改造的需要，这是实行统购统销制度的深层次原因。

粮食统购统销制度的建立是从1953年下半年开始的。1953年10月16日中共中央政治局通过了《关于粮食计划收购和计划供应的决议》。同年11月，政务院第194次政务会议通过了《关于实行粮食的计划收购和计划供应的命令》，在全国范围内对粮食实行计划收购（简称统购）、计划供应（简称统销）、强化市场管理和中央统一管理的体制。③ 这四个部分是互相

---

① 尹业香："矛盾·改革·出路——农村人民公社以来体制与制度构建之反思"，《学术论坛》，2005年第10期。

② 原因主要有四个方面：一是城乡粮食供应面迅速扩大，使销量大幅度增加。二是粮食自由市场的存在，私人粮贩利用尖锐的粮食产需矛盾，趁机抢购粮食，与国营商店争夺市场，从而影响粮价和整个物价的稳定，严重地干扰了国家粮食购销计划的实现，导致粮食产需矛盾更加尖锐。三是农业结构变化破坏了商品粮供给机制。经过土改，无地少地农民获得了土地和其他生产资料，虽然免除了过去每年向地主交纳的苛重地租（以前供给城市商品粮的主要来源），但他们将这些粮食主要用于自己消费或存在家中——从而导致城市商品粮供应立即呈短缺状态。四是"少征多购"方针的实行，使得国家的收购计划难以完成。

③ 刘传江："中国粮食流通的制度安排及其变迁"，《经济评论》，2000年第2期。

关联，缺一不可的。只实行计划收购，不实行计划供应，就不能控制市场销量；只实行计划供应，不实行计划收购，就无法取得足够的商品粮食。而如果不由国家严格控制粮食市场、中央实行统一的管理，就不可能限制投机商人的非法活动，且由于人为的粮食"山头"的相互对立，会给投机商人更多的捣乱机会，进而导致计划收购和计划供应无法实施。

在部署了粮食统购统销之后，中共中央紧接着部署了食用植物油、棉布的统购统销和棉花的统购工作。到1961年，基本上形成了以政府直接经营和计划价格为主体的农产品流通制度。

这一制度安排的基本内容包括两个相互联系的组成部分：一是计划收购，其实质是，在垄断粮食收购业务的同时，压低粮食收购价格（工农业产品价格"剪刀差"的一部分），并可硬性规定收购品种和收购数量，大限度地、隐蔽地、无偿地将剩余农产品收入转移到政府手中；二是计划供应，用低价农产品的配给保证了工业劳动力的低工资和工业原料的低成本，从而保障国家在工业低成本和对垄断工业发展的基础上，将工业部门获得的高额垄断利润通过财政渠道进一步转化为符合国家发展战略的工业化投资。因此，农产品统购统销制度被称为是中国工业化初期"社会主义原始积累的转换器"。①

统购统销制度是我国工业化战略顺利实施的一项重要制度保障，对我国工业化作出了两个方面的重要贡献：一是为工业化积累了大量的资金。根据周其仁的计算，1952—1982年的30年间，统购统销制度利用价格"剪刀差"从农业流向工业的资金达6 000亿元。② 二是将有限的资源集中用于工业化过程中。一方面，通过对农产品的统购统销，国家从农村以低价统一收购农产品，保证了工业生产的原料来源，同时也保证了对城市居民的计划供给；另一方面，国家利用手中掌握的紧缺的工业产品，换回农民手中国家需要的农副产品。

总体而言，统购统销制度达到了促进国家工业化的目的。但是，统购统销制度的长期实施，对我国农业和农村的发展产生了负面影响。正如

---

① 吴楚材主编：《城市与农村——中国城乡矛盾与协调发展研究》，科学出版社1994年版，第47页。

② 戚如强，张云德："试析'三农'问题的两大制度成因"，《中国地质大学学报》（社会科学版），2004年第1期。

1985年中央1号文件评价的那样："农产品统购统销制度，过去曾起了保证供给、支持建设的积极作用，但随着生产的发展，它的弊端就日益表现出来，目前已经影响农村商品生产的发展和经济效益的提高。"①

## 三、农业剩余转移：价格"剪刀差"

从其运行过程来看，农产品统购统销制度将农业剩余转移到工业中去，主要是通过价格"剪刀差"这一工具实现的。在我国，农产品统购统销制度是与"剪刀差"② 紧密联系在一起的，统购统销制度是"剪刀差"赖以生存的温床。

在这里，所谓的价格"剪刀差"，是指农民在出售农产品、购买工业品时所承受的差价损失，即工业产品以高于其实际价值的价格卖给农民，同时农业产品（含农、林、牧、副、渔等）以低于其实际价值的价格被出售。按照价值规律，商品交换要以商品的价值量为依据，实行等价交换。由于工农业产品在交换中没有遵循这一规律，价格和价值远远偏离，好像剪刀张开的形状，因而被形象地喻为"剪刀差"。

价格"剪刀差"的形成，是由当时我国所处的特殊背景和工农业生产的不同特点决定的。首先，新中国成立之初，帝国主义国家对我们实行了全面的封锁，国家建设急需的大量资金，只能靠我们自己积累。当时，我国的工业非常薄弱和落后，所以最初或者说原始的积累只能来自于农业部门。当时我国的农业也是很落后的，如果靠提高农业税来完成这些数额巨大的资金积累是不现实的，而且也容易引发和激化矛盾。因为税收是公开的，在很多人看来税收还是无偿的、强制性的（这种看法并不正确）③。而通过价格"剪刀差"来完成积累则不容易引发矛盾，因为它是相对隐蔽的。因此，价格"剪刀差"就成为当时的一种必然选择。其次，积累的资

---

① 薄一波：《若干重大决策与事件的回顾》（上卷），中共中央党校出版社1991年版，第279页。

② 为了更好地使价格"剪刀差"这一工具服务于我国确立的工业化战略，政府实施了一系列保障"剪刀差"顺利实现的制度安排，其中，"统购统销"是核心的制度，其他的基本制度还包括：集体化的管理制度，严格的户籍管理制度等。

③ 丁巧林："论税收的定义和特征"，《重庆师院学报》，2000年第3期。

金还有一个投向的问题。农业生产不仅周期很长，而且容易受气候、自然灾害等多种因素的影响，因而投资的风险很大。而工业生产具有周期短、积累速度快的特点，因此投资的风险相对较小。这就决定了当时的政策选择必然是重工轻农，大量的资金主要流向工业部门，工农业产品价格"剪刀差"也就随之产生了。此外，在计划经济体制下，工业企业和农民都没有自主权，不论国家定价是否合理，工业企业和农民都不能自行变动价格。而国家定价不灵活，一旦制定也不会轻易变动，这样就使工农业品的不等价交换持续了相当长的时间，从而形成明显的工农业产品价格"剪刀差"。而"剪刀差"一旦形成，在原有体制下也难以得到纠正。[①]

政府利用工农业产品价格"剪刀差"这一工具，使大量的农业剩余源源不断地流向工业部门，促进了工业化的进程。有学者计算，1952—1978年中国农业通过"剪刀差"方式向工业转移的剩余超过6 320亿元，加上农业税，贡献共计7 264亿元。扣除国家给农业的发展、建设等方面提供的资金1 730亿元，农业实际向工业净提供资金5 534亿元，平均每年205亿元。[②] 但是，价格"剪刀差"给农业部门造成了严重的损失。严瑞珍等的研究认为，新中国成立后农业部门每创造100元的价值，通过"剪刀差"无偿流向工商部门的金额1952年为17.9元、1957年为23元、1978年为25.5元。[③] 价格"剪刀差"限制了农民收入的增长和生活水平的改善，严重影响了我国农业和农村的发展。

## 第四节　中国政府：对外贸易促进国家崛起

新中国成立以来，我国经历了60多年的工业化时期。在这一过程中，对外贸易与工业化可以说是相互交织、相互影响的。我国政府在引导对外贸易发展、促进国家工业化方面发挥了非常重要的作用。

---

① 丁巧林：："关于《'剪刀差'形成原因新探》一文的商榷"，《重庆师院学报》（哲学社会科学版），2002年第3期。
② 李茂岚：《中国农民负担问题》，山西经济出版社1996年版，第136页。
③ 严瑞珍等："中国工农业产品价格剪刀差的现状、发展趋势及对策"，《经济研究》，1990年第2期。

## 一、工业化发展过程中的贸易政策

### (一) 1949—1978 年,对外贸易管制时期

新中国成立之前的中国共产党七届二中全会上,毛泽东指出:"对内的节制资本和对外的统制贸易,是这个国家在经济斗争中的两个基本国策。"1949 年 9 月通过的《中国人民政治协商会议共同纲领》规定,实行对外贸易的管制,并采取保护贸易政策。[1] 1950 年 12 月的《对外贸易管理暂行条例》规定:政府对经营进出口业务的厂商和外商进行登记管理,对进出口商品实行许可证管理。1956 年以后,中国对外贸易业务全部由国营进出口公司经营,外贸完全纳入国家的计划管理当中。与计划经济体制相适应,在这一阶段,中国的贸易政策是政府高度集权统制的高保护的贸易政策。

这一时期的贸易政策及政府在其中所起到的作用,是与当时的国内外经济形势相关的。新中国成立初期,西方国家对我国实行经济封锁和贸易禁运政策,在资本严重短缺的情况下,我国选择了优先发展重工业的战略。因此,对外贸易的主要目标就是换取进口必要机器设备所需要的外汇,以保证工业生产所需。政府每年都制定详细的计划,将急需进口的物资和出口物资的数量列出详单,严格控制进出口水平。

较高的贸易保护是这一时期贸易政策的特点。新中国成立之初,百废待兴,政府为扶持民族工业的发展,实现进口替代战略,采取了多种方式实行贸易保护,如征收高关税、海关监管、进出口管制、商品检验等。在对外贸易的战略上实行进口替代战略,与当时的优先发展重工业是相一致的。进口替代的行业基本上都是重工业,随后才开始选择一些基础工业作为进口替代的产业。

在政府高度集权统制的高贸易保护政策下,我国的对外贸易取得了一定程度的发展。进出口总额由 1950 年的 11.3 亿美元增长到 1978 年的 206.38 亿美元,增长了 18.18 倍。[2] 出口商品结构也发生了较大的变化。

---

[1] 裴长洪:《共和国对外贸易 60 年》,人民出版社 2009 年版,第 61 页。
[2] 数据来源:《中国对外经济贸易年鉴(1986)》,中国对外经济贸易出版社。

新中国成立之初，我国工业生产能力较差，出口产品中主要是以原材料为主的初级产品，如粮油食品、土产畜产、五金矿产等。随着进口替代战略的实施，到1978年我国工业生产已具备一定的生产能力，出口产品中初级产品所占的比重为53.5%，工业制成品的比重为46.5%，出口产品结构有所改善。[①]

当然，这一时期还存在着很多问题。例如，由于汇率政策上实行人民币币值高估，促进了进口，抑制了出口，从而导致了国际收支状况日益恶化。而引进的技术和机器设备消化吸收不良、计划经济体制下企业无生产积极性等因素，都对对外贸易以及国民经济的发展产生了不利的影响。

### （二）1978—1992年，对外贸易管制程度逐步放松

1978年12月，党的十一届三中全会确立了改革开放的政策，同时也明确了对外贸易在国民经济中的战略地位。1978年，我国开始从严格的计划经济体制向商品经济体制过渡，政府在对外贸易方面的管理也逐渐从纯粹的计划手段向商业手段过渡。

在这一时期，虽然政府对外贸的管理手段逐步发生了转变，但是仍然以贸易保护的政策为主。在对外贸易战略上，我国政府开始由进口替代逐渐向出口导向转变。政府采取各项措施鼓励出口、限制进口，如通过实行外汇留成制度、出口退税制度、建立进出口协调服务机制等促进出口，通过实施较严格的传统进口限制措施、关税调整、进口许可证、进口商品分类经营等限制进口。同时，政府还鼓励外商直接投资、鼓励对先进技术的引进。

较新中国成立之初，政府对外贸的管制程度已经逐步放松、贸易保护的程度也有所降低。政府管制程度的放松体现在外贸体制改革上，其主要内容是放开部分贸易经营权以及贸易公司自主化改革。外贸企业实行政企分开、外贸代理制、缩小外贸计划范围、实行出口承包经营责任制。国有外贸公司对流通领域和生产领域的控制作用逐渐减弱。

值得一提的是，在这段时期，加工贸易逐渐发展起来。一方面，随着外国直接投资的增多，许多外资企业充分利用中国的廉价劳动力资源开展

---

① 数据来源：《中国对外经济贸易年鉴（1986）》，中国对外经济贸易出版社。

进料加工和来料加工等加工贸易；另一方面，政府对加工贸易实施鼓励优惠政策，将它作为解决创汇和就业问题的措施之一。政府对加工贸易的进口实行保税政策，免征进口关税，除少数敏感商品之外，对绝大多数商品的进口取消配额等非关税壁垒。这种开放式的优惠的管理模式，促进了加工贸易的迅速发展。加工贸易在发展的过程中促进了外资引入先进技术以及新产品，通过外溢效应促进了我国相关产业技术水平的提高。它不仅优化了我国的出口结构，而且优化了我国的产业结构，对我国的工业化作出了较大的贡献。

(三) 1992—2001 年，贸易自由化下的保护政策

1992 年邓小平南方谈话以后，我国外贸政策逐步向自由化下的贸易保护政策方向发展。无论是在出口还是进口贸易政策上都开始逐步放开管制，向自由化方向转变。从 1995 年 12 月 31 日起，取消 176 个税目的商品进口控制，多次大幅度削减非关税壁垒，如许可证和配额；降低进口关税；出口退税全部由中央财政负担；成立中国进出口银行，扶持企业对外出口；成立各类商会和协会，积极组织和参与国际性贸易博览会；取消进出口指令性计划；进一步放开外贸经营权，企业的进出口经营权逐步由审批制向登记制过渡。

同时，在这一阶段，我国政府在关税改革以及汇率改革上都取得了很大的进展，使我国的外贸体制逐渐与国际自由贸易接轨。在关税改革上，1992 年 1 月 1 日开始采用按照《国际商品名称和编码协调制度》调整的关税税则，降低了 225 个税目的进口关税，经过多次调整，到 1996 年 4 月 1 日，我国进口关税总水平已经降至 23%。1997 年 10 月，我国再次大幅度降低 4 874 个税号商品的进口关税税率，使我国关税的平均水平进一步下降至 17%，2000 年底再次下降至 15%。进口关税的大幅度下降和放开进口商品的经营权，使进口贸易自由化程度大为提高。在汇率改革上，从 1994 年 1 月 1 日起，将外汇汇率的双轨合一，实行有管理的单一浮动汇率制度。外汇出口一律取消外汇留成，实行统一的结汇制。从 1996 年 12 月开始，允许人民币在经常项目下的自由兑换，标志着我国对进出口贸易的外汇管制的解除。

随着改革的深入以及恢复中国在《关税与贸易总协定》中缔约国的地

位（简称"复关"）和加入世界贸易组织（简称"入世"）的要求，我国政府在这一阶段对贸易政策的导向主要是以自由化的贸易政策为主。贸易政策上的这种转变为中国更好地融入世界经济以及经济全球化做好了准备，加强了中国与其他国家的经济联系，促进了经济全球化背景下我国工业化的进程。

（四）2001—2008年，有管理、全方位的一般贸易自由化政策

2001年12月，我国正式加入世界贸易组织。因而，我国的贸易政策必须与世贸组织的规则相一致。在这一阶段，我国贸易政策的变化主要体现在在非歧视原则、自由贸易原则和公平竞争原则下调整、修改了不符合世界贸易组织规定的政策法规，包括：（1）自然人可以获得对外贸易经营权；（2）取消了对货物和技术进出口经营权的审批制，实行备案登记制；（3）启动了对外贸易调查程序，完善对外贸易救济制度；（4）加强了对外贸易的监督和服务；（5）加大了对外贸违法行为的惩罚力度。①

我国外贸政策转为有管理的一般贸易自由化政策，加快了外贸主体多元化的步伐，转变了外贸主管部门的职能，弱化了行政手段，强化了服务功能。同时，我国政府还积极开展双边、多边贸易谈判，开放了服务贸易市场，完善了外贸立法，使我国外贸体制向市场化、自由化和法制化的轨道发展。

（五）2008年以后，国际金融危机之后着重调整外贸结构的政策

2008年的国际金融危机对全球经济都造成了一定程度的不良影响，对我国经济的不利影响主要反映在出口的大幅度下滑上。在这一国际背景下，我国的外贸政策也发生相应的调整。在继续保持贸易自由化的前提下，外贸政策主要偏向对贸易结构的优化上，主要体现在：（1）对出口退税率的调整。由于国际金融危机导致我国的出口下降，国家多次调高部分产品的出口退税率，以促进出口的增加。这部分产品主要涉及具有竞争优势的产品、劳动密集型产品和高新技术产品，如服装纺织品、机电产品等，以使我国产品在保持原有竞争优势的同时加大资本、技术密集型产品

---

① 杜荣："我国对外贸易政策60年变迁探析"，《经济纵横》，2009年第8期。

的出口。另外对之前调低了出口退税率的某些高能耗产品,在金融危机之后也相应提高了出口退税率,旨在振兴十大产业,促进经济发展和产业的优化提升。(2) 对加工贸易的调整。长期以来,加工贸易在我国对外贸易中占有重要的地位,但是加工贸易的出口结构中主要是以劳动密集型的产品为主。国际金融危机导致了加工贸易的收缩,在此背景下,政府通过外贸政策对加工贸易进行调整,以促进其发展及结构的优化。政府从禁止类目录中剔除了27个十位商品编码,从限制类目录中剔除了1 730个十位商品编码,主要涉及纺织、塑料、五金等商品,同时部分不属于高耗能、高污染的产品以及具有较高技术含量的产品也从禁止类目录中剔除。允许全部使用进口资源、且生产过程中污染和能耗较低的产品开展加工贸易。对部分生产工艺先进、能耗和环保达到标准的企业,允许开展加工贸易。鼓励加工贸易向中西部转移,在部分重点承接地增加保税物流功能。(3) 利用关税调整进出口。从2009年起,政府通过调整进出口关税税则进一步扩大先进技术、设备、关键零部件进口,对670多种商品实施了较低的进口暂定税率,进一步限制高能耗、高污染产品的出口,对一部分国内需求较大的生产性原料,如钢材、化肥等实施较低的进口关税。①

这一阶段我国外贸政策的调整主要是针对国际金融危机后外贸的下滑以及贸易结构的优化方面。在促进进出口增长的同时,通过政策的调整促进贸易结构的升级,尤其是出口结构的优化,从而与我国产业结构的优化相适应。

## 二、贸易政策对我国经济崛起的作用

自新中国成立以来,我国贸易政策经历了由闭关自守到逐步开放,由保护贸易向自由贸易转变的过程。在这一过程中,对外贸易的发展对促进我国的经济崛起发挥了重要的作用:为我国工业化建设积累了资本,通过引进先进的技术和设备提高了我国工业的技术水平,促进了我国工业发展过程中产业结构的升级。

---

① 张磊:"金融危机前后我国外贸政策调整及其对外贸运行影响的研究",《上海经济研究》,2010年第10期。

政府贸易政策对我国经济崛起的促进作用,主要体现在以下三个方面:

### (一) 早期贸易保护政策有利于我国幼稚工业的发展

新中国成立初期,我国生产力水平比较落后,同时实行的是严格的计划经济体制,因而对本国民族工业的保护也比较简单。那一时期主要是实行"独立自主、自力更生"的相对封闭的政策。高关税使得其他国家的产品很难流入本国市场。这对于我国民族工业的兴起和发展来说是比较有利的。

在20世纪70年代末期,我国政府启动了改革开放的进程,外贸也逐步放开。但是,当时我国的民族工业发展还很难适应国际市场激烈竞争。因此,政府虽然逐步调低了关税税率,但是仍然采取其他措施对本国的幼稚工业进行保护,如配额等非关税壁垒。在政府不同政策的保护下,我国的民族产业逐步发展壮大,特别是诸如纺织服装、鞋帽等劳动密集型产业在国际上具有较强的竞争实力,其大量出口为我国的经济增长作出很大的贡献。

### (二) 进口替代、出口导向政策促进了工业化

从新中国成立到改革开放之前,我国对外贸易主要是实行进口替代的战略。在这一阶段,虽然我国名义上是高关税——农产品平均关税税率为92.3%,工业品为47.7%,但事实上,关税以及其他非关税壁垒并没有发挥太大的实际作用。当时,指令性计划是调节对外贸易的主要手段,通过进出口许可证制度对进口商品进行管理,对需要扶持生产的本国幼稚产业的产品限制进口,对生产中所需的中间产品鼓励进口。这种高度严格的外贸管制在实施进口替代战略中发挥了重大的作用。

在完成了进口替代之后,我国的外贸战略逐步向出口导向转变。在这一过程中,贸易保护政策也逐步放开。政府利用出口退税、补贴,扩大出口企业经营权等多种措施鼓励企业出口。在政府的政策引导下,我国出口贸易迅猛增长。出口的迅速增长,不仅创造大量外汇满足了我国工业化的需要,同时对我国经济的快速增长作出了较大的贡献。长期以来,出口一直被誉为中国经济增长中的"三驾马车"之一。另外,出口贸易对我国工

业化的促进作用还体现在增加就业上。我国出口贸易比较具有优势的主要是劳动密集型产业，而我国农村存在大量的剩余劳动力，出口贸易在吸纳这部分剩余劳动力方面可谓功不可没。而大量农村剩余劳动力转移到工业部门，本身就是工业化的一个重要方面。

### （三）外贸结构的调整促进了产业结构的升级

外贸结构包括了出口结构和进口结构。当出口结构发生变化时，将促进该国某些行业的发展，从而促进与该行业相关的其他产业的发展，通过资源的优化配置促进产业结构的升级。同时，出口结构的变化意味着该国某些行业在国际市场上具有竞争优势，它对于提高本国同行业的整体水平具有积极作用，在一定程度上也有利于产业结构的优化。当进口结构发生变化时，大量进口的产品中有相当一部分成为生产中的原材料，将促进下游产业的发展。如果进口的产品中科技含量较高，将有利于本国的技术进步，使本国的产业结构发生相应的调整。因此，当政府有意识地调整本国的外贸结构时，也促进了本国产业结构的优化调整。

在新中国成立之初，我国的出口主要以初级产品为主，进口以工业制成品为主。改革开放之前，出口产品逐渐增加，部分工业制成品也开始出口，进口则主要是设备和技术。改革开放之后，出口则从以初级产品为主转向以工业制成品为主，尤其是机电产品和高新技术产品的出口增长较快。到2010年，初级产品和工业制成品在我国的出口总额中分别占5.1%和94.9%。在进口结构中，工业制成品增加的速度也较快。

我国外贸结构对产业结构的影响和调整作用是随着对外贸易在国民经济中所占的比重的增大而加强的。新中国成立之初，我国与国外经济联系较少，对外贸易在整个经济中的作用也很小。随着改革开放的深入以及市场经济的发展，对外贸易在国民经济中的比重逐步增加，它对产业结构的调整作用也在不断增大。

在我国的出口结构中，无论是在初级产品为主的初期阶段，还是之后的工业制成品为主的阶段，出口的商品主要是劳动密集型的产品，当然这与我国劳动力资源丰富有关。而国外市场对我国劳动密集型产品的大量需求，也促进了我国经济中劳动密集型产业的发展，导致我国产业结构中这一部分产业占有相当大的比重。在近些年的对外贸易政策中，我国政府也开始有意识地引导出口结构的变化：适当降低劳动密集型产品的出口，增加资本和技术密集型产品的出口。经过多年的努力，我国资本密集型产品的出口呈现不断上升的趋势，如机电产品等。显然，这种变化对于我国产业结构调整也具有一定的作用。

进口对我国产业结构优化的作用主要体现在，先进技术和设备的进口能有效地促进我国的技术进步。而技术进步对于产业结构的优化作用是显而易见的。通过进口得到了物化的技术，促进了我国对国外先进技术的吸收，最终间接地推动了我国的技术进步。尤其是资本密集型产业的产品进口能有效地提升其在国民经济中的比重，对产业的提升力甚至强于出口的作用。而且进口的技术外溢效应通过关联产业带动了其他相关产业的技术水平，对产业结构的升级有重要作用。因此，我国外贸政策中对进口先进技术和设备的鼓励政策，通过提升进口结构而促进了我国产业结构的优化和升级。

## 第五节　中国崛起：政府在教育发展方面的作用

### 一、新中国教育的发展

"百年大计，教育为本"。新中国成立70多年来，作为社会主义建设的重要组成部分，中国教育事业经历了一个曲折的发展历程，大致可以分为三个阶段。

第一阶段，1949—1966年，是改造旧式教育，创建社会主义教育阶段。在毛泽东思想指导下，从新中国建立到1956年初，社会主义改造基本完成，社会主义教育制度也初步建立。从1956年中共八大召开到1966年"文化大革命"爆发前，是中国社会主义教育全面建设和缓慢发展时期。第二阶段，1966—1976年，是中国教育建设失误和受挫阶段。十年"文化大革命"，让中国的教育事业发展遭遇严重挫折。第三阶段，1978年至今，是解放思想、改革开放，探索和建设符合中国国情、有中国特色社会主义教育新事业阶段。① 党的十一届三中全会以后，教育行业开始拨乱反正，教育改革全面展开。1992年邓小平南方谈话后，中国加快了向市场经济转变的步伐，教育事业进入了一个新的发展阶段。

经过新中国成立70多年特别是改革开放40多年来的不懈努力，中国教育发展取得了举世瞩目的巨大成就：实现了教育大国的崛起，建立起完整的中国特色社会主义国民教育体系；② 各级教育普及程度不断提高，全面普及九年义务教育，高中教育成效显著，基本建成完整齐全的职业教育体系，高等教育已经进入大众化阶段；大多数的普通百姓能够享受到受教育的权利，全民文化水平极大提高，为国家培养和输送了大量人才；建立起一支高质量的教师队伍；教育经费大幅度增长，办学条件明显改善；区域之间教育协调发展，教育公平迈出重大步伐，教育差距逐步缩小。③

## 二、新中国政府在教育发展方面的作用

### （一）制订教育发展方针

教育方针是一个国家教育工作的总目标和总方向，新中国成立以来，政府在不同时期提出了不同的教育方针，这些方针既反映了各个历史时期对教育功能和价值取向的认识，也推动了教育按既定方向转变和发展。

新中国成立初期，具有宪法效力的《中国人民政治协商会议共同纲领》规定："人民政府的文化教育工作，应以提高人民文化水平、培养国家建设人才、肃清封建的、买办的、法西斯主义的思想、发展为人民服务的思想为主要任务"。1949年12月新中国第一次全国教育工作会议将上述指导思想转述为教育目的："为人民服务，首先是为工农兵服务，为当前的革命斗争与建设服务。"将教育指导思想定位于"为人民服务""为工农兵服务""为建设服务"。④

1953年中国进入大规模社会主义改造时期，1956年社会主义改造基本结

---

① 薛兵旺："关于新中国教育发展历程与教育机会分配问题"，《当代经理人》，2006年第21期。
② 朱永新："新中国60年教育历程及反思"，《中国教育学刊》，2009年第11期。
③ 方晓东、李玉非："新中国教育60年回顾与反思"，《人民教育》，2009年第17期。
④ 蔡中宏："新中国教育方针嬗变的考察与反思"，《兰州大学学报》，2005年第5期。

束，并进入社会主义建设的历史新阶段。面对新的历史任务，党和国家对教育方针作了相应变革，开始将"全面发展"作为教育的指导思想。当时，党的教育方针是："教育必须为无产阶级政治服务，必须与生产劳动相结合，使受教育者在德智体几方面都得到发展，成为有社会主义觉悟的有文化的劳动者"。

"文化大革命"时期的教育方针在表述上虽然传承了"两个必须"，但在实践上却被异化了：将"必须为无产阶级服务"在实践上被异化为"为阶级斗争服务"；将"必须与生产劳动相结合"在实践上被异化为简单的体力劳动，最终导致中国教育事业发展遭遇严重波折。

20世纪70年代末，中国进入改革开放的历史时代。"解放思想、事实求是"，对教育方针及相关问题的探讨非常热烈，进而推动政府在教育方针表述上发生重大变化。1981年6月，中共中央在《关于建国以来党的若干历史问题的决议》中指出要"坚持德智体全面发展、又红又专、知识分子与工人农民相结合，脑力劳动与体力劳动相结合的教育方针"。1983年，邓小平同志提出："教育要面向现代化、面向世界、面向未来"，对教育界影响深远，在实践中起到了教育方针的作用。

1995年正式颁布和实施的新中国第一部《教育法》，明确指出教育方针是"教育必须为社会主义现代化建设服务，必须与生产劳动相结合，培养德、智、体全面发展的建设者和接班人"。

2002年11月，党的十六大提出了"坚持教育为社会主义现代化建设服务，为人民服务，与生产劳动和社会实践相结合，培养德智体美全面发展的社会主义建设者和接班人"的教育方针。

### （二）改革教育发展体制

党的十一届三中全会以后，在中国经济体制改革全面展开的形势下，党和政府认识到中国教育事业的落后，以及教育体制弊端的突出，必须从教育体制入手，系统地进行改革。中国教育体制改革主要从管理体制、办学体制、投资体制、教育体系和招生就业制度五个主要方面进行，经过40多年的改革，逐步推进和建立起与社会主义市场经济、政治和科技体制相适应的教育体制。①

---

① 明航："从教育体制改革看中国教育发展的动力和未来"，《教育科学研究》，2009年第1期。

1985年5月27日,《中共中央关于教育体制改革的决定》(简称《决定》)正式颁布,指出适应社会主义市场经济、政治和科技体制的教育体制改革的框架内容涉及以下几个方面:明确中国教育体制改革的根本目的是提高民族素质,多出人才,出好人才;确立了至20世纪末中国教育体制改革的三大任务,即把发展基础教育的责任交给地方,有步骤地实行九年制义务教育,调整中等教育结构,大力发展职业技术教育,改革高等学校的招生计划和毕业生分配制度,扩大高等学校办学自主权;提出多项重大措施,以加强领导,调动各方面积极因素,保证教育体制改革顺利进行。

《决定》的颁布有力地促进了中国教育事业的发展。在此之后,九年制义务教育开始有步骤地实施,发展基础教育成为地方政府的重要责任;中国中等教育结构的单一化局面在努力突破与改变,职业技术教育有了新的较大的发展;中国高校在积极探索招生与就业制度的改革,扩大高校办学自主权也在成为一种积极的实践。①

1993年2月颁布的《中国教育改革和发展纲要》指明了深化教育改革的路径与方向。其中,关于教育体制改革的内容涉及十二个方面,再度阐明了推进教育体制改革的必要性,重点是改革办学体制,深化中等以下教育体制改革,继续完善分级办学、分级管理的体制,深化高等教育体制改革,改革高等学校的招生和毕业生就业制度,完善研究生培养和学位制度,以及深化教育投入体制改革。

1999年,《中共中央、国务院关于深化教育改革全面推进素质教育的决定》颁布,其中关于教育体制改革的内容涉及七个方面,重点是调整现有教育体系结构,扩大高中阶段教育和高等教育的规模,减缓升学压力,构建与社会主义市场经济体制和教育内在规律相适应、不同类型教育相互沟通相互衔接的教育体制。②

2010年7月,中共中央、国务院颁布了《国家中长期教育改革和发展规划纲要(2010—2020年)》(简称《教育规划纲要》),对中国未来十年乃至更长时期教育事业发展进行了全面谋划和前瞻性部署。《教育规划纲

---

① 张乐天:"20世纪80年代以来中国教育体制改革的重要政策指引",《复旦教育论坛》,2011年第3期。

② 明航:"从教育体制改革看中国教育发展的动力和未来",《教育科学研究》,2009年第1期。

要》强调教育改革与发展并重,强调必须且只有通过深化改革求发展,所强调的改革,重心依然是教育体制改革。包括推进人才培养制度、考试招生制度改革,建设现代学校制度,深化办学体制、管理体制改革,进一步扩大教育开放等方面。

20世纪90年代以来,党和政府高度重视教育的发展,采取积极的政策、措施,推动教育体制的变革,取得了重大进展。一是教育管理体制改革得到大力推进。国家主动理顺和规范政府与学校的关系,由对学校的直接管理向更加重视运用立法、拨款、规划、信息服务、政策指导等手段进行间接管理转变,扩大学校办学自主权,促进教育创新。二是办学体制改革深入推进。政府鼓励和引导社会力量兴办教育,形成了"分级管理、地方为主、政府统筹、社会参与"的新体制和由社会各方面联合办学的新局面。三是高校招生制度和就业制度改革大变化。高校招生实现"并轨",不再有计划外指标,不再分公费和自费,统一缴费上学,同时建立与实施各级助学贷款制度。高校毕业生就业,推行"双向选择"和"自主择业"。四是大力推进学校内部管理体制改革,学校人事制度和分配制度改革、后勤社会化改革都取得了突破性进展。五是教育投入体制大改革,一方面,坚持基础教育的公益性质,建立健全公共教育财政制度;另一方面,积极推动非义务教育的市场化、产业化,寻求教育成本分担机制改革,鼓励社会、个人和企业投资办学和捐资、合资办学,多渠道筹措教育经费。六是扩大教育对外开放,建立全方位、宽领域、高层次的国际教育交流与合作格局。七是健全各类教育法律法规,先后制定和颁布了《义务教育法》《教师法》《教育法》《高等教育法》等多部教育法律和多项教育行政法规、部门规章,为中国教育发展提供法制保障。[①]

## (三) 财政支持教育发展

基于教育的准外部性和混合公共产品特征,各国政府历来都通过财政手段来支持教育的发展。尤其是在一些基础性教育方面,政府的财政支持和资金投入更是必不可少,甚至起着主导作用。在新中国教育发展过程

---

① 中共教育部党组:"体制改革是推动中国教育事业发展的强大动力",《求是》,2009年第2期。

中，尤其是改革开放后四十多年，政府的财政支持发挥了重要的作用。

随着经济发展，改革开放以来中国财政教育支出规模不断扩大，支出结构逐步优化。从绝对值来看，财政对教育的投入规模快速扩大，财政用于教育的经费不断增加，不论是财政性教育经费支出或是预算内教育经费支出都呈逐年增长的趋势，中国政府对教育事业发展的支持力度是不断加大的。[①]

在投入总量上，国家财政性教育经费由 1978 年的 75.05 亿元增加到 2018 年的 36 995.77 亿元，增长了 491.95 倍，而同期中国 GDP（1978 年为 3 678.7 亿元，2018 年为 919 281.1 亿元）只增长了 248.89 倍。[②] 相较于 GDP 的增幅可以看出，我国财政教育支出力度是非常大的。

在财政教育总的投入不断增加的同时，财政支持教育的投入体制和机制也在不断调整与完善。以 1992 年为界，中国财政支持教育体制发生了较大的变化。

第一，改革开放初期两级分权财政支持教育体制阶段（1978—1992 年）。1985 年，中共中央颁布《关于教育体制改革的决定》，确定了"低重心"的教育发展战略，基础教育开始实行"分级办学、分级管理"，地方各级政府成为筹措基础教育经费的直接责任者。经过十几年的改革，中国从改革前高度集中的财政教育体制逐步转变为中央政府宏观调控、中央与地方政府分别管理、分别负担的体制。财政支持教育也从单一政府教育投入向以政府投入为主导的、多渠道筹措转变。

第二，公共财政体制改革中财政支持教育体制不断发展和完善阶段（1993 年至今）。以 1994 年分税制财政体制改革和《中国教育改革和发展纲要》颁布为标志，中国财政支持教育工作进入了新的历史发展阶段。分税制财政体制改革为财政教育投入提供了财力保障，同时初步建立了财政教育的法律法规体系。经过多年的努力，中国财政收入水平大幅度提高，为深化公共财政制度改革和增加财政教育投入提供了财力保障，中央财政也加大专项转移支付，重点解决各类教育事业发展中的突出问题。比如，

---

① 贺晖："中国教育财政支出的绩效评价——基于公平的视角"，《经济与管理》，2009 年第 9 期。

② 数据来自《中国统计年鉴 2020》。

重点支持和保障农村义务教育经费需求,构建农村义务教育经费保障机制,实现城乡义务教育全部免除学杂费①;构建多层级的经济困难学生资助体系,国家财政不断加大对困难学生的资助力度,包括实施"两免一补"政策、设立国家助学金、完善高等教育阶段国家助学贷款政策等。

## 第六节  中国崛起:政府在科技发展方面的作用

### 一、新中国科技的发展

科学技术是第一生产力,是推动社会进步的强大动力。新中国成立以来,中国科技发展的道路是曲折的,大体上经历了四个阶段。②

第一阶段,1949—1955 年,是中国科技研究机构创建和科技事业初步发展时期。第二阶段,1956—1966 年,是中国科技事业大发展时期,一些关系到国民经济建设的重大科技问题得到解决,一些重要空白得到填补,加强了某些重要基础学科和新兴科学技术的建设研究。第三阶段,1966—1976 年,十年"文化大革命",使科技事业遭到严重的摧残。第四阶段,1976 年粉碎"四人帮",特别是党的十一届三中全会以来,中国科学事业进入了复兴和蓬勃发展的新时期。1978 年开始实行改革开放以后,中国出现了"科学的春天",经济建设与科技发展前所未有的紧密结合起来。之后的 40 多年,中国的科技事业迈进了一个前所未有的飞跃时期,经历了从"科学技术是第一生产力"观念的形成,到"科教兴国"基本国策的选择,再到自主创新、建设创新型国家目标的确立这样一个渐次有序发展、层次逐级提升的过程,并取得一批又一批重大的科技成果。③

---

① 寇琳琳:《中国财政支持义务教育事业发展的基本分析》,《财政监督》,2012 年第 7 期,第 66 - 67 页。
② 田公权:《新中国科技发展的历程及其经验教训》,《史学月刊》,1987 年第 5 期。
③ 陈文化、杨华明、汪忠满:《新中国科技发展态势的统计分析》,《科学技术与辩证法》,1993 年第 2 期。

## 二、新中国政府在科技发展方面的作用

### (一) 指引科技发展重心

新中国科技发展的 60 多年，由于受国际、国内环境巨大变化的影响，中国政府的科技发展重心经历过几次大的转移。

中国科技发展的第一个重心是发展与重化工业和国防事业有关的尖端科学技术。新中国成立初至改革开放这一时期，科技发展战略的重心在于发展军事工业，加强国防建设。新中国成立初期，国际上美苏两大阵营对立，资本主义国家和社会主义国家敌对情绪严重，新生的社会主义共和国没有安全保障。国内阶级斗争、无产阶级革命的思想占据主流，持续不断。这些因素都促使中国政府积极地、大力地发展军事工业和国防科技，以抵御来自外部的可能侵略。新中国在 1956 年和 1962 年曾制定了两大科技发展战略规划，即《1956—1967 年科学技术发展远景规划纲要》（简称《十二年规划》）和《1963—1972 年科学技术发展规划纲要》（简称《10 年规划》）。这两个科技发展规划有一个共同点，即都把发展与重工业和军事工业有关的科学技术放在了突出位置。在这一发展战略重心指引下，中国国防科技军事事业取得了令全世界瞩目的辉煌成就。即使是"文化大革命"期间，其他科技发展遭受了毁灭性破坏，但是国防科技事业一直没有停止。以国防建设为中心的发展战略使中国军工科技发展迅速，许多领域达到了世界先进水平。①

科技发展的第二次重心转移是科学技术工作必须以经济建设为中心，为经济建设服务。党的十一届三中全会决定以经济建设为中心，把全党工作的重心转移到社会主义现代化建设上来。1982 年，党的十二大报告特别强调科学技术对促进经济发展的巨大作用，第一次把科学技术列为国家经济发展的战略重点。政府明确表明，"科学技术工作必须面向经济建设，经济建设必须依靠科学技术"。这一发展方针的确立，标志着新时期科技发展战略重心的完全转移。"依靠"和"面向"的科技发展战略，既有利

---

① 王伟宜："新中国 50 年科技政策的发展"，《科学管理研究》，2000 年第 6 期。

于国内经济的迅速增长，与那个时期全国以经济建设为中心的工作重点相一致，又有效地推动了中国科技事业的发展。在中国经济建设获得了巨大发展的同时，科技事业也取得了日新月异的巨大成就，在空间技术、高能物理、生物科学、医药卫生、地学、化学等重要科技领域，取得了一系列具有世界先进水平的成果，大大缩小了中国科学技术发展水平与发达国家之间的差距。①

科技发展的第三次重心转移是以实现社会全面发展为目标而确立"科教兴国"的科技发展战略。1988年，邓小平同志提出了"科学技术是生产力，而且是第一生产力"的著名论断。1991年召开的中国科技协会第四次全国代表大会上，"科学技术是第一生产力"被确立为现代化建设新阶段的指导方针。正是意识到科技发展的极端重要性，国务院在1995年第三次科技大会上就明确提出"科教兴国"战略，十五大报告中进一步提出实施科教兴国战略。所谓"科教兴国"，是指全面落实科学技术是第一生产力的思想，坚持教育为本，把科技与教育摆在经济、社会发展的重要位置，把经济建设转移到依靠科技进步和提高劳动者素质的轨道上来。这一战略的重心在于依靠科学技术发展中国经济的同时，更注重社会的全面发展，注重中国综合国力的提高。根本途径是坚持教育为本，把科技与教育摆在经济社会发展的首要位置。其最终目标是实现中国经济、社会、生态的持续协调发展。②

科技发展的第四次重心转移是走中国特色自主创新道路、建设创新型国家。2006年1月9日，中国第四次全国科技大会在北京召开，制订了《国家中长期科学和技术发展规划纲要（2006—2020年）》，中央政府作出走中国特色自主创新道路、建设创新型国家的战略决策。这个战略决策，与国家长期以来的科技发展思想一脉相承，为新时期中国的科技发展指明了方向，标志着政府和社会对科技进步和创新的重要性认识达到一个新的高度，标志着中国实施科教兴国战略跃升到一个新起点。

新中国成立至今，经过几代人的艰苦奋斗，科技事业取得了巨大成

---

① 马佰莲："新中国科技发展战略的三次转移"，《南昌大学学报》（社会科学版），1997年第2期。

② 王伟宜："新中国50年科技政策的发展"，《科学管理研究》，2000年第6期。

就。中国已经形成了学科门类齐全的科技体系,培养了一批规模大、素质高的科技队伍,科技活动覆盖经济社会发展的各个领域,高新技术和基础研究发展迅速,已接近或达到世界先进水平,整体科技实力处于发展中国家领先地位。①

## (二) 改革科技发展体制

在改革开放之前,中国的科技体制同经济体制一样,实行计划体制,将有限资源向战略目标领域集中,最大限度地解决某些重大科技问题。《十二年规划》的提前完成和《十年规划》所取得的重大科技成果,说明这一体制在当时历史条件下是有效的。但是,当1980年中央提出"经济建设必须依靠科学技术,科学技术工作必须面向经济建设"的战略方针,国家的工作重心转移到经济建设后,这种高度计划的科技发展体制就不适应面向经济建设的要求了。

针对新时代的新要求,中国政府积极进行科技体制改革。1978—1984年是改革的探索与试点阶段。1985年3月,《中共中央关于科学技术体制改革的决定》颁布,成为中国政府改革科技发展体制的开端。1985年科技体制改革的核心是加快科技与经济结合,关键是充分地调动科技人员的积极性和创造性。从那之后科技体制改革大概经历了三个阶段。②

1985—1992年是第一阶段,全面启动了科技体制改革。党中央明确提出科技体制改革的根本目的是"使科学技术成果迅速地广泛地应用于生产,使科学技术人员的作用得到充分发挥,大大解放科学技术生产力,促进经济和社会的发展",并以改革拨款制度,消减事业费,开拓技术市场为突破口,引导科技工作面向经济建设主战场。1987年,政府颁布了《国务院关于进一步推进科技体制改革的若干规定》,1988年颁布了《国务院关于科技体制改革若干问题的决定》。当时的政策措施包括:改革科研经费的拨付体制,开放技术市场,对研究所分类调整组织结构,改革人事制度、鼓励科技人员兼职,建立高新技术产业开发区等。

---

① 邱秀华、焦金艳:"新中国科技发展的历史进程及其经验教训",《沈阳干部学刊》,2006年第5期。

② 方新:"中国科技体制改革——三十年的变与不变",《科学学研究》,2012年第10期。

1992—1998年是第二阶段，科技体制改革继续深化。这一阶段的标志是邓小平同志南方谈话，指导思想在前一阶段"面向""依靠"基础上增加了"攀高峰"。科学技术不仅要面向经济建设，而且要攀登科学技术高峰。1995年颁布了《中共中央、国务院关于加速科学技术进步的决定》，1996年颁布了《国务院关于"九五"期间深化科技体制改革的决定》。提出在"九五"期间初步建立三个体系，即建立以企业为主体，产学研相结合的技术开发体系和以科研机构、高等学校为主的科学研究体系以及社会化的科技服务体系。政府确立了"科教兴国"战略，提出"稳住一头、放开一片"的改革方针，希望稳住基础研究工作和科技人员这支队伍，同时放开面向社会，面向经济建设这一方面。体制改革的中心任务是通过宏观调控和资源分流着力解决科技与经济"两张皮"的问题，实现科技与经济协调发展，加速推进科技与经济一体化。① 主要措施是优化科技投入的结构，推进院所管理制度改革，鼓励各类科研机构变为企业、进入企业、与企业结合，支持和扶持技术中介机构等。

1998年到现在是第三阶段，科技体制改革侧重于构建国家创新体系、建设创新型国家。这一阶段，三个体系建设进一步上升为国家创新体系建设。指导思想是科教兴国，政策走向是加强国家创新体系建设，加速科技成果产业化。1999年颁布了《中共中央、国务院关于加强技术创新，发展高科技，实现产业化的决定》。2006年2月，国务院发布了《国家中长期科学和技术发展规划纲要（2006—2020年）》，进一步明确了中国科技体制改革与建设创新型国家的要求，要以提高自主创新为核心，以促进科技与经济社会发展紧密结合为重点，加快实现创新驱动发展，同时着力解决制约创新的突出问题，充分发挥科技在转变经济发展方式和调整经济结构中的支撑引领作用。② 指出在今后一段时间内，中国科技体制改革的主要任务是支持鼓励企业成为技术创新主体、深化科研机构改革、建立现代科研院所制度、推进科技管理体制改革、全面推进中国特色国家创新体系建设。③

经过多年的努力，中国科技体制改革取得了重要进展，改进了科技管

---

① 廖添土、戴天放："建国60年来中国科技体制改革的历史演变与启示"，《江西农业学报》，2009年第9期。
② 方新："中国科技体制改革——三十年的变与不变"，《科学学研究》，2012年第10期。
③ 程帅："中国科技体制改革历程及评价"，《中国集体经济》，2011年第30期。

理和运行机制,优化了科技力量结构和布局,促进了科技与经济的紧密结合,加强了公益性科技创新和服务能力,科技水平和实力大幅提升。

### (三) 财政支持科技发展

科技经费的支撑是国家科研活动正常开展的重要经济基础,《中华人民共和国科技进步法》明确规定,"国家财政用于科学技术的经费的增长幅度,高于同期财政经常性收入的增长幅度"。1995年,研究与实验发展(R&D)经费支出占国民生产总值的比重为0.6%,到2019年,R&D经费支出占GDP的比重为2.23%,有了大幅度的提升。[①]

伴随着社会主义市场经济体制改革、财政体制和科技体制改革,国家财政支持科技活动的经费管理体制也在逐步发展、深化和完善,主要经历了以下三个阶段:[②](1) 单位预算包干管理阶段(1978—1985年)。1978年,国家开始改变计划经济时代"统收统支"模式,对多数科研单位逐步推行了以"划分收支,分级包干"为特点的单位预算包干管理的办法。(2) 科技经费归口管理阶段(1986—2000年)。按照1985年《中共中央关于科学技术体制改革的决定》,为配合国家科技体制改革的总体部署,1986年国务院发布《关于科学技术拨款管理的暂行规定》,对科技拨款制度进行了重大改革,各部门科研事业费归口国家科委统一管理,对科研单位实行分类管理,对重大科技项目逐步实行招投标合同制。(3) 部门预算管理阶段(2000年至今)。2000年开始,财政部正式启动了部门预算改革,对财政支持科技的经费管理体制、经费支持方式也作了相应的改革,这些改革包括改革科技经费管理体制,改革对科研活动的经费支持方式,优化投入结构,提高财政科技经费使用效益,实施财税优惠政策,推动企业技术创新等。

### (四) 重大工程引领发展

科技发展有其内在规律,由政府牵头组织大型的研发工程,能够高效

---

[①] 数据来自《中国统计年鉴1999》和《中国统计年鉴2020》。
[②] 赵路:"发展繁荣科学事业 提升自主创新能力——财政支持科技事业发展的回顾与思考",《预算管理与会计》,2008年第10期。

地推动科技攻关，在关键领域获得突破性进展，在短时间内就能够取得许多重大科研成果，并且往往会成为一种奠基性的工程，开启某个尖端项目科研活动的长期健康发展。国家重大工程都是技术研究、技术运用、技术集成和技术创新的主战场，实施这些重大工程，是推动教育科技跨越式发展的重要途径。从历史上国内外的经验来看都是如此，如20世纪美国政府实施的曼哈顿工程、星球大战计划、信息高速公路工程等。新中国成立后，"两弹一星"科技工程的重大成功，就是中国政府组织重大工程引领科技大发展最成功的范例。

20世纪50年代中期，党和政府在物质、技术基础都十分薄弱的条件下，制定了《1956—1967年科学技术发展远景规划》，从13个方面提出了57项重大科学技术任务，最后确定了12项重点任务，集中全国力量，聚集优秀人才，大力协同作战。在很短的时间里就先后克服了材料、设备短缺，科学技术薄弱，科研人员不足等困难，取得了理论研究中的决定性突破，攻克了关键技术，出乎世人意料的取得了"两弹一星"科技工程重大成功。不仅使中国国防实力大大增强，而且极大地推动了中国科技事业的发展。"两弹一星"科技工程的成功不仅是一两个项目，而且是中国科技事业在一系列基础领域的奠基和一大批尖端科研领域的突破。实施"两弹一星"这样的重大工程符合教育科研活动的客观发展规律。①

之后，中国政府又通过实施"863计划"、星火计划、火炬计划、"973计划"、三峡电力工程，包括"载人航天工程""大飞机项目"等大型科研工程项目，有效地整合中国有限的科技资源，实现了相关领域技术水平的整体提升和生产力的跨越式发展。② 今天，我国在一些重要的科技领域已经取得了巨大的成就。如北斗系统的全面建成、登上月球背面的嫦娥号、成功登陆火星、深潜万米海底的奋斗者号……崛起的中国正在朝着建设一个创新型的国家高歌猛进。

---

① 孙国际："从'两弹一星'科技工程的重大成功看国家创新体系模式的建立"，《中国科学基金》，2005年第2期。

② 牛忠志："中国政府在科技创新体系中的地位和作用"，《企业科技与发展》，2009年第4期。

第五章　中国的崛起：为人民服务的中国政府

## 第七节　本章小结

　　1949年10月1日，毛泽东主席站在天安门城楼上，庄严地向全世界宣布："中华人民共和国成立了！中国人民从此站起来了！"从此，一个崭新的社会主义国家开始屹立于世界的东方。而自鸦片战争以来，积贫积弱、饱受西方列强欺侮和掠夺以至于沦落为半殖民地半封建社会的中国，从具有极为重要历史意义的这一刻开始，开启了作为有着五千年悠久历史的文明古国的大国崛起进程。

　　毛泽东主席说："人民、只有人民，才是创造世界历史的动力[1]。"毛主席还说："群众是真正的英雄，而我们自己则往往是幼稚可笑的，不了解这一点，就不能得到起码的知识[2]。"

　　我们都非常熟悉这样一支歌曲叫《没有共产党就没有新中国》。这首歌曲不仅唱出了中国人民的心声，更是深刻、准确地阐述了这样一个历史事实：正是中国共产党领导全体中国人民，经过28年的艰苦奋斗和浴血奋战，推翻了帝国主义、封建主义和官僚资本主义的统治，建立了社会主义性质的人民共和国。事实上，中国共产党自成立的第一天起，就和人民紧紧地联系在一起：中国共产党的宗旨是为人民服务！我们的国家全称是中华人民共和国。我们军队的全称是中国人民解放军——而人民群众则称他们为"人民子弟兵"。人民英雄纪念碑的碑文是：三年以来，在人民解放战争和人民革命中牺牲的人民英雄们永垂不朽！三十年以来，在人民解放战争和人民革命中牺牲的人民英雄们永垂不朽！由此上溯到一千八百四十年，从那时起，为了反对内外敌人，争取民族独立和人民自由幸福，在历次斗争中牺牲的人民英雄们永垂不朽！

　　抗美援朝、保家卫国的中国军队的全称是：中国人民志愿军。1953年9月12日，在中央人民政府委员会第二十四次会议上的讲话（《抗美援朝的伟大胜利和今后的任务》）中，毛泽东主席说："帝国主义侵略者应该懂

---

[1] 《论联合政府》，《毛泽东选集》第3卷，人民出版社1991年版。
[2] 《"农村调查"的序言和跋》，《毛泽东选集》第3卷，人民出版社1991年版。

得：中国人民已经组织起来了，是惹不得的。如果惹翻了，是不好办的。"毛主席还说："在抗美援朝战争中，人民踊跃报名参军。对报名参军的人挑的很严，百里挑一，人们说比挑女婿还严。如果美帝国主义要再打，那我们就跟它再打下去。"事实上，正是在全国人民团结一致、全力支持下，英勇的中国人民志愿军打败了以美国为首的所谓联合国部队，赢得了抗美援朝战争的伟大胜利！

据有关报道，尼克松在第二次访问中国和毛主席见面的时候，曾经提出了这样一个问题：您的特长是什么？毛主席的回答是：我的特长是为人民服务！尼克松听了肃然起敬，在和毛主席握手时弯腰并且低下了那颗高贵的头颅。

新中国刚刚成立，朝鲜战争爆发。面对以美国为首的所谓联合国军对朝鲜的肆意侵略，中国政府毅然作出了"抗美援朝、保家卫国"的正确决策：中国人民志愿军"雄赳赳、气昂昂"跨过鸭绿江，经过将近三年的艰苦卓绝的浴血奋战，取得了抗美援朝战争的伟大胜利。这一胜利，不仅极大地提高了中国的国际地位，而且为此后中国几十年的经济发展，提供了极为重要的和平环境。同时，中国政府还为中国选择了一条正确的发展道路，即工业化的道路。在中国政府的正确领导下，中国不仅建立起了较为完备的工业化体系，实现了国民经济和社会的快速发展，而且取得了"两弹一星"这样的令世界瞩目的伟大成就，极大地促进了中国崛起的进程。20世纪70年代末到80年代初，中国政府开启了改革开放的进程（后来又加入了WTO），以一种全新的姿态进入世界的经济大舞台，实现了经济的高速、持续增长，并在2010年一举超过日本而成为世界的第二大经济体，基本实现了一个大国的崛起。

2020年初，一场突如其来的新型冠状病毒肺炎疫情暴发。秉承着"人民至上，生命至上"的理念，中国人民在以习近平同志为核心的党中央的坚强领导下，不怕牺牲，排除万难，取得了这场人民战争的伟大胜利！不仅如此，我国还在奋勇抗击疫情的情况下，取得了脱贫攻坚战的全面胜利，创造了人类历史上的一个伟大奇迹。正如习近平总书记指出：中华民族迎来了从站起来、到富起来到强起来的伟大飞跃。中国一定会实现全面的崛起，伟大的中国人民一定能实现中华民族伟大复兴的梦想！

# 第六章 对中国的启示和结论

## 第一节 对中国的启示和借鉴

本书从不同方面对英、美、日、中四个大国崛起过程中的政府作用进行了较为详细的论述和比较分析。通过这种历史的分析和讨论，可以给中国今后更进一步崛起提供很多有益的启示和借鉴。

第一，从人均GDP的实现水平来说，中国与英、美、日三国仍然存在着一定的差距。毋庸置疑，改革开放以来，我国经济实现了40多年的持续、高速增长，经济发展取得了举世瞩目的巨大成就。2010年，我国的GDP一举超过日本而成为全球仅次于美国的第二大经济体。但是，由于我国有14亿人口，因而人均GDP还远远落后于英、美、日三国，排名仍落后于发达工业化国家。正因如此，中国仍然是世界上最大的发展中国家，而不是发达国家，还不是一个完全实现工业化的发达国家。我们还应该继续不懈地努力，进一步促进中国的崛起，实现中华民族的伟大复兴。

第二，政府应该为新生的国家选择正确的崛起之路：工业化发展道路。在美国建国之初，对于国家的发展道路，汉密尔顿提出了"工商立国"，杰斐逊则主张"农业立国"。他们对此进行了非常激烈的争论。最终，联邦政府选择了汉密尔顿的"工商立国"主张，从而为美国选择了工业化的道路。而且汉密尔顿所创立的财政、金融制度及其经济政策都在后来的各届政府（包括杰斐逊担任总统的那两届）中得到了延续，并使美国成功实现了工业化。试想，如果联邦政府当初选择的不是汉密尔顿的"工商立国"主张而是杰斐逊的"农业立国"主张，那么今天的美国还会不会是世界上最强大的工业化国家呢？而同样作为现代化启动者的日本明治政府，在选择了工业化以求"富国"的同时，走向了专制统治和"强兵"的发展道路，虽然也成功地实现了工业化，但由它所点燃的侵略的火种传至法西斯者手中成了罪恶的战争烈焰，于是日本自明治维新以来的工业化成就也就在这熊熊的战火中化成了灰烬。第二次世界大战结束以后，在美国当局的严令和督促下，日本政府进行了脱胎换骨般的制度改造，才将日本重新引上了一条新的高速工业化的道路。因此，明智的政府应该选择一种适合本国国情且真正有利于国家长远利益和人民幸福的工业化发展道路。否则，一旦作出错误的选择，不仅无法实现真正的经济发展，还会使整个国家陷入深重的灾难之中。所幸的是，在新中国成立之初，中央政府就为中国选择了一条非常正确的发展道路：通过尽快实现工业化，来促进国家的崛起进程。

第三，在国家工业化过程中，政府可以发挥重要作用——保证和促进市场有序、有效运行，而不是直接主导工业化的进程。这就是说，国家实现工业化所依赖的主要工具是市场机制，而政府的责任主要是促进市场的形成、完善并保证其良好运行。就我们所论述的英、美、日、中四国而言，英国政府为了支付庞大的战争费用而采取的一些政策和措施，却在客观上促进了英国的产权、金融、财政（税收和公债）制度的形成和发展，从而为市场经济的形成和国家工业化创造了极为有利的条件。美国政府在对外始终实行保护关税的同时，在国内方面则是通过一系列的手段（如领土扩张、推进西进运动、鼓励移民等）来促进全国统一大市场的形成和发展，并且不对市场进行直接的干预。日本的明治政府尽管在开始实行"殖产兴业"政策时直接创办了一些企业，但很快便认识到这种做法的错误并由"官营民助"迅速地转变为"民营官助"，从此日本经济转变为以民间经济为主。我国最初选择的是苏联模式而非英、美模式的工业化道路，主要依靠计划经济来实现国家的工业化。尽管在计划经济时期，我国的工业化也取得了一定的进展，但计划经济本身的严重弊端却日益显现出来。正是在这种情况下，我国走向了改革开放的道路，逐步由传统计划经济向现代市场经济转轨。此后，我国的经济增长迅速上升，工业化的进程大大加快。由此可见，在工业化过程中，政府应该发挥的作用不是直接主导工业化的进程，而是促进市场的形成和完善，通过市场经济的发展来实现国家的工业化。随着工业化进程的推进，"中国制造"已成为中国迅速崛起的一个代名词。

第四，在工业化过程中，政府应该正确处理工业化与农业发展之间的关系。在这一方面，美国政府的做法是值得借鉴的。在美国工业化过程中，美国政府对农业的大力支持促进了农业的快速发展，而农业的发展又有力地推动了工业化的进程。也就是说，美国政府并没有牺牲农业来促进工业化。相反，在大力推进工业化的同时，美国政府也积极地支持农业的发展。结果，随着工业化的不断推进，美国不仅成为世界上最强大的工业化国家，而且成为了一个农业强国。我国政府构建的三项"涉农"制度虽然在短期内使大量的农业剩余源源不断地流向工业部门，进而使我国克服了工业化初期投资不足的难题，建立起了独立完整的民族工业体系。但从长期来看，这三项制度一定程度上阻碍了我国农业和农村的发展。我国政府充分认识到农业和农村问题的重要性，并且把脱贫攻坚作为一项重要的工作来抓。2020年，我国在奋勇抗击新冠疫情的同时，实现了脱贫攻坚战的全面胜利，创造了人类历史上的一个伟大奇迹。

第五，政府应该不断地进行合理的制度改革和制度创新。首先，政府本身就必须及时地进行自我改革以适应工业化过程中所出现的新形势的需要。在这方面，英国的第一次议会改革和责任内阁制的建立、日本明治政府设立内务省和实行文官考试制度都是一些比较成功的例子。改革开放以来，我国也进行过几次大规模的政府机构改革，并取得了一定的成效。其次，政府还应该根据国家工业化和崛起进程的需要，适时地推行一些必要的制度改革。例如，英国政府通过漫长、渐进的改革，终于在1846年废除了"谷物法"，真正走向了自由贸易，从而为英国对外贸易的发展提供了极其广阔的前景。而我国的改革开放更是有力地证明了这一点。习近平总书记指出：坚持和完善中国特色社会主义制度，推进国家治理体系和治理能力现代化。

第六，政府应该大力支持教育和科技的发展。我国政府对教育和科技是非常重视的。"百年大计，教育为本"和"科学技术是第一生产力"的口号充分证明了这一点。但是，与美、日两国相比，我国政府对教育和科技的支持还有些不足。在发展教育事业方面，日本政府的经验值得借鉴。在明治维新之初，明治政府就把提高国民的文化水平作为国家头等大事来对待，号召"自今之后，众庶人民，无论华士族与农工商，至其妇女子，必期邑无不学之户，家无不学之人。"明治政府不仅为日本建立了较为完备的教育体系，并且给予教育多方面的大力支持，最终取得了良好的效果。而在促进科技发展方面，美国的做法值得借鉴：在美国工业化过程中，美国政府从人才、制度、法律和管理等方面对科技发展给予了全面的、大力的支持，使美国在成为一个工业化大国的同时，也迅速发展成为一个科技大国。

## 第二节　中国崛起：迎接中华民族的伟大复兴

如前所述，英国是世界上第一个实现工业化和率先崛起的国家，曾经被称为日不落帝国。在这一过程中，英国政府发挥了极为重要的作用。对此，我们已经进行了详细的阐述和分析。需要指出的一点是，英国在很大程度上是依靠建立庞大的殖民地并且对殖民地进行不断地掠夺，从而为国家的工业化和崛起带来了极为丰富的资源和资本。也就是说，英国尽管自身是依靠西方所谓的文明制度来实现国家的崛起，但这种崛起是以剥削和掠夺广大殖民地和落后国家来实现的。所以，英国的这种崛起，真的不能体现人类的"文明"。

美国独立以后，通过了《美国宪法》并建立起了美国联邦政府，并且为美国选择了工业化的正确发展道路，这就成为美国后来成功崛起并一举成为世界第一经济强国的起点。但就其本质而言，美国也正是依靠在两次世界大战中所获得的巨量的经济利益，建立起了符合其自身利益的国际金融体系，树立起了其美元的霸权地位，从而进一步推进了其国家的崛起和强大。回顾历史，如同英国一样，美国的这种崛起只是为了其自身国家利益的一种自私的崛起，而不是符合人类命运共同体和世界各国一同发展的"和平"崛起。

日本明治维新以后，努力向西方学习，确立了"富国强兵"的发展道路，并且选择了类似于德国的专制政治体制，并最终走向了法西斯主义的道路。尽管在很短时期内就实现了工业化和国家的崛起，但是，日本却是通过不断的对外侵略来实现的这一目标的。也就是说，日本为了其自身的国家利益，不惜建立了法西斯主义的统治，并且肆意的对外侵略。最终，日本的所谓工业化成果，在第二次世界大战的硝烟中付之一炬，化为灰烬。可以说，日本的崛起之路为各国提供了一个反面教材，值得世界各国人民警醒和反思。

与英、美、日三国不同，中国选择了一条完全不同的崛起之路。中国的全称是中华人民共和国。中国共产党的根本宗旨就是：全心全意为人民服务。习近平总书记说：江山就是人民，人民就是江山。在面对来势汹汹的新冠肺炎疫情，中国人民在以习近平同志为核心的党中央的坚强领导下，取得了抗击疫情的伟大胜利。这充分体现了中国崛起之路的正确——我们完全可以做到四个自信：道路自信、理论自信、制度自信、文化自信。中国的崛起之路是一条为人民服务的崛起之路，也是一条符合人类命运共同体的和平的崛起之路。让我们团结起来，共同前进，迎接中华民族的伟大复兴！

# 参 考 文 献

[1] 阿尔图·科利：《国家引导的发展——全球边缘地区的政治权力与工业化》，吉林出版集团有限公司2007年版。

[2] 查尔斯·沃尔夫［美］：《市场或政府》，中国发展出版社1994年版。

[3] 道格拉斯·诺思［美］：《经济史中的结构与变迁》，上海三联书店、上海人民出版社1995年版。

[4] 道格拉斯·诺思、罗伯特·托马斯［美］：《西方世界的兴起》，华夏出版社1989年版。

[5] 《邓小平文选》第2卷，人民出版社1994年版。

[6] 樊亢、宁侧行：《外国经济史》第2册，人民出版社1985年版。

[7] 费尔南·布罗代尔［法］：《资本主义论丛》，中央编译出版社1997年版。

[8] 福克纳［美］：《美国经济史（下）》，商务印书馆1964年版。

[9] 郭熙保：《农业发展论》，武汉大学出版社1997年版。

[10] 郭熙保主编：《经济发展理论与政策》，中国社会科学出版社2000年版。

[11] 郭熙保编：《发展经济学》，高等教育出版社2013年版。

[12] 汉密尔顿、杰伊、麦迪逊［美］：《联邦党人文集》，商务印书馆1997年版。

[13] 吉尔伯特·菲特［美］、吉姆·里斯：《美国经济史》，辽宁人民出版社1981年版。

[14] J·布卢姆等：《美国的历程（下册）》，商务印书馆1995年版。

[15] 吉田茂：《激荡的百年史》，世界知识出版社1980年版。

[16] 克拉藩［英］：《现代英国经济史（上卷）》，商务印书馆1986

年版。

[17] 李世安：《一只看得见的手——美国政府对国家经济的干预》，当代中国出版社1996年版。

[18] 罗斯托［美］：《经济成长的阶段》，商务印书馆1962年版。

[19] 马克思：《资本论》第1卷，人民出版社1975年版。

[20] 《马克思恩格斯全集》第1卷，人民出版社1972年版。

[21] 麦迪森：《世界经济二百年回顾》，改革出版社1997年版。

[22] 梅里亚姆：《美国政治学说史》，商务印书馆1980年版。

[23] 南亮进［日］：《日本的经济发展》，对外贸易出版社1989年版。

[24] 内野达郎［日］：《战后日本经济史》，新华出版社1982年版。

[25] 彭新万：《我国"三农"制度变迁中政府作用研究（1949—2007）》，中国财政经济出版社2009年版。

[26] 裴长洪：《共和国对外贸易60年》，人民出版社2009年版。

[27] 朴正熙［韩］：《我们国家的道路》，华夏出版社1988年版。

[28] R·科斯等：《财产权利与制度变迁》，上海三联书店1994年版。

[29] 任晓：《韩国经济发展的政治分析》，上海人民出版社1995年版。

[30] 沙伊尔等：《近百年美国经济史》，中国社会科学出版社1983年版。

[31] 世界银行：《1997年世界发展报告》，中国财政经济出版社1997年版。

[32] 守屋典郎［日］：《日本经济史》，三联书店1963年版。

[33] 斯蒂格利茨：《政府为什么干预经济》，中国物资出版社1998年版。

[34] 谭崇台主编：《发展经济学》，上海人民出版社1997年版。

[35] 谭崇台主编：《西方经济发展思想史》（修订本），武汉大学出版社1995年版。

[36] 谭崇台主编：《发展经济学的新发展》，武汉大学出版社1999年版。

[37] 谭崇台主编：《发达国家发展初期与当今发展中国家经济发展比较研究》，武汉大学出版社2008年版。

[38] 唐晋主编：《大国崛起——以历史的眼光和全球的视野解读 15 世纪以来 9 个世界性大国崛起的历史》，人民出版社 2007 年版。

[39] W. W. 罗斯托［美］：《这一切是怎么开始的——现代经济的起源》，商务印书馆 1997 年版。

[40] 汪海波主编：《新中国工业经济史》，经济管理出版社 2007 年版。

[41] 王晓峰：《美国政府经济职能及变化研究》，吉林人民出版社 2007 年版。

[42] 《西方七国辞典》，湖北人民出版社 1997 年版。

[43] 熊玠［美］：《大国复兴：中国道路为什么如此成功》，湖北教育出版社 2016 年版。

[44] 小林义雄［日］：《战后日本经济史》，商务印书馆 1992 年版。

[45] 徐滇庆、李瑞：《政府在经济发展中的作用》，上海人民出版社 1999 年版。

[46] 亚当·斯密［英］：《国民财富的性质和原因的研究》，商务印书馆 1994 年版。

[47] 晏智杰主编：《西方市场经济下的政府干预》，中国计划出版社 1997 年版。

[48] 有泽广巳［日］主编：《日本的崛起——昭和经济史》，黑龙江人民出版社 1987 年版。

[49] 张进铭：《政府在经济发展中的作用——以英、美、日、韩四国为例》，经济管理出版社 2001 年版。

[50] 张进铭：《经济发展中的政府作用和政府改革》，中国财政经济出版社 2008 年版。

[51] 张进铭：《大国工业化过程中的政府作用》，江西人民出版社 2017 年版。

[52] 张培刚：《农业与工业化》（上卷），华中科技大学出版社 2004 年版。

[53] 张培刚：《农业与工业化》（中下合卷），华中科技大学出版社 2004 年版。

[54] 张少华：《美国早期现代化的两条道路之争》，北京大学出版社

1996年版。

[55] 张世和主编：《战后南朝鲜经济》，中国社会科学出版社1983年版。

[56] 张友伦：《美国农业革命》，天津人民出版社1983年版。

[57] 赵立行：《英国商人》，江西人民出版社1995年版。

[58] 中国经济体制改革研究所赴日考察团：《日本模式的启示》，四川人民出版社1988年版。

[59]《中共党史导读》（上册），中共广播电视出版社1991年版。

[60]《中共党史导读》（下册），中共广播电视出版社1991年版。

[61] Anne O. Krueger. "The Political Economy of the Rent-Seeking Society". American Economic Review, June, 1974.

[62] Arthur W. Lewis. The Theory of Economic Growth. London: George Allen & Unwin Ltd. 1955.

[63] Cuttis P. Nettels. The Emergence of a National Economy 1755-1815. New York: Holt, Rinehart and Winston, 1962.

[64] Douglass Dowd, U. S. Capitalist Development since 1776: of, by, and for Which People?, Journal of Economic Issues, Volume 29, 1995-Issuye 1.

[65] Douglass C. North, "Institutions", Journal of Economic Perspective, 1991, No. 1.

[66] Douglass C. North. "Economic Performance Through Time". American Economic Review, May, 1994.

[67] Harry G. Johnson. Money, Trade and Economic Growth. Harvard University Press, 1962.

[68] Harold Syrett ed. . The Papers of Alexander Hamilton. Columbia University Press, 1972.

[69] Joseph Alois Schumpeter. History of Economic Analysis. Oxford University Press, 1986.

[70] Kazushi Ohkawa and Hirohisa Kohama. Lectures of Developing Economics: Japan's Experience and its Relevance. Tokyo University Press, 1989.

[71] Linda Weiss and John M. Hobson. States and Economic Development——A Comparative Historical Analysis. Cambridge: Polity Press, 1995.

[72] Nicholas Stern. "The Economics of Development". Economic Journal, September 1989.

[73] Phyllis Deane and W. A. Cole. British Economic Growth 1688-1959. Cambridge University Press, 1969.

[74] Richard Brown. Society and Economy in Modern Britain 1700-1850. Cambridge University Press, 1991.

[75] Roderick Floud and Donald McCloskey eds.. The Economic History of Britain Since 1700. Cambridge University Press, 1994.

[76] Ronald Coase. "The Institutional Structure of Production". American Economic Review, May, 1992.

[77] Rondo Cameron. A Concise Economic History of the World. Oxford University Press, 1993.

[78] Steven N. S. Cheung. "Contractual Structure and Exclusive Resources". Journal of Law and Economics, April, 1970.

[79] Stuart Bruchey. The Wealth of the Nation: An Economic History of the United States. New York: Harper & Row, Publishers, 1988.

[80] Victor Argy and Leslie Stein. The Japanese Economy. New York University Press, 1997.

**主要期刊:**

[1]《历史研究》1978—1998 年有关各期。

[2]《世界历史》1988—1998 年有关各期。

[3]《美国研究》1988—1996 年有关各期。

[4]《日本研究》1988—1997 年有关各期。

[5]《日本学刊》1996—1998 年有关各期。

[6]《世界史研究动态》1989—1995 年有关各期。